AF191424

ISIA
MEDIA

Марат Габидуллин

Мой позывной «МАРТИН»

Работа в ЧВК «Вагнер».
Евгений Пригожин, Дмитрий Уткин и другие

В одну реку дважды

Советник

2023

Книга «Мой позывной «Мартин» состоит из двух частей.
Первая часть – «В одну реку дважды» – была опубликована в 2022 году,
в ней рассказывается об участии русских легионеров в гражданской
войне в Сирии.
Вторая часть книги – «Советник» – является продолжением первой. Здесь
автор рассказывает о том, как был помощником Евгения Пригожина и как
уволился из ЧВК «Вагнер». Публикуется впервые.

Bibliografische Information der Deutschen Nationalbibliothek:
Die Deutsche Nationalbibliothek verzeichnet diese Publikation in der Deutschen
Nationalbibliografie; detaillierte bibliografische Daten
sind im Internet über http://dnb.dnb.de abrufbar.

ISIA Media Verlag, Leipzig 2023

Дизайн обложки и верстка: ORDEN COMPANY LTD, Praha/Inna Barabash
При оформлении обложки использованы фотографии из личного архива автора,
Shutterstock / Pavel Sepi.

Printed in Germany

ISBN 978-3-910741-94-2

В одну реку дважды

Глава 1

На пути в легион

Можно ли войти в одну реку дважды? Античный философ ответил на этот вопрос отрицательно, не ведая о том, что тем самым лишает многих людей, запутавшихся в лабиринте жизненных обстоятельств, надежды снова вернуться на ту единственно правильную дорогу, с которой они свернули по своему неразумению.

Мартин сидел на траве, давая отдохнуть уставшему от дневной нагрузки телу, и наблюдал за скатывающимся за линию горизонта солнцем. Суета и гомон палаточного городка постепенно отступали, по мере того как он погружался в привычный круговорот своих размышлений.

С того дня, когда он пересек обозначенную металлическими столбиками будущего ограждения границу лагеря по подготовке солдат удачи, минуло три месяца. Неразбериха и суета первых дней пребывания в палаточном городке сменилась четким расписанием процесса боевой подготовки и обустроенным, насколько это возможно в полевых условиях, бытом.

Мартина хотя и утомляло постоянное присутствие большого количества людей рядом с ним, от чего он в последние годы совсем отвык, но все же он не мог не отметить, что произошедшие перемены возвращали ему прежнюю уверенность и спокойствие, утраченные им за длительный период жизненной неустроенности.

Минуло много лет с тех пор, как выпускник прославленного на весь мир военного училища, в котором готовили офицеров для службы не где-нибудь, а в элитных воздушно-десантных войсках несокрушимой и легендарной Советской армии, физически тренированный и полный энтузиазма молодой лейтенант вступил в должность куркового командира.[1] Тягостная в своем однообразии служба оказалась далека от красивой романтики фильмов о лихих рейдах с захватывающими кадрами налетов и диверсий. В реальной жизни и правила игры иные, и люди другого содержания, а карьера строится не на преуспевании в ратных делах, а на умении выполнять то, что от тебя требует старший начальник, независимо от того, насколько его запросы разумны и обоснованны. Не получив за свое усердие ожидаемого признания в первые годы службы, Мартин переключился на спорт. Ежедневные тренировки хотя и давали определенный результат, но звание чемпиона войск по рукопашному бою так и осталось заветной мечтой. Тренировки и сборы отнимали много времени и сил, что неизбежно сказывалось на службе: вернуться к ежедневной командирской работе оказалось задачей нелегкой. Добавил сложностей начавшийся в ту пору развал Союза и последовавшее за ним лихолетье.

Итогом навалившихся жизненных неурядиц стал поданный рапорт об увольнении из армии, о чем Мартин вскоре пожалел. Неожиданно замаячила возможность получить в командование разведывательную роту. Мартин не поленился обратиться напрямую к командующему, который принял его лично в Москве и, выслушав, твердо пообещал: «Служи. Увольнять не будем и рапорт развернем». Но бюрократическая система работала по своим правилам, и командующий для нее был не указ. Возможно, и сам генерал оказался не очень настойчив в выполнении обещания – приказ об увольнении состоялся. Безуспешные попытки вос-

---

[1] Курковый командир – командир куркового взвода. Термин, относящийся к тому времени, когда единственным вооружением пехотных подразделений было стрелковое оружие. В ВДВ использовалось как шутливое название парашютно-десантных подразделений общего назначения.

становиться в рядах вооруженных сил ни к чему не привели. Удивительным образом почему-то только Мартину в стране, где из армии наметилось поголовное бегство, не находилось места в строю. Как-то нужно было жить, кормить семью и давать выход амбициям, которые подпитывались разворачивающимся перед глазами пиром начального накопления капитала. Но стремление быстро да побольше урвать на безбедную жизнь, которое в ту пору называлось «бизнесом», закончилось криминальной войной, убийством, а затем и тюремным сроком, после чего дверь в ряды российской армии захлопнулась навсегда.

Стало очевидно, что жизнь ушла в сторону от намеченного еще в юности плана и вступила в противоречие с теми нормами и ценностями, которые были заложены обучением в военном училище. Отсутствие интереса и желания заниматься какой-либо гражданской деятельностью не способствовало душевному спокойствию. Уходя порою в запой от неспособности нащупать для себя что-то стоящее и заполнить внутреннюю пустоту, образовавшуюся после ухода из армии, Мартин творил вещи, при воспоминании о которых его до сих пор обжигает стыд.

Одно время он серьезно занимался охраной бизнеса от различных наездов. Делал он это без особого воодушевления, больше опираясь на опыт и свое понимание сути данной деятельности. Будучи уже устроенным на теплое место с высокой зарплатой, Мартин, не совладав с собой, вступил в конфликт с начальником — отставным полковником МВД, который мало что понимал в своей работе, да и интеллектом особо не блистал. Не являясь докой ни в оперативной, ни в охранной деятельности, отставной мент при каждом удобном случае козырял наличием связей в структурах, имеющих возможности для запугивания конкурентов, — а это в России всегда считалось самым ценным активом. Генеральный директор, не желая конфликтовать с бывшим представителем силового ведомства, настоятельно рекомендовал Мартину уволиться по собственному желанию.

Тот не упирался, но поставил все же условие: «Понимаю, что в стране, где власть захватили троечники, по-другому и быть не может. Но по собственному не согласен, только лишь по соглашению сторон». На том и порешили.

Много чего еще было в его жизни: и тюрьма, и сума, и любовь, и авантюры – не было только душевного равновесия, осознания своей нужности и значимости дела, которым занимаешься, и убежденности в правильности своих действий, растраченной за долгие годы метания от одной крайности в другую. Отношения с дочерью у Мартина тоже не складывались – недоставало внутренней силы и уверенности для поддержания авторитета отца. Да и оказать помощь ей в разрешении проблем, которых хватает у молодой девушки, только-только начинающей самостоятельную жизнь, особых возможностей у него не было.

Внутренний конфликт достигал критической отметки, когда отсутствие денег наталкивалось на категорическое нежелание оставаться прислугой у разного рода бизнесменов. В нем укоренилось чувство полного презрения к этим барыгам, не блистающим образованностью и порядочностью, но возомнившим себя элитой нации. Начать же свое дело не позволяло отсутствие каких-либо способностей к предпринимательству: у кого-то есть дар нащупать жилу, приносящую прибыль, и разрабатывать ее, а у другого ее нет и в помине. Мартин же был обучен только военному ремеслу.

Наташа, жена Мартина, долгое время тянула лямку семейного бюджета в одиночку, с трудом затыкая в нем многочисленные дыры. Требовалось срочно найти выход из создавшейся ситуации – оставаться и дальше непризнанным гением было чревато серьезными осложнениями в семейных делах. Но как это сделать, когда тебе уже сорок восемь?

Вариант выхода из жизненного тупика появился после телефонного разговора с давнишним приятелем из Сибири, с которым Мартин как-то познакомился в боксерском зале.

Самурай был наемником по убеждению и другого занятия для себя не представлял. В призывном возрасте он оказался в составе 201-й дивизии в горах Таджикистана, когда бывшая советская республика была охвачена пламенем гражданской войны. Потом последовала Чечня, а когда в России почти не осталось горячих точек, Самурай через своих приятелей – таких же, как он, псов войны – устроился на вахты по сопровождению судов через кишащий пиратами Аденский залив. На какое-то время связь между ними прервалась, но в столь критический для Мартина момент они вспомнили друг о друге и созвонились. От давишнего друга Мартин и узнал о существовании некой конторы, где он мог получить шанс вернуться к той профессии, о которой грезил в юношеские годы и которую оставил в более зрелые. Самурай сообщил ему адрес и время сбора желающих вступить в ряды солдат удачи, корпус которых формировался в районе кубанского Черноземья. Объяснившись с женой, Мартин уже вскоре разместился на полке плацкарта, отправляясь в неведомое будущее.

Мартину не составило труда пройти все вступительные тесты и получить право на место в палатке лагеря основного состава бойцов ЧВК. Навык обращения с оружием он не утратил, физическую же подготовку имел такую, что без труда на трехкилометровом кроссе оставил позади себя основную часть группы, в которой были и более молодые по возрасту. В легион принимали тех, кто имел понятие о военном деле и был по состоянию здоровья способен переносить нагрузки войны. Прежде всего войны – от пополнения не скрывали главное предназначение формирования и открытым текстом предлагали претендентам задуматься о своем выборе, ибо в боевой обстановке тому, кто отступит и подведет товарищей, пощады не будет. Откровенность и конкретика пришлись Мартину по душе – он уже давно устал от фальшивых обещаний и пустых договоренностей.

ЧВК представляла из себя маленькую армию, в которой не были задействованы только летчики, подводники и ракетчики. Остальные военные специальности в том или ином виде были представлены и востребованы. Мартина окружали люди самого разного толка. Были здесь и закоренелые наемники, прошедшие через многие горячие точки, включая Донбасс, и не знающие другого способа зарабатывать на жизнь. Они относились к своей работе со всей серьезностью профессионалов. Были и романтики, желающие опробовать себя в настоящей войне. Присутствовали такие же, как Мартин, познавшие вкус тюремной баланды и растерявшие себя по жизни. Присутствовали и те, кто просто жаждал хапнуть дозу адреналина и получить за это хорошее бабло, и откровенные бездельники-алкоголики — пребывание в рядах военизированного формирования держало их в определенных рамках и не давало возможности спиться окончательно. Каждый из них со своей историей жизни, характером, национальностью и вероисповеданием, но теперь всех их объединяла одна профессия — наемник.

Путь легионера Мартин начал с рядового. Искать свое место в рядах солдат удачи приходилось самому — бывший офицер-десантник в возрасте, не имеющий полноценного боевого опыта, не считался особо заманчивым приобретением. Мартин прибился к подразделению сербов, с которыми сошелся еще в первые дни пребывания в лагере. Их командир с позывным Волк показался ему личностью незаурядной, к тому же экзотика — иностранец. В дальнейшем, уже в процессе подготовки подразделения в лагере и во время первой командировки, Мартин убедился в справедливости поговорки: не все то золото, что блестит. Волк на деле оказался непрофессионалом и авантюристом.

Как только Мартина зачислили в штат, он сразу получил оружие и приступил к подготовке. Учебный процесс был отдан на откуп командирам взводов, большинство из которых никакими методическими знаниями не обладали и в обучении опирались только на свой боевой опыт. В интернациональном взводе, в составе которого оказался Мартин, занятия и вовсе чаще всего сводились просто к обсуждению того, как нужно действовать, без отработки на практике. Хорошо хоть стреляли под присмотром толкового инструктора, приобретая необходимую сноровку. Но все же давно забытые чувства захватили Мартина, и он старался при любой возможности восстановить старые умения и наработать новые. Способствовала этому и хорошая физическая форма, которую Мартину удалось сохранить, несмотря на предшествующую бурную жизнь. Постепенно восстанавливались знания и навыки, полученные в военном училище и за годы службы. Первая зарплата, а затем и вторая послужили хорошим подспорьем для восстановления авторитета мужа и кормильца. И хотя оклад в учебном центре был в два раза ниже командировочных и в три раза – суммы, выплачиваемой при участии в боевых действиях, но все же по российским меркам он был вполне достойным.

Впереди была новая жизнь, в ходе которой предстояло доказать, прежде всего самому себе, что ты способен выполнять работу воина и сможет снова войти в ту реку, из которой вышел много лет назад.

Глава 2

Трансфер

Зал ожидания по ту сторону условной границы быстро заполнился. В основном здесь были военные, но попадались и просто гражданские из состава тыловых служб. Выделялась качественной тактической формой группа людей с озабоченно-надменным выражением лица, характерным для государственных служащих. Все они с удивлением взирали на стоящую особняком подвыпившую ватагу крепко сбитых и разномастно одетых парней.

Признаки распития припасенного спиртного Мартин заметил еще по дороге: уж больно подозрительно затихали между сиденьями стихийно формирующиеся компактные группы. Несмотря на требования Байкера, Мартин не стал пресекать проходивший втихаря выпивон. Во-первых, был уверен в том, что до серьезных нарушений дело не дойдет, во-вторых, решил дать своим разведчикам возможность оторваться напоследок, перед тем, как они окажутся в пекле сирийской войны – там, где им предстоит терять друзей и проливать свою кровь.

Россия провожала разведчиков метелью и мелкой поземкой, стегающей по лицам, раскрасневшимся от выпитой водки. Одного из парней все же пришлось волочить, обхватив руками с обеих сторон для придания устойчивости телу, тяжелый рюкзак с солдатским скарбом пошел по рукам до грузовой кабины ИЛ-76. Это был, конечно, перебор: Мартин, жестко встряхнув осоловевшего Вована, высказал все, что думает о его поведении, и, приказав всем затихнуть, принялся сам обустраиваться для долгого перелета.

Удобно расположиться на конструкции второго яруса транспортного ИЛ-76 было делом безнадежным, учитывая количество людей и техники в его чреве. Грузовой отсек был заполнен под завязку: пара машин, какие-то ящики и тюки, личные вещи; люди размещались как придется, используя любую возможность для того, чтобы без последствий для здоровья выдержать шесть часов полета. Солдаты удачи оказались в более выигрышном положении, чем остальные пассажиры борта. Как только бойцы Мартина нащупывали опору пятой точкой, то независимо от того, где и как им удалось расположиться, сразу засыпали — причиной тому были и усталость от длительного ночного переезда, и долгое ожидание посадки, и, конечно же, выпитая водка. Не успели створки люка закрыться, как разведчики уже спали на зависть всем остальным — лишь некоторым счастливчикам удалось разместиться с определенным удобством. Самолет, рассекая облака, быстро набрал высоту, и зимние ландшафты Подмосковья растворились в темноте ночи. Впереди легионеров ждала другая, неизведанная земля, по которой вот уже пятый год лихобродила война.

Латакия встретила комфортной прохладой средиземноморского побережья. Размяв затекшие суставы, стали выгружаться, складывая вещи в неровные ряды у края взлетки. Старший команды встречающих особого внимания к прибывшим не проявил и не стал утруждать себя пояснениями, какие именно машины для кого предназначены. Байкер тоже без лишних слов занял место в головном пикапе и сразу же отключился от происходящего. Впрочем, он был прав: забота о личном составе — удел командира. Мартину пришлось потратить некоторое время для выяснения простого вопроса: куда грузиться?

Старший небрежно указал на два грузовика, при этом Мартина как командира разведчиков, который по должности имел право ехать в машине командующего состава, он в салон своего автомобиля не пригласил. Кабины «Уралов» уже тоже были заполнены какими-то сопровождающими – то ли хозяйственниками, то ли штабистами, старательно делавшими вид, будто они охранение. В лагере скучно, вот и напросились прокатиться.

Тяжелый перелет в грузовом отсеке транспортного ИЛа и досада на неуважительное отношение к нему, командиру роты, со стороны встречающего офицера штаба бригады не настраивали на миролюбивый тон. Правда, от первоначального порыва выбросить из кабин незваных пассажиров и отправить их в кузов Мартин все же решил воздержаться. Причина сдержанности заключалась прежде всего в нежелании начинать командировку с конфликта: исход был непредсказуем – Мартин все еще оставался для многих выскочкой, и его непочтительное отношение к встречающим могло не понравиться руководству легиона. Конечно, если бы на месте Мартина был какой-нибудь командир-ветеран, заработавший среди солдат удачи уважение и статус, ему бы нашлось место и в пикапе, но недавно назначенный на свою должность командир разведчиков всего этого еще не приобрел. Все же скрыть свое раздражение полностью Мартин не смог и, кинув сидящим в кабине фразу: «На хуя вы всей толпой сюда приперлись, все места позанимали», хлопнул дверью и направился к заднему борту машины. И уже из кузова он еще раз злобно рыкнул на одного смельчака, который, по-видимому, решил выяснить с ним отношения:

– Че ты вылез, зимогор! Иди на место, или сказать мне что-то хочешь?

Мартина прорвало, а в такие моменты в ход шли выражения из тюремного прошлого, и ничего с этим он поделать не мог. Опешив от такого резкого выпада, сопровождающий проглотил обиду и снова спрятался в кабине. Старший команды встречающих тоже получил свое, когда решил поинтересоваться причиной перепалки:

– Сразу нужно было указать, куда грузиться. А не пиздеть с кентами.

Старший не оставил без внимания демарш командира

разведчиков и доложил о произошедшем сразу по прибытии на базу. На высказанные в штабе претензии Мартин, пожав плечами, ответил:

— Да никто и не возмущался, сели и поехали.

Равнодушие, с которым Мартин отнесся к обсуждению конфликта, явно обескуражило начальника штаба, да тот и сам не горел желанием ссориться с командиром одного из самых многочисленных подразделений в лагере, поэтому ответ был принят без дальнейших споров.

Так началась вторая командировка Мартина в Сирию, с ее покрытыми густым лесом горами в одной части и знойной пустыней – в другой, оливковыми рощами и цитрусовыми садами, древними крепостями и храмами и заваленными мусором улицами городов и деревень. Он и его разведчики понемногу обустраивались на новом месте, на территории учебного городка местного аграрного университета. Через пару недель им предстоял первый выход в горы и встреча с войной, о которой здесь, в расслабляюще мирной обстановке, напоминало только наличие большого числа вооруженных людей и плакаты с изображением погибших героев.

Глава 3

Подготовка к боям

Территория учебного городка аграрного университета, где разместились легионеры, являлась опорной базой местной ЧВК с громким названием «Соколы пустыни», которую основали и финансировали олигархи братья Джаберы. По сирийским меркам это военизированное формирование, состоявшее в основном из ветеранов армии САА[2], считалось элитным. Его бойцы зачастую и воевали успешнее, чем регулярная армия, да и за свой ратный труд получали несравнимо больше кадровых военных. Между обеими ЧВК – сирийской и российской – существовали договоренности о всесторонней военной подготовке местных наемников под руководством русских солдат удачи. С обучения «Соколов» легионеры и приступили к своей работе на войне в Сирии в этот заход.

Перед тем легионеры успели встретить новый две тысячи шестнадцатый год. Отмечали застольем, но пили в меру. Вечеринка удалась: были и тосты за здравие, и отменная закуска, угомонились далеко за полночь. Через пару дней приняли первый груз прибывшего с родины вооружения и снаряжения, после чего приступили к процессу боевой подготовки. Чтобы включиться в работу по-настоящему, потребовалось некоторое время: тяжело выходить из состояния праздного безделья, когда основная фаза подготовки в базовом лагере в России давно закончена, а на месте,

---

[2] САА – Сирийская арабская армия, основные правительственные сухопутные войска Сирийской Арабской Республики (САР).

куда прибыли, боевые действия еще не начались. Мартину пришлось даже применить свое командирское право на наказание, дабы помочь парням преодолеть охватившую их лень. Не возникло проблем только со взводом опытного вояки Чупа, сразу же взявшего в оборот своих подчиненных, но это и понятно: его бойцы были ребята обстрелянные. Со вторым взводом дело обстояло похуже – в нем собрались еще не побывавшие в серьезных боях гонористые и самонадеянные новички, которым только предстояло набраться матерости и понять, что военное ремесло – это постоянный труд и совершенствование необходимых навыков. Не покладая рук трудились специалисты технических средств разведки. Гурзуф и его отряд операторов готовили к работе устройства наблюдения и прослушивания, им было чем заняться.

Утро начиналось с непродолжительной разминки с обязательной пробежкой, затем завтрак. Готовили себе сами, кто во что горазд, используя сухие пайки и купленные в окрестных магазинах продукты. После короткого сбора легионеров перед центральным входом учебного корпуса территория лагеря превращалась в тренировочную арену, повсюду были слышны звуки команд, лязганье оружия, крики и топот бегающих строем «Соколов». Часть наемников, не задействованных при подготовке союзников, облачившись в снаряжение, удалялась за пределы лагеря отрабатывать в группах взаимодействие в бою. Небольшое стрельбище, расположенное прямо на берегу Средиземного моря, практически никогда не пустовало. Солдаты удачи стреляли много, набивая руку. Спецназовцы ГРУ[3], мимо поста которых регулярно перемещались легионеры, смотрели на них с нескрываемым удивлением. Они не понимали, ни кто эти люди, ни зачем им нужны столь частые стрелковые тренировки – сами спецназовцы стреляли редко и непродолжительно, подходя к выполнению требований устаревших инструкций буквально.

---

[3] ГРУ – Главное разведывательное управление, орган внешней разведки Министерства обороны РФ.

Все подразделения садыков[4] под управлением русских инструкторов начали готовиться каждое по своей программе. Минометчики то собирали орудия по-походному, то разворачивали их для ведения огня, одновременно обучаясь выставлять установки для стрельбы. Пехота перемещалась взад и вперед перебежками, отрабатывая тактические приемы боя. Пулеметчики и гранатометчики осваивались со своим оружием. Довольно быстро стало понятно, что особого рвения к занятиям «Соколы пустыни» проявлять не собираются. Истязать себя напряженными систематическими упражнениями было им явно не по нутру. Они совершенно не могли взять в толк, зачем необходимо повторять раз за разом одни и те же действия, если они единожды уже сделали их правильно. Наука воевать не относилась к той области, в которой они были способны преуспеть. А ведь это одно из лучших сирийских военных формирований – что же говорить про остальную армию! Недаром за все семьдесят лет своего существования САА так и не смогла одержать ни одной победы, огребая то от евреев, то от турок. Война для сирийцев так и оставалась чем-то на уровне: собралась толпа на толпу, постреляли друг в друга из того, что имеется, и кому больше повезло в этой бессистемной перестрелке, тот и победил. В таком отношении садыков к войне Мартину не раз доведется убедиться на собственном опыте.

Тем временем лагерь легионеров пополнялся прибывающими из России бортами. Подоспела техника, и даже Мартин, к великой своей радости, наконец получил обещанные машины. Правда, все пикапы пришлось отдать Гурзуфу: под его беспилотники как основное оперативное средство разведывательных действий требовались малогабаритные быстрые автомобили. Под общие нужды роты выделили КамАЗ и «Урал», сам же Мартин как командир на долгое время остался без личного транспорта.

---

[4] Садыки (от «садык», в переводе с араб. «друг») – представители сирийских союзных подразделений; русские наемники использовали и другое, более язвительное обозначение сирийцев – сирипуты.

В эту командировку, в отличие от предыдущей, командование союзных войск, уже не надеясь на боеспособность сирийской армии, планировало задействовать легионеров как основную ударную наземную силу. Легионеры об этом знали и серьезно готовились. И легкой работы для себя не ждали.

Глава 4

Сальма

Горы Латакии – живописные, покрытые лесом скалы и ущелья, обжитые людьми трудолюбивыми и не лишенными тяги к прекрасному. Красивые, даже в военное лихолетье сохранившие признаки обустроенности и комфорта, города и поселки с обязательной возведенной и старательно отделанной мрамором мечетью вызывали симпатию к местным жителям.

Хотя климат здесь был более суровым, чем на побережье, невысокие горы позволяли взращивать на покрытых плодородным слоем склонах цитрусовые и другие, экзотические для русского солдата, фрукты и овощи. Эти же горы, покрытые низкорослыми, но густыми лесами, являлись отличным прикрытием для передвижения воюющих против Асада крупных отрядов Свободной сирийской армии и ан-Нусры[5].

В этих районах и идеологическая почва оказалась благодатной для действий оппозиционных группировок. Местные жители сильно недолюбливали представителей приморских районов Сирии. В первую очередь эта нелюбовь основывалась на неравном положении различных региональных кланов внутри страны. Представители правящей верхушки с помощью службы безопасности Мухабарат[6] успешно оттесняли все другие влиятельные группы от са-

---

[5] ан-Нусра – организация, признанная в соответствии с законодательством Российской Федерации террористической.

[6] Мухабарат – название разведывательных ведомств в арабских странах, основной задачей которых является защита правящих режимов от внешних и внутренних угроз.

мых лакомых кусочков государственного пирога. Разногласия в вопросах веры и в тонкостях соблюдения норм ислама тоже присутствовали, но играли скорее вспомогательную роль, лишь усиливая взаимную ненависть и оправдывая убийства соплеменников. Градус этой ненависти поддерживали асадовские солдаты, с азартом промышляя мародерством и учиняя репрессии при попустительстве своих генералов. Грабежом они занимались увлеченно, отдаваясь этому занятию целиком и компенсируя награбленным свое вопиющее неумение воевать. Правительство подводило под это оправдательный мотив: экспроприация была наказанием за противостояние законной власти и убийство ее представителей.

Подливала масла в огонь и находящаяся неподалеку Турция, явно настроенная погреть руки на междоусобной распре соседа. Она обеспечивала оппозиционную Свободную армию не только оружием и снаряжением, но и профессиональными военными советниками, которые зачастую, не особо скрываясь, руководили своими подопечными прямо на поле боя. По всему выходило, что война здесь будет длиться очень долго.

Русский легион, представленный ротой Ратника и группой разведчиков, отправили на северо-восток на помощь асадовским отрядам, которые после вмешательства в войну сил ВКС России[7] стали постепенно продвигаться вперед, отвоевывая утраченные прежде районы. Сборы были недолгие. Солдаты удачи, готовые уже с раннего утра к выезду, ожидали только погрузки и команды «Вперед!». А куда вперед – разницы по большому счету не было. Есть война, есть работа, а в деталях разберемся на месте.

Базовым пунктом для наемников стал городок Талла, разбросавший дома по склонам неглубокого ущелья.

---

[7] ВКС России – Военно-космические силы РФ, образованные в 2015 году в результате объединения Военно-воздушных сил (ВВС) и Войск воздушно-космической обороны (ВВКО).

Местные старейшины предложили легионерам поселиться в домах, оставленных теми, кто уехал подальше от войны. Здесь же разместилась группа управления от ВС России, координирующая усилия артиллерии и пехоты на направлении наступления от Сальмы и далее на север в сторону турецкой границы. Их охраняла группа специального назначения из состава ГРУ откуда-то из Сибири. Мартин за все время пребывания в Сирии – и до этого, и после – наблюдал крутых спецназовцев ГРУ только в виде охраны штабов и генералов. Парни из спецназа не выходили на передовую и в боях участия не принимали. Спецназ курсировал по тылам, сопровождая всяких деятелей в погонах и без, что-то охранял, за чем-то наблюдал, но в лихие рейды по тылам врага не ходил и объекты не штурмовал, разве что, по случайности заблудившись, иногда вступал в перестрелки с не особо настроенными на атаку духами. Тогда, еще при первых опытах совместных действий, наемники только втягивались в ситуацию, разогреваясь перед главными боями, и слабо представляли, чем занимаются российские военные в этом регионе.

Отношение к представителям вооруженных сил, сначала уважительное и приветливое, впоследствии становилось все более прохладным и менее почтительным. По-другому и быть не могло: солдаты удачи штурмовали объекты и отражали атаки, погибали и получали ранения, тогда как представители армии только раздавали интервью, в которых, не стесняясь, повествовали о своих подвигах, да получали за свои мнимые заслуги государственные награды. Но это все в будущем, а пока: «О, здоро́во, браток. Сам откуда? Давай подруливай, чаем, кофе угостим».

Куратор предстоящей операции от группы управления обладал внешностью интеллигента в пятом поколении, за глаза его все просто звали Сергеич. В его задачи входила организация взаимодействия союзников, русских легионеров и поддерживающих их артиллерии и авиации российской армии. По прибытии на командный пункт легионеров он в ходе короткого совещания быстро ввел в курс дела всех присутствующих, определив время готовности к выезду.

Цель, которая стояла перед солдатами удачи, была непростой. Необходимо было занять рубеж для отражения контрнаступления бойцов Свободной сирийской армии, которые пытались добиться перелома в битве за Сальму. Ратник вышел из КП и, на ходу отдавая распоряжения и подгоняя командиров, направился к своему пикапу.

Колонна, состоявшая из давно списанных «Уралов» и ГАЗов, тронулась, прокладывая свой путь по горной дороге, натужно ревя и напрягаясь изо всех своих оставшихся сил. Впереди колонны, словно пышущий здоровьем соцработник, ведущий за собой вереницу пенсионеров до ближайшей социальной столовой, указывая направление, шел не потревоженный временем и трудностями «тигр» гэрэушников – красавец, полный сил и энергии.

Примерно через час после многочисленных серпантинов и узких съездов, на которые грузовики легионеров могли выйти только со второго, а некоторые и с третьего цикла качелей вперед-назад, показалась окраина Сальмы – города, разрушенного подобно Сталинграду в сорок третьем. Миновав центр, колонна выехала на северную окраину, остановившись на выезде в пригород так, чтобы вытянувшееся вдоль дороги возвышение служило прикрытием.

По прибытии внимание легионеров сразу же привлекла суета союзников, прятавшихся от огня духов за холмом, на склоне которого раскинулась небольшая кедровая роща. Сергеич подозвал Ратника и Мартина и довел до них описание ситуации, переданное через переводчика командирами сирийцев; те стояли рядом, напуганные и растерянные.

Ситуация, несмотря на свою напряженность, была знакома и ожидаема: противник, рано утром атаковав садыков, выбил их с позиций на северной окраине города и теперь, судя по всему, сосредотачивает силы для дальнейшего продвижения вперед. Самым печальным в этой истории было то, что два танка, принадлежавшие воякам Башара Асада, теперь являлись собственностью мятежников ССА[8]. Отступавшие их просто бросили, покидая свои позиции.

Время работало против легионеров. Духи с минуты на минуту могли начать движение, и, для того чтобы оставаться с ними на равных, необходимо было занять выгодные позиции. Весть о танках совсем не радовала – средств для борьбы с бронированной махиной, обладавшей мощной пушкой, было не так много. Но плакаться тут некому, поэтому Ратник сразу же запустил механизм подготовки к приему «гостей», раздавая указания и распределяя людей и вооружение по рубежам города.

Мартин по распоряжению спокойного, не подверженного лишней суете Сергеича переместился с группой разведчиков в дом, который тот определил как будущий штаб, и, досмотрев его, принял всех тех, кто будет управлять операцией.

Работа началась одновременно с развертыванием тяжелого вооружения. Наблюдатели уже на первых минутах после занятия позиций заполнили эфир сообщениями о передвижении врага на противоположной стороне. Духи перемещались мелкими группами: и в неглубоком ущелье, застроенном домами, и на возвышенности напротив позиций легионеров километрах в трех от них. По высокой активности боевиков было понятно: идет накопление сил на плацдарме для дальнейшего броска вперед на Сальму.

Расчеты крупнокалиберных «кордов» и АГС[9] заработали, едва успев упереть сошки и крабы станин в бетон наскоро расчищенных площадок среди полуразрушенных зданий. Ориентируясь на целеуказания наблюдателей, на-

---

[8] ССА – Свободная сирийская армия, альянс вооруженных повстанческих группировок, воюющих против режима Башара Асада.

[9] АГС – 30-миллиметровый автоматический гранатомет на станке. Предназначен для поражения живой силы и огневых средств противника, в том числе, посредством стрельбы по навесной траектории, находящихся за укрытием.

водчики определяли установки оружия на глаз, давили на спусковые крючки и уже по результатам корректировали огонь. В такой момент жизненно важно сбить волну готовящегося броска в твою сторону, дать возможность остальным занять свои места в оборонительном порядке и обеспечить шанс на выживание и победу.

Еще через какой-то промежуток времени в дело вступили снайперы. Привыкшие к более размеренному и неторопливому темпу перемещения при выборе места для стрельбы, Мирный и Гоба начали охоту из своих дальнобойных «манлихеров», приговаривая к смерти всякого, кто зазевался или неудачно укрылся.

Ратник подгонял бойцов, направляя расчеты на места, казавшиеся ему оптимальными. И когда все оружие, прибывшее в колонне, распределилось по своим позициям, окрестности огласил оглушающий, словно гудение гигантского шмеля, рев, последовавший за грохотом выстрела ПТУР[10].

Ракета пошла в первый обнаруженный танк, устраняя главную головную боль и источник опасности – на тот случай, если у мятежников нашелся бы экипаж, способный завести машину и направить ствол пушки в сторону русских.

Бойцы Ратника приступили к своей привычной и хорошо отлаженной работе. Изрыгали короткие очереди тяжелые пулеметы, злобными псами, подпрыгивая на станинах, коротко и громко лаяли автоматические гранатометы. Стегали по ушам гулкими выбросами одиночных зарядов дальнобойные снайперские винтовки, орали наблюдатели и все те, кто имел бинокли, шаря впереди себя взглядом, выискивая цели. Перебирая ногами, не в силах бежать, бойцы снова и снова подносили тяжелые короба с боеприпасами, восполняя ненасытные потребности прожорливых механизмов.

---

[10] ПТУР – противотанковая управляемая ракета, предназначенная для поражения танков, бронированных целей и защитных сооружений.

Сергеич после короткого совещания с командиром каких-то местных «грозных ястребов» или «отважных кречетов» – арабы склонны к выбору пафосных названий для воинских формирований – указал Мартину на мечеть слева и поставил задачу отправить туда группу для наблюдения за флангом. С разведчиками должна была выдвинуться и небольшая группа союзников, кучковавшаяся недалеко от штабного дома. Но хоть и приободренные прибытием русских отрядов, эти «ястребы» все равно отказались уходить с места, где они чувствовали себя в безопасности. В итоге Зодчий еще с тремя бойцами, обговорив с Мартином маршрут, выдвинулся в путь самостоятельно. Легионеры могут обсудить указания, но не выполнить их им и в голову не придет.

Сам Мартин переместился с остальными в дом, который выходил противоположной стороной на позиции духов. Место было удобным – дом крепкий, в один этаж, из нескольких точек можно просматривать пространство перед линией, занятой Ратником и его бойцами.

Работали только парни Ратника; у разведчиков Мартина таких мощных систем огня не имелось, поэтому они со своими автоматами и пулеметом «Печенег» выполняли задачу охраны флангов, во все глаза глядя по сторонам, дабы не допустить из какой-нибудь лазейки внезапной атаки духов переднего края русских.

Тем временем по гребню высоты напротив заработала вызванная по рации артиллерия, уничтожая противника, находящегося в дальности, недосягаемой для оружия легионеров. К общей какофонии звуков добавился грохот вернувшейся на позиции зенитной установки союзников. У правительственных войск вполне хватало солидного вооружения для отражения атак противника, их основной проблемой была неспособность держать удар и справляться с паникой даже при самых незначительных боевых столкновениях.

Мартин выбрался из дома с безопасной стороны и подошел к штабу, где у заваленного всяким хламом входа обсудил ситуацию с одним из штабистов и на всякий случай обозначил через него место своего пребывания для Ратника и Сергеича. Все были на местах: парни наблюдали за обстановкой впереди и на флангах, оружие штурмовиков продолжало грохотать, пресекая любое движение со стороны духов. День клонился к вечеру, и активность врага затухала, растратив свою энергию под встречным прессингом огня русских наемников.

Исход боя был всем очевиден: понеся потери и упустив момент для атаки, рассеченная легионерами группировка Свободной армии уже была неспособна наступать. По наблюдаемым результатам, потери в рядах боевиков были слишком значительными. Окончательно осмелевшие союзники двинулись по дороге на прежние позиции. Ратник отозвал группу Зодчего из мечети, так как там снова вовсю обживались солдаты Асада.

Мартин присел на разбитый парапет у штабного дома и закурил. Тяжелый и неудобный бронежилет давил вниз, изредка по телу пробегала дрожь: солнце, скатываясь за вершины, грело скупо. Одежда, взмокшая под броней во время дневного тепла, стала остывать, согреться было негде. «Что-то уж больно зябко становится», – пронеслась в голове мысль вместе с сожалением о теплой куртке, оставленной в кабине машины, укатившей вместе с транспортом за боеприпасами. Мартин сплюнул от досады, и в этот же момент над головой с громким и злобным шипением пролетела ПТУР.

Каким-то чудом миновав проем окна штаба, пройдя чуть выше крыши, снаряд врезался в склон скалы за домом. Как только сознание Мартина уловило звук ракеты, ноги непроизвольно обмякли, и он спрятался за спасительный парапет. Услышав взрыв, он вскочил и, развернувшись в сторону входа, быстро окинул взглядом фасад здания – снаряд прошел мимо. Невероятно, как управляемая ракета не попала в хорошо видимый со стороны противника дом?

Все находившиеся в штабе выбежали и рассредоточились на близлежащей площадке. Сергеич на выходе сделал короткое заявление, мол, «примелькались, этого вообще-то следовало ожидать», и подал знак Ратнику сворачиваться.

Второй пуск вражеской ракеты пришелся по расчету из штурмовиков, которые решили добить захваченный противником танк. Расслабленные грамотно построенной обороной, бойцы не стали менять прежнюю позицию, не сообразив, что она уже засвечена и духи за ней внимательно следят. Сразу после того, как штурмовики произвели пуск ракеты по корпусу танка, окончательно списав его в утиль, рядом с ними взорвалась вторая ПТУР. Парней, оглушенных взрывом, быстро вытащили на безопасное место. Победа сегодня, конечно, осталась за легионерами, но недобитый зверь способен кусаться – это один из основных законов войны.

Охотиться за пусковой установкой не стали, день был утомительный, поработали хорошо. Потерь, за исключением оглушенного оператора ПТУР, не было. И воодушевленные союзники тоже заняли свои места. Скорее всего, чуть позже доработает авиация, поэтому можно было собираться в обратный путь – на базу в Таллу.

Глава 5

Хозяева жизни

Возвращались из Сальмы медленно. Узкие горные серпантины не давали достаточного простора для тяжелой большегрузной техники. Да и «Уралы» и ГАЗы, на которых передвигались легионеры, уже изрядно поизносились. Времена, когда эти машины бодро колесили по дорогам, только покинув сборочные цеха заводов, давно миновали.

Наемников не баловали новой техникой, и очень часто они с завистью поглядывали на земляков из состава официальных вооруженных сил России, которые перемещались на новеньких бронированных КамАЗах и «тиграх», и сплевывали от досады, когда провожали взглядом совсем еще свежие «тойоты» и GMC, на которых раскатывали союзники.

В феврале горные дороги Сирии становились не только некомфортными, но и опасными. Они были размыты дождями, в результате чего на них под тяжестью многотонных машин образовывались трещины, что в любой момент могло привести к обрушению большого фрагмента дорожного полотна и утянуть за собой в ущелье технику легионеров.

Неожиданно на узкой дороге возник инцидент. Навстречу колонне легионеров уверенно шел, не сбавляя ходу, мощный джип американского производства с наглухо затонированными стеклами. По всем признакам это был автомобиль мухабаратовцев, всесильной службы безопасности Сирии. Отличить их можно было по марке крутого внедорожника, а также по уверенной убежденности водителя вести машину так, будто кроме него во всей Сирии больше никого нет. Он даже не пытался найти площадку, чтобы переждать прохождение тяжелой техники. При этом было совершенно очевидно, что колонна машин, если бы и захотела, все равно не смогла бы ужаться до такой степени, которая позволила бы черномордому «американцу» беспрепятственно продолжить свой путь.

Но еще не остывшие после дневного боя легионеры даже если бы и смогли, не стали бы уступать дорогу представителям сирийской спецслужбы, к которой относились безо всякого почтения. Бывалые солдаты удачи, будучи опытными профессиональными военными, хорошо представляли себе основные функции военной контрразведки в зоне боевых действий. В первую очередь к ним относились контроль за выполнением боевых приказов, за моральным состоянием рядового и офицерского состава, пресечение случаев мародерства и бессудных расправ над гражданским населением и уничтожение диверсионных групп и разведчиков противника. Но ничего из этого мухабаратовцы в действительности не выполняли. Солдаты при первых признаках опасности легко бежали с поля боя, командиры сирийцев особой тактической смекалкой не обладали и зачастую отдавали абсолютно бездарные приказы, мародерством в рядах сирийской армии не занимался только ленивый, да и случаев дезертирства тоже было немало. Доходило и до вопиющих случаев: диверсионные группы противника постоянно устраивали засады на прифронтовых дорогах, и, попав в одну из них, погиб российский генерал. Казалось бы, этот случай должен был больно ударить по репутации сирийской службы безопасности и привести к оргвыводам для ее сотрудников. В реальности же ничего не изменилось, и везде, где бы ни появлялись эти откормленные, грозного вида гориллы, они всем своим видом демонстрировали собственную исключительность. Воспринимать серьезно этих самодовольных индюков, важно расхаживающих с новыми автоматами, бойцы ЧВК не могли, да и не хотели.

Внедорожник сбавил скорость – очевидно, обратил, наконец, внимание на то, что встречная колонна не собирается ни ужиматься, ни сдавать назад. Машины продолжали двигаться вперед, потихоньку сокращая расстояние до мухабаратовцев. Те еще некоторое время стояли на месте, соображая, как им поступить. Но после того, как из кабины головного «Урала» им недвусмысленными жестами, сопровождаемыми ругательствами, предложили освободить дорогу, джип попятился и, съехав на небольшую площадку ниже, стал терпеливо дожидаться прохождения всей колонны.

Тем временем движение продолжалось. Мартин с трудом боролся со сном: за день он изрядно вымотался. Но удобное место в кабине, которое он занимал, предполагало выполнение правила, которое появилось с самого начала использования в войсках военной техники: тот, кто сидит в кабине рядом с водителем, спать не имеет права, так как нужен постоянный контроль за тем, кто у руля, – он тоже человек, устает и может заснуть. Встреча с мухабаратовцами позволила Мартину завести с водителем разговор; они уже вместе беззлобно поматерились и посмеялись над глупым поведением представителей местных спецслужб. Действительно, те, кто был в салоне джипа, не могли не видеть колонну, двигающуюся им навстречу, и не могли не распознать русских, но при этом все равно ехали вперед, видимо по инерции тупого мышления не сомневаясь в беспрекословном исполнении своих капризов любым, кто встретится им на пути.

«Гребаные хозяева жизни! – усмехнулся про ссбя Мартин. – А мало ли таких джипов носится по дорогам России-матушки, так же не замечая других, пренебрегая правилами и простыми человеческими понятиями. Там, в салонах дорогих машин, тоже млеют от своей значимости разного рода чиновники, зажравшиеся бизнесмены и их отпрыски, охуевшие от безнаказанности бывшие чеченские боевики, получившие особые права за обязательства не воевать против центральной российской власти. В России спустить их всех на землю и заставить уважать элементарные правила на порядок сложнее. Изрядно придется потрудиться, чтобы очистить родину от подобных особей».

Невеселые рассуждения прогнали сон, а вскоре уже показались и домики Таллы, где располагалась база легионеров. Длительный и утомительный день подходил к завершению. «Сейчас поедим вдоволь, отдохнем, а завтра снова за работу», – поставил точку Мартин.

Глава 6

Командирские тяготы

Приютившаяся на склонах живописного горного массива Сальма, доведенная войной до состояния города-призрака, в конце концов была освобождена от отрядов ССА, но подступающий к пригороду поселок все еще не был досмотрен, и сделать это должны были легионеры и сформированное недавно подразделение разведки сирийской армии. Населенный пункт, как оказалось, был прекрасно подготовлен к обороне, причем со смекалкой действительно талантливого фортификатора. Отстроенные из шлакоблоков ограды в сочетании с бочками, установленными с внутренней стороны ограждения и наполненными камнями, несмотря на кажущуюся ненадежность, представляли собой мощные защитные укрепления. В нишах, вырытых под бетонные площадки у крылец домов, могли спокойно, не волнуясь за собственную жизнь, отсиживаться стрелки во время артиллерийского обстрела – толщина бетонной заливки позволяла. Сложившийся от взрыва дом из железобетонных плит превратился в хорошо оборудованный дот, держащий под контролем центральную улицу и проулочки. Досмотр, осторожный со стороны легионеров и шумно-хаотичный со стороны сирийских разведчиков, показал, что духи ушли, решив не использовать опорный пункт по назначению. Выполнив поставленную задачу, вся группа двинулась в обратный путь – на подъем в сторону Сальмы.

Подъем длился мучительно долго, и даже то обстоятельство, что идти пришлось по вьющейся серпантином асфальтовой дороге, а не по горной тропе, не облегчало ситуацию.

Нагруженные боеприпасами легионеры шли медленно, переставляя ноги так, словно были одеты в водолазные костюмы для глубоководного погружения. Тяжелые подсумки с патронами и гранатами давили на плечи и ноги, вызывая одышку и боль в икроножных мышцах.

Положение усугублялось невозможностью набрать скорость и войти в определенный ритм дыхания. Идущие впереди союзники часто останавливались для отдыха, но обойти их не позволяло указание замыкать колонну при выходе из населенного пункта. Из-за этого легионерам также приходилось останавливаться и пережидать.

После преодоления примерно половины пути Мартин оценил ситуацию и понял, что частые остановки в той же степени были необходимы и уставшим солдатам удачи — перевести дыхание и подождать отставших. Он испытывал сильное раздражение, вспоминая, что во время обучения в университетском городке делал упор на военно-тактическую подготовку бойцов в ущерб занятиям по физической подготовке, и теперь они не обладали достаточной выносливостью для передвижения в горах. Правда, надо признать, что и сами легионеры очень часто относились к зачетам по физподготовке как к капризу высшего начальства, считая, что они и так находятся в хорошей форме, а значит, унижать их зачетными кроссами и отжиманиями — просто прихоть руководства. Свою роль сыграла и ужатая программа подготовки непосредственно перед командировкой в Сирию, которая не могла вместить в себя дополнительные занятия и марш-броски. И хотя во время тренировок бойцы передвигались на значительные расстояния при полном снаряжении, недоработка все равно была налицо.

«Эх, нужно было побольше гонять ребят ускоренным маршем и снаряжение доводить мешками с песком до веса боевой укладки», — с сожалением думал про себя Мартин, недовольно наблюдая за бойцами. Большая часть группы брела по дороге на подъем, уткнувшись взглядом в асфальт и не выдерживая требуемой дистанции между собой, то сокращая ее, то увеличивая до критических пределов, позабыв в безразличной усталости об одном из правил войны: расслабиться можно только на лежаке у себя в расположении, находясь под охраной дежурной смены часовых. Но терять бдительность на дороге в районе, который так и не был до конца разведан, недалеко от только что освобожденной Сальмы, было недопустимо. Мартину приходилось постоянно напоминать бойцам о необходимости держать дистанцию и смотреть по сторонам.

«Вот оно, твое гуманное отношение к бойцам, уставшим от занятий, которые вполне могли бы выдержать и дополнительные нагрузки. Вся их лихость и опыт Чечни и Донбасса – пустой звук, когда потерян контроль за ситуацией при тяжелом физическом напряжении. Не надо было спорить и убеждать, жалеть и цацкаться. Надо было заставлять и требовать, а самым недовольным – выписывать билет за пределы учебного центра через заполнение обходного листа. Теперь приходится пожинать плоды своего щадящего отношения», – выговаривал себе Мартин.

И без того невеселые думы омрачало решение отправить Золотого в Латакию с последующим разбирательством. Причина, из-за которой Мартину предстояло расстаться с опытным бойцом, была глупой до банальности. Золотой бросил Мартина, своего командира, одного, без охраны, когда тот во время зачистки общался с сирийскими разведчиками, и ушел с другими союзниками вперед. Когда Мартин, переговорив с командиром союзников, оглянулся, бойца уже рядом не было, и пришлось вызывать Зодчего для розыска разведчика, проявившего неоправданную самостоятельность. Пресекая мысли о возможном элементарном стремлении легионера к наживе – в большинстве домов имущество, брошенное в спешке владельцами, бегущими от войны, оставалось нетронутым, – Мартин пытался найти объяснение действиям бойца. На отговорки самого нарушителя: «потерял из виду», «не так понял» – Мартин отреагировал категоричным заключением: «Если ты не понимаешь поставленную тебе боевую задачу и оставляешь командира одного, значит, тебе здесь не место».

Впереди снова заминка – пулеметчик союзников, брошенный своими боевыми товарищами, присел на обочину отдохнуть. Это уже начинало злить. Сирийские разведчики, в сравнении с русскими, шедшие практически налегке, могли бы и помочь своему товарищу, несущему основное оружие прикрытия и поддержки. Да и тот не сказать что был сильно нагружен, имея при себе, помимо пулемета, лишь только малый короб с патронами, но все равно всем снова пришлось останавливаться и ждать.

Подъем наконец закончился, на окраине пригорода Сальмы их ожидали машины. После доклада старшему начальнику, который внимательно выслушал, уточняя детали, погрузились в армейские грузовики и тронулись на отдых в Таллу, где предстояло еще провести совещание по результатам выхода группы.

Во время совещания все пошло так, как и предполагал Мартин. Высказав претензии в отношении Золотого, он в ответ услышал доводы в его защиту, а также просьбу самого нарушителя, не применять к нему крайние меры. После чего Мартин объявил свое окончательное решение: «Согласен. Но только с испытательным сроком, до первого залета».

Для Мартина было очевидно, что Золотой просто сорвался, инстинкт самосохранения на войне имеет свойство со временем притупляться. Будучи по сути простым, хотя и опытным бойцом, Золотой был хорош в боевой ситуации, но быстро расслаблялся при отсутствии явной опасности. Его воображение, а точнее, нехватка оного, не допускало и мысли о возможной вражеской засаде или о наличии фанатиков-одиночек, которые идут на самоподрыв или открывают стрельбу, не считаясь с собственным уничтожением. И хотя в тот момент уже стало ясно, что в городе духов нет, – иначе бородатые бы не дали группе прикрытия занять позиции на местах, позволяющих контролировать основные направления, – терять бдительность ни в коем случае было нельзя.

По прошествии некоторого времени, уже на госпитальной койке, Мартин вспоминал эту командировку. Было много и других ситуаций, когда ему приходилось тратить свои нервы и время, добиваясь от подчиненных выполнения довольно простых и нужных указаний. В таких случаях он мог и должен был применить власть командира и спровадить одного или двух на родину без причитающихся им денег. Но он не делал этого, о чем впоследствии сожалел.

Вспомнил, как однажды потребовал вырыть выгребную яму и столкнулся с капризным недовольством и тихим саботажем выбранных исполнителей, которые увидели в этом задании попытку опустить их ниже плинтуса и всем своим видом демонстрировали чувство неприятия и брезгливости. Чего начальнику надо? Можно и в заросли ходить и там прекрасно справлять нужду. А начальник считал такой способ опасным с учетом прифронтовой полосы, ненадежных заслонов союзников и весьма вероятного появления диверсионных групп противника. Пусть лучше нуждающийся в опорожнении кишечника садится на корточки в месте, которое хорошо видно часовому собственного охранения, чем лезет в дебри, где его могут зарезать.

«Людей надо уметь наказывать, когда они этого заслуживают», – говорил себе Мартин, но в последний момент почему-то проявлял ненужное снисхождение.

Находясь в госпитале, он осознал недостаточность своей квалификации как командира наемников, который прежде всего должен был уяснить для себя уникальность их формирований на войне. Он обязан был не только учить других, но и сам осваивать науку выживать и побеждать, действуя в условиях, когда тебя не стесняют требования уставов, когда твое командирское положение обеспечивается не офицерским званием, а авторитетом у подчиненных и доверием тех, кого ты ведешь в бой. Он обязан был суметь объяснить бойцам, что могут меняться тактические приемы по мере совершенствования оружия, но правила выживания на войне остаются неизменными. И если легионер считает для себя унизительным выполнять элементарные правила предосторожности, лучше ему сразу покинуть коллектив, чем подставлять своих товарищей на поле боя, когда самая незначительная небрежность одного может отразиться на каждом в группе. Можно измотать бойцов до истощения в тренировках на полигоне, но все это будет напрасным, если не прививать им почтение к мелочам, пренебрежение которыми способно свести на нет все усилия.

Многие так и остаются на уровне своих привычных представлений, в которых настоящим мужикам непозволительно опускаться до рытья отхожего места: они сюда, видите ли, приехали воевать, а не в земле копаться. Им невдомек, что высокомерие и гордыня — это признаки глупости, которые не имеют никакого отношения к военному профессионализму. И рассуждающие подобно им не должны становиться легионерами.

Неоднократно Мартин сталкивался и с другой стороной психологии солдат удачи — с их излишней самоуверенностью. Казалось бы, опытные и понимающие суть войны ветераны не принимали простых, но жизненно важных вещей, объявляя их нереальными в боевой обстановке и не понимая, что ненужными и нереальными эти вещи делают они сами собственными действиями, непродуманными и ошибочными. Соблюдение правил ведения боя требует воли и самоконтроля, и признаться в том, что как раз этих качеств в боевой ситуации не хватает, способен не каждый. На деле весь боевой опыт таких горе-бойцов сводился зачастую к банальному везению, благодаря которому они выходили живыми из серьезных переделок, куда попадали по собственной глупости. И самое плохое, что они не делали из этого никаких разумных выводов.

Мартин часто терзал себя вопросом: прав ли был он, время от времени идя на компромиссы, вместо того чтобы быть жестким, учитывая серьезность тех задач, которые приходилось выполнять? На кону ведь были не просто отвлеченные понятия типа «выполнил или нет», но прежде всего жизни людей. И все-таки, приходил он к выводу, каждая конкретная ситуация требовала отдельного подхода, и нельзя подступать с единой меркой ко всем проступкам, если, конечно, это не касается случаев явного дезертирства или подлости в отношении своих.

Но момент для мучительных размышлений наступит позже, а пока продолжается война и каждый день ставятся новые боевые задачи. Для душевных переживаний времени не остается – необходимо просто быть сильным.

Глава 7

Выходной от войны

Дождь. Со вчерашнего дня небо над уютным, неброской красоты ущельем было затянуто облаками и без конца лил дождь. Осадки то низвергались с неба плотной дождевой стеной, то зависали в воздухе серой водяной взвесью. Городок, расположенный на высотах, прикрывающих ущелье с западной стороны, был погружен в тоскливую мокроту. Дома и деревья, размытые туманной дымкой и завесой дождя, представляли собой унылое зрелище. В этих местах сильные дожди являлись серьезной проблемой для ведения боевых действий. Склоны гор становились скользкими и практически недоступными для передвижения, а нависающие низкие облака, покрывающие вершины густой пеленой, снижали видимость. Порывы ветра на высоте делали полеты беспилотников наблюдения неустойчивыми и недолгими – быстро садились аккумуляторы. Впрочем, для современных средств разведки плохие погодные условия особой проблемы не представляли, а вот движению и маневру боевых групп дождь в горах мешал очень сильно.

Легионеры уже два дня сидели без дела, никаких указаний не поступало. Большую часть этой нежданной паузы между боями бойцы использовали для отдыха и восстановления сил. В перерывах между сном и полудремой парни ковырялись с аппаратурой и корпусами беспилотников, обслуживали оружие, протирая и смазывая части и механизмы, перебирали снаряжение и сушились у установленных в комнатах печек.

Ратник на утреннем совещании никаких особых распоряжений не дал, только подчеркнул необходимость соблюдать бдительность. Мартин побродил по комнатам и заглянул к снайперам, которые, выспавшись, говорили обо всем понемногу, переходя по ходу беседы от одной темы к другой, порою забывая, с чего начинали. Затем переместился дальше по коридору на пункт связи, где спросил Музыканта о переговорах в эфире. Ничего существенного – обычный обмен информацией. Выйдя на веранду, он столкнулся с Таном, который колдовал над горелкой, собираясь готовить свой фирменный кофе.

С Таном они были знакомы давно, еще с первой командировки. Именно тогда у них завязались дружеские отношения. Достаточно зрелый и по возрасту, и по жизненному опыту, Тан был ему ближе, чем молодые легионеры без налета седины и постреливающей боли в пояснице, полные азарта и куража и не успевшие еще познать, почем фунт лиха. Но все же друзьями в полном смысле этого слова они с Таном стали после истории с сербским командиром Волком.

Абсолютно безграмотный в военном деле, авантюрист по складу характера, Волк принадлежал к категории людей, четко придерживающихся правила: хороший понт – те же деньги. Выпускник полицейской школы, он имел лишь смутное представление об общевойсковой тактике, но всеми доступными способами рекламировал свою крутость бывалого вояки и при этом, нисколько не смущаясь, брался поучать окружающих. Земляков Волк жестко держал в своей власти, внушив им, что только благодаря его возможностям и авторитету они не сгинут на чужбине. Сербы в большинстве своем тоже были бывшими полицейскими и часто своими действиями вызывали недоумение у профессионалов войны. Парнями они в целом были неплохими, далеко не трусами, но, попав под влияние Волка, использовали любую возможность увильнуть от выполнения боевой задачи. За короткое время своего командования Волк, опираясь на многовековое правило «разделяй и властвуй», создал нетерпимые отношения между сербами и другими бойцами внутри взвода. В серьезных боевых действиях участь такого подразделения была бы незавидна и печальна.

Прибыв в Сирию, Мартин после некоторых сомнений все же не удержался и, выждав удачный момент, обратился к Вагнеру с просьбой разрешить ситуацию с командиром своего взвода. Мартин на конкретных примерах описал всю несостоятельность Волка как командира и предложил выслушать других русских бойцов взвода. Вагнер просьбу Мартина выполнил и, собрав парней, узнал их мнение, которое, в общем-то, было единым: от Волка все устали и реально опасались попасть под его руководством в бойню. Командир легионеров по завершении разговора задал вопрос:

— Кто же, по-вашему, сможет справиться с командованием взвода? За кем вы пойдете?

Почти все указали на Мартина. Так он стал в той командировке командиром группы.

По возвращении в Россию и прибытии в учебный центр Волк подал рапорт, назвав произошедшее саботажем, что могло грозить увольнением его бывшим подчиненным. При этом серб поступил как опытный интриган — написал рапорт только на часть группы, исключив, например, Тана из числа заговорщиков в надежде свести его дружбу с Мартином на нет. Но Волк просчитался. Тан на построении не встал в строй поредевшего сербского взвода, а, прихрамывая, направился к отдельно стоящей группе «бунтовщиков», вместе с которыми он прошел командировку.

Очень тогда удивила Мартина позиция штабистов. Административные работники даже не попытались разобраться в сути возникшего конфликта и, получив рапорт Волка, передали через него обходные листы. Всем «бунтовщикам» грозило возвращение к гражданской жизни. И только личное вмешательство Вагнера поставило все на свои места. Обходные листы так и остались незаполненными, взвод распустили, парней, честно отработавших командировку, было приказано не трогать.

Из того инцидента Мартин вынес для себя следующий урок: если командир не настроен целенаправленно и планомерно тренировать своих бойцов, то они в конце концов превращаются в ленивую, аморфную массу. В коллективах, незанятых осмысленным военным трудом, процветают интриги и пустое словоблудие. Вступив в бой, такое подразделение мгновенно растрачивает управляемость и слаженность в действиях.

Тан готовил кофе. Появлением Мартина он был доволен – можно было вместе не спеша выпить кофе и поговорить. Кофе, как обычно, был ароматный и с привкусом имбиря – фирменный рецепт Тана. Разговаривали друзья неторопливо, обмениваясь мнениями о последних событиях. Вспоминали и первый заход в Сирию. Легионеров тогда приятно удивила та искренняя радость, какую выказывали появившимся русским все сирийцы – начиная с официальных лиц, встречавших солдат удачи в аэропорту, и заканчивая рядовыми обывателями. За четыре года непрерывной гражданской войны люди устали жить в страхе за свое будущее и не питали особых надежд ни на свою обескровленную армию, ни на союзников из сопредельных государств. Вступление России в войну они восприняли с неподдельным восторгом. Правда, никаких признаков полыхавшей по всей Сирии междоусобицы с ходу обнаружить было невозможно. Прилавки магазинов забиты товарами на любой вкус и выбор, повсюду идет бойкая торговля, никакого намека на недостаток подвоза продовольствия и скудость снабжения всем необходимым для жизни. Улицы городов заполнены праздно гуляющей публикой, с виду упитанной и жизнерадостной, повсюду много молодежи. Кафе и рестораны собирали под вечер полные залы. О том, что совсем недалеко пролегает линия фронта, стреляют пушки и погибают люди, можно было узнать лишь по рассказам тех, кто там побывал. Даже повсеместные стихийные свалки отходов, как оказалось, объяснялись не коллапсом в работе коммунальных служб, а характером местных обывателей.

Но несмотря на всю эту внешне мирную картину, в действительности дела у правительства Башара Асада обстояли как нельзя хуже. Гражданская война шла практически по всей стране: северные районы вокруг городов Идлиб и Алеппо контролировали оппозиционная Свободная сирийская армия и группировки ан-Нусры[11], весь северо-восток, начиная от Пальмиры и далее до границы с Ираком, оказался под властью Исламского государства, на юге, в провинции Даръа, действовали отказавшиеся подчиняться центральной власти вооруженные группы самообороны. По сути, официальный режим контролировал лишь небольшую прибрежную полосу страны шириной не более двухсот километров. Даже в столице, Дамаске, в любой момент был готов вспыхнуть мятеж.

Находясь на грани катастрофы, Башар Асад готов был привлечь любого, кто бы согласился воевать на его стороне, суля ему в награду за службу золотые горы. Это и стало основанием для появления русских наемников на сирийской земле. Прибытие первых подразделений ЧВК совпало с вводом в Сирию российского контингента, командование которого планировало поддержать сирийскую армию бомбардировочной и штурмовой авиацией и артиллерией, рассчитывая, что это станет достаточным условием для достижения кардинального перелома в неудачно складывающейся войне. В использовании легионеров в предстоящих сражениях российское командование особой заинтересованности не проявляло. Тем не менее солдат удачи решили задействовать под Идлибом, однако до настоящего участия в боевой операции дело так и не дошло. Легионеры уже выдвинулись на передний край и, готовясь к предстоящим боям, вели наблюдения и собирали данные о противнике, но все планы враз изменило одно трагическое событие.

---

[11] ан-Нусра – организация, признанная в соответствии с законодательством Российской Федерации террористической.

Мартин тогда впервые воочию столкнулся со смертью в ее самом откровенном и вопиющем обличии.

Они стояли с Таном рядом, метрах в десяти, не больше, от палатки, в которую точным прямым попаданием угодил управляемый снаряд, выпущенный духами. Не было никакого звука подлета — просто взрыв уже в самой палатке: разорванная в клочья материя, раскиданные в беспорядке покореженные кровати, мертвые и израненные бойцы. Мартин, вбежав, на какое-то время потерял способность к действию от того, что он там увидел. Искалеченные взрывом тела еще дышащих и подающих признаки жизни бойцов с разверстыми ранами и выпавшими внутренностями лежали вперемешку с обезображенными трупами тех, кто даже не проснулся, превратившись в мертвую плоть. Память на всю жизнь запечатлела разрезанное осколком на две части тело, рядом другое, с оголенным мозгом, разорванные тела и оторванные конечности. Раненые отчаянно призывали на помощь.

Вытащив первого раненого, Мартин снова бросился в палатку, действуя бессистемно, растерявшись по неопытности от всего увиденного. Столкнувшись с реальностью, он начисто забыл о наставлениях военных медиков прежде всего останавливать кровь из ран и делать перевязку тем, кто молчит. Вскоре подоспели другие легионеры, сообща спасая тех, кого еще можно было спасти. Мартин вспомнил про Тана и, оглянувшись, увидел его затягивающим себе проводом ногу чуть выше кровоточащей раны — поймал осколок. Из всех, кто находился рядом с местом взрыва, только Мартин не получил ранения. Он помог Тану отойти подальше от линии палаток и перевязал ему рану.

Такое количество единовременных потерь повергло в замешательство не только руководство легиона, но и, по-видимому, руководство российского контингента. Никто не понимал, как на это реагировать и по какой графе проводить погибших. После непродолжительных колебаний было принято единое решение приостановить участие легиона в войне и в спешном порядке эвакуировать солдат удачи обратно на родину…

Потихоньку к Тану и Мартину подтянулись и остальные разведчики, и задушевный разговор приятелей быстро трансформировался в общую сходку под девизом «давай поржем».

В представлении участвовали все: горячился эмоциональный Мустафа, возражал язвительными замечаниями Мрак, Сатана вторил его тону, Зодчий и Герасим отвесили пару жестких, но необидных шуток в адрес Мрака, Тьма, в свою очередь, вспомнил пару эпизодов из жизни Сатаны, чем вызвал грохот смеха. Вскоре активное участие приняли присоединившиеся к компании Моряк, Тамок и Золотой, а с верхней террасы послышались комментарии наблюдателей охранения.

Спонтанные посиделки продолжались весь остаток дня. Энергичный обмен взаимными подколами сменялся спокойными, рассудительными разговорами о военных заботах. Так иссяк день и быстро наступила ночь. Переход от светлого времени суток к ночной темноте был, как всегда здесь, скоротечным. К этому моменту разговоры сами собой стихли – сумерки настраивали на молчание. У каждого имелись свои привязанности и воспоминания, обращенные вдаль, на север, где простиралась огромная страна: пусть и с массой неразрешимых проблем, но все же родина. Там были друзья и родители, жены и дети, были полноценные рассветы и закаты, бескрайняя тайга и озеро Байкал, поля среднерусской равнины и покрытый лесами Урал, башкирский мед и русская водка и много другого, о чем думалось с теплотой и тоской.

Завтра, возможно, будет работа. Но думать о том, что будет завтра, совсем не хотелось – сегодня хорошо. Хорошо потому, что еще все вместе, живые и полные сил. Совсем скоро троих из собравшейся компании не станет и больше половины завершат свою командировку на излечении в госпиталях. А пока идет дождь, сыро и серо – сегодня выходной от войны.

Глава 8

«Бесстрашные» соколы

Ратник вызвал на совещание, когда уже стемнело, и Мартину пришлось идти практически на ощупь, натыкаясь в темноте на всякий хлам, до тех пор пока он не вышел на асфальт, ведущий прямо к дому, занятому штабом штурмовой роты. Дом располагался на скате длинного каменистого отрога, с обратной стороны которого не более чем в километровой дальности находились передовые позиции противника. Узнать, с кем придется сражаться на этот раз, за короткое время пребывания в районе так и не удалось: сведения от союзников поступали противоречивые. Переброску на новое направление завершили после обеда, еще засветло, благо расстояние от прежнего места дислокации было невелико – всего лишь перемахнуть по горному серпантину через перевал на магистраль, ведущую на Алеппо. Колонна, петляя между покореженными войной участками трассы, миновала мост над сухим руслом и съехала на небольшую дорогу, ведущую в ближайший населенный пункт. Дома жителей городка были разбросаны по склонам нескольких возвышенностей, и серпантины, соединяющие подворья, спускались вниз на центральную улицу с асфальтированным шоссе, по обеим сторонам которого находилась основная инфраструктура поселка – магазинчики и различные конторы. Городок был брошен мирными жителями, и на улицах можно было встретить только людей в военной форме при оружии. Магазины и конторы оказались, конечно, опустошены, но сам населенный пункт был задет боями лишь отчасти и, по сравнению с другими городками на линии фронта, отделался малой кровью. Улицы и дворы были замусорены тем, что еще недавно было частью домашнего хозяйства: война привела в негодность все эти, когда-то нужные в обиходе, вещи.

В качестве союзников в этот раз выступало одно из подразделений «Соколов пустыни», местной сирийской ЧВК. Командир их отряда, по каким-то собственным соображениям посчитав момент для наступления удачным, сообщил генералу федералов о готовности атаковать позиции духов. Свои заявления он сопроводил презентом в виде сшитого из чистого хлопка, а значит, дорогого мужского платка-арафатки. Генерал федералов, обрадованный стремлением сирийского командира к активным боевым действиям, пообещал обеспечить его мощной артиллерийской поддержкой и выделить штурмовые отряды русских легионеров.

Задачу ставили буквально с колес, федералов не сильно заботили проблемы солдат удачи – приказы они отдавали без оглядки на нормативные показатели. Мартину было проще, чем другим подразделениям легионеров: выгрузить весь возимый с собой инвентарь и боезапас небольшой группы, складировать, отогнать машину в укрытие – все это заняло не больше часа, и группа стала спокойно готовиться к выполнению боевой задачи. Ратнику и Бритому было гораздо сложнее. Совместить процесс разгрузки с одновременным занятием позиций по фронту и организацией наблюдения, учитывая количество и калибр вооружения и боезапаса к нему, было делом непростым. Плюс к этому надо было решать вопросы размещения и быта крупного подразделения. С учетом сроков, которые поставили федералы, это означало рвать жилы до третьего пота и орать до хрипоты. Но к вечеру минометы Бритого дали уже первый залп по целям, указанным с постов наблюдения Ратника, малокалиберные минометы штурмовиков тоже приступили к работе.

Ночь с присущей этой местности непроницаемой темнотой накатила быстро. Во мраке просматривались лишь очертания гор на фоне небосвода и размытые силуэты построек. В зоне боевых действий при наличии у обеих сторон минометов и ракетных установок правильная светомаскировка играет не последнюю роль, но выстроить ее грамотно смогли только русские. Для сирийских солдат она оставалась понятием относительным и выполнялась лишь до того предела, где заканчивался комфорт, поэтому в местах размещения союзников четко просматривались окна помещений, освещенных с помощью аккумуляторных батарей и генераторных установок, а по дорогам время от времени передвигались машины, озаряя путь перед собой фарами.

«Соколы» собирались атаковать позиции противника с рассветом, сразу после артиллерийской подготовки. На присутствии русских легионеров непосредственно на переднем крае они, как ни странно, в этот раз не настаивали — их вполне устроило бы планомерное и выверенное огневое воздействие минометами и надежный заслон от солдат удачи на флангах. Учитывая это, Ратник дал распоряжение Мартину отправить на передний край небольшую группу разведчиков для ведения наблюдения. Мартин приказал Зодчему вместе с частью его подразделения выдвинуться на передовую и занять позицию в боевых порядках союзников, а оставшимся разведчикам — разместиться в одном из пустовавших домов и, выставив охранение, ждать дальнейших указаний.

Мартин подошел к дому, где размещался Ратник, и, отодвинув полог плотной материи, протиснулся внутрь. Посередине комнаты стоял стол с разложенной на нем картой, которая освещалась маленьким светильником. Бритый был уже на месте, и Ратник сразу же после короткого приветствия рассказал о ближайших планах командования, из которых следовало, что никто не был до конца уверен, будут «Соколы» наступать или это очередной блеф. Обсуждение текущих вопросов продлилось не более получаса, так как все, что касалось наступления, было оговорено еще днем. Разговор на отвлеченные темы, в который плавно перешло совещание, был прерван мощным разрывом снаряда – судя по звуку, немалого калибра – не далее полукилометра от штаба. Байкал по рации, не сдерживая волнение, сообщил, что замечены еще две позиции со стороны духов, с которых были произведены выстрелы, по-видимому из минометов. Падение одной из мин сопровождалось мощным ярким всполохом пороховых зарядов, складированных на позициях минометчиков. Пороха запылали ослепляющим в окружающей темноте заревом. Бритый, скороговоркой отдавая по рации распоряжения, побежал к своей батарее. В эфир снова вышел Байкал, докладывая о вспышках выстрелов на вражеских позициях. Ратник тут же потребовал от него:

– Гаси их своими средствами.

– Да, командир, наводим. Сейчас отработаем.

Раздался еще один разрыв, теперь уже с явным перелетом, где-то внизу за дорогой. Через несколько минут Бритый доложил Ратнику, что мина духов подожгла только брикеты с порохом, снаряды и орудия были в недосягаемости от занявшегося пожара. Минометчики среагировали быстро, но стрелять они пока не могли. Им необходимо было сменить позицию: работать на этом месте было опасно – духи по зареву наверняка уже заприметили признаки удачного выстрела. Байкалу пришлось с двумя стволами минометов штурмовиков развернуть дуэль с противником, и через считанные минуты в духов полетели первые 82-миллиметровки от позиций легионеров. К пожару от загоревшихся порохов добавились звуки выстреливающих под воздействием температуры патронов, цинки с которыми оказались рядом.

Обстрел продолжался, и вот уже вспышка разрыва, поднявшего облако пыли, обозначилась за позициями Бритого – в районе дома, где размещались разведчики. Мартин по рации запросил своих, но ответа не последовало, и, уже имея все основания для тревоги, он быстрым шагом двинулся к месту расположения группы. Уже почти бегом достигнув знакомого строения, он застал парней за активным перемещением от дома на расположенную вблизи дороги площадку, укрытую от направления прилета мин. Взрыв был не без последствий, но, к большой удаче, убитых не было. Раненых не задетые осколками бойцы перетащили вниз и оказывали им помощь, время от времени забегая в дом, чтобы принести какие-нибудь принадлежности или одеяла. Мартин проверил состояние раненых — среди них был один тяжелый: у Шайтана был проломлен череп, и теперь от быстроты доставки в госпиталь зависело многое. Мартин сразу вызвал водителя КамАЗа, приказав подогнать машину как можно ближе, попутно отмахиваясь от совершенно неуместных на данный момент стенаний Тайги по поводу неразумности пребывания группы на этом месте — мол, ушли бы с вечера, не пострадали бы. Тяжелый КамАЗ подрулил к площадке задним ходом, раненых быстро уложили в кузов на принесенные из дома матрацы и одеяла, и вскоре они уже были на пути к базе. Переведя дух, Мартин направился к дому. Мина врезалась в угол, проделав дыру над входной дверью; части отколовшейся кладки и штукатурки разгромили прихожую и ближайшую к выходу комнату, заполненную теперь сломанной мебелью, осколками стекла и обломками камня. Лежак Мартина был придавлен большими фрагментами разрушенной стены, рядом валялась продырявленная фляга, оставленная им на столе перед уходом. Мартин подумал: если бы не служебное совещание, в лучшем случае он теперь бы ехал в КамАЗе среди раненых. «Место было выбрано поспешно и неудачно, — признался себе Мартин, — никуда не денешься, придется отнести оплошность на собственный счет». Но и бойцы его подразделения тоже были не на высоте: при прилете вражеской мины на батарею Бритого не ушли в безопасное место, а остались стоять на крыльце, глазея на зарево. «Эх, ребятки, вы же не первый раз под обстрелом, пора бы научиться соображать на войне», — сокрушался Мартин. Но было не до размышлений, ситуация требовала присутствия командира. Вернувшись на улицу, Мартин приказал перенести оружие в щель между стенкой какой-то постройки и вертикальным откосом примыкающей к ней скалы, а бойцам — расположиться в укромном, недосягаемом для вражеских мин месте.

Вскоре Байкалу, вступившему в единоборство с артиллеристами духов, все же удалось подбить один из мобильных минометных расчетов противника вместе с автомобилем, на котором он перемещался. Мартин узнал об этом из переговоров командиров легионеров по рации:

— Ратник, Ратник, это Байкал.

— Говори, братишка, — откликнулся Ратник.

— По ходу, одного срубили, дым вижу, — радостным голосом сообщил Байкал.

— Молодцы! Продолжайте давить этих хуесосов.

Бритому хотя и понадобилось больше двух часов на то, чтобы перебраться на новое место, но еще до рассвета его батарея сумела включиться в работу и своими залпами поддержать минометы Байкала. С рассветом же начался полноценный артобстрел: в дело вступили орудия крупного калибра и реактивные системы федералов. «Соколы» пошли в наступление. Впрочем, их воинственного пыла хватило ненадолго, можно сказать, он иссяк мгновенно и атака захлебнулась, едва начавшись. Подробности о сорвавшемся наступлении Мартин получил от Зодчего, когда они возвращались на базу.

Зодчий привел группу к назначенному месту чуть раньше определенного Мартином времени, и у парней была возможность еще раз осмотреться, проверить оружие и снаряжение. Вскоре на паре пикапов подъехали командир «Соколов» и переводчик. Союзники прибыли с опозданием от намеченного времени всего минут на пятнадцать, не более, и, если принимать во внимание, что несоблюдение временных нормативов у сирийцев являлось делом обыденным, можно сказать, что в этом случае они проявили сверхпунктуальность. Ночь провели на высоте, подступающей к линии фронта. Позиции духов хорошо просматривались, и через приборы наблюдения можно было видеть резвые передвижения групп или одиночек между каменными кладками.

Ночной минометный обстрел противника группа Зодчего восприняла как попытку атаки под прикрытием темноты. Духи хорошо знали местность и могли по известным только им тропкам зайти с тыла и произвести внезапную атаку. Находясь на небольшом пятачке высоты вместе с немногочисленной группой «Соколов», в боеспособности которых были большие сомнения, разведчики не могли не испытывать состояние повышенной тревожности. Из радиообмена между Мартином и Ратником они знали о попадании мины в дом с оставшейся частью группы и о наличии раненых и понимали, что усиливать их уже некому. Ратник заверил Зодчего и его парней в том, что ситуация находится под контролем, чем успокоил бойцов передового НП. Ратник не лукавил: с его позиций высотка с разведчиками просматривалась хорошо, и расстояние до нее позволяло в случае необходимости прикрыть отход.

Как только предрассветную тьму озарили яркие всполохи разрывов в районе укреплений противника, разведчики, размяв озябшие от ночной прохлады ноги, начали подготовку к движению. «Соколы» тем временем не предпринимали никаких попыток приблизиться к укреплениям противника. Сирийцы просто не представляли себе, как можно наступать, в то время как над головой завывают снаряды, и двинулись вперед только после завершения обстрела. Ночная тьма к этому моменту уже рассеялась, и все перемещения садыков хорошо просматривались. Когда до укреплений противника осталось не более пятисот метров, мощный взрыв накрыл пылью и дымом одну из групп «Соколов». Сразу же вслед за этим с позиций духов началась активная стрельба. Сирийцы тотчас в панике бросились бежать. Совсем скоро стало понятно, что союзники отходят не на исходную линию, а откатываются дальше в тыл, уже не помышляя о продвижении вперед. Зодчий доложил Ратнику о паническом бегстве сирипутов с поля боя. Ратник дал команду разведчикам отходить и для обеспечения прикрытия открыл минометный огонь.

Мартин, получив от Ратника команду эвакуировать группу Зодчего, вызвал пикап разведчиков и, сев на переднее сиденье, дал команду водителю двигаться вперед. До места встречи добрались быстро, буквально за пять минут. Это был тот самый мост, где местная дорога выходила на магистральную трассу в Алеппо. Мартин, выйдя из машины, стал наблюдать за «Соколами», которые после бегства с поля боя небольшими группами лежали на земле под широким козырьком автомобильного моста. Здесь же сосредоточилась компания командиров, которые о чем-то переговаривались друг с другом. Бритые и ухоженные физиономии сирийских начальников в чистых камуфляжах подтверждали догадку Мартина о том, что рядовые шли в атаку без командирского участия. Предоставленные сами себе солдаты действовали по привычному для них сценарию: получится – дойдем до вражеских укреплений, а если нет – убежим к себе в тыл, ну, а кому не повезет, того убьют.

Через некоторое время один из сирийских командиров, гладко выбритый и аккуратно постриженный щеголь, обратил внимание на присутствие Мартина и, подойдя к нему, деланно возмущенным тоном через переводчика заявил о том, что русские покинули поля боя и тем самым подставили его солдат, которые упорно атаковали позиции врага под плотным огнем, но в итоге были вынуждены отступить. Как проходил бой, Мартин в тот момент еще не знал, но, не считая нужным придерживаться дипломатического тона, в довольно грубой форме обратил внимание командира «Соколов» на то, что сирийские солдаты уже почти все здесь, а группа его разведчиков все еще в пути. Щеголь, поняв, что поторопился с заявлениями, ретировался. Мартина не удивили жалобы командира садыков – для них это дело привычное, у них всегда «то собаки лают, то руины говорят».

Повернувшись, он увидел появившихся из-за каменистых выступов разведчиков: все были живы и здоровы, и это было для него самым главным. Пока парни, устало отвечая на приветствие, складывали снаряжение в кузов, Мартин попросил Зодчего описать вкратце произошедшее. Тогда-то он и узнал, что «сирийцы двинулись толпой на духов, а там то ли прилет мины случился, то ли фугас взорвался, непонятно. Духи опомнились от артналета и открыли огонь, и не сказать чтобы слишком сильный, но и его оказалось достаточно, чтобы эти сразу дернули в тыл. После этого Ратник и дал добро на отход». Комментарии излишни.

Мартин направился к щеголю с намерением высказать все, что о нем думает, но, поискав глазами переводчика, к своему удивлению обнаружил, что того нигде не видно, хотя буквально несколько секунд назад он стоял рядом с компанией сирийских командиров. Впрочем, на совещание у федералов, которое состоялось позднее, командир «Соколов» переводчика все же взял и через него снова попытался изложить свою версию событий, по которой выходило, что бой был проигран в результате преждевременного отхода русских легионеров со своих позиций, надеясь, что при отсутствии непосредственных участников некому будет опровергнуть его слова. Но он не учел, что на том же совещании присутствует Ратник, который, в отличие от сирийцев, не только сам командует действиями своих бойцов и организует их, но и по-настоящему болеет душой за конечный результат и поклеп на своих парней воспринимает как личное оскорбление. У арабских командиров так не принято. Они в подобной ситуации безо всякого стеснения сваливают вину на подчиненных, что, как правило, сходит им с рук.

Удивительно, но иногда сирийские командиры умудрялись и федералов втягивать в свою игру — тем тоже требуются победные реляции для вышестоящих начальников. Мартин сам однажды наблюдал, как после похожей безрезультатной атаки, с тем лишь отличием, что тогда сирийцы вообще не вступили в бой, русский генерал, не стесняясь свидетелей, диктовал офицеру штаба группировки донесение, которое смело можно назвать шедевром профанации: «Выполняя общий план наступления, при выходе на рубеж перехода в атаку столкнулись с ожесточенным сопротивлением противника и, во избежание потерь, вынуждены были остановить продвижение, закрепившись на достигнутом рубеже». Депеша уходит наверх, и вот там уже создается впечатление, что сирийские солдаты проявили чудеса храбрости и их командиры не стушевались в бою, а российский генерал своими мудрыми распоряжениями так и вовсе действовал выше всяких похвал.

Итак, еще одно сражение с участием союзников закончилось бесславным поражением. Сирийцы и в атаку толком пойти не смогли, и трусость свою в бою показали, а наемники и вовсе пострадали впустую, безо всякой пользы для дела. Впрочем, русские легионеры в официальные сводки все равно не попадут. Они фантомы и призраки этой войны. И хотя здесь, на сирийской земле, участвуя в боевых действиях, они выполняют важную и нужную для России работу, там, на родине, об этом никто не должен знать.

Глава 9

Меж двух огней

Тамок лежал на спине, а возле него, пытаясь остановить вытекающую из разорванных сосудов кровь, суетился Манук, один из медработников легиона. Те, кто находился рядом, оказывали посильное содействие: один держал над раненым эластичный пакет с физраствором, другой помогал Мануку с инструментами, несколько человек готовили раскладные носилки.

Взгляд Тамка, мутный от воздействия обезболивающего, выражал боль и недоумение. Как же так, еще несколько минут назад он был подвижен и полон жизненной энергии, перемещался по склону, принимал активное участие в бою, то выпуская короткие очереди из своего АК в сторону духов, то помогая спускавшимся с высоты раненым, забирая у них оружие и подставляя плечо. И вот он уже лежит, а вместо левой ноги у него лишь торчащий из гнезда тазобедренного сустава обрубок кости...

Район боевой операции, где оказался Мартин с группой разведчиков, был ему знаком еще по первой командировке. Тогда Мартин, исполняя обязанности старшего группы, немало побродил со своими парнями по местным горам. За прошедший год расстановка сил в северной Латакии практически не изменилась: правительственная армия так и не смогла продвинуться здесь ни на шаг вперед. На этот раз на данном направлении было принято решение задействовать русских легионеров и сирийских «Соколов пустыни». Обеим ЧВК была поставлена общая задача – сбить противника с горных оборонительных позиций и оттеснить его дальше к границе с Турцией. Русским в предстоящих операциях отводилась вспомогательная роль – сопровождать «Соколов» в наступлении и при необходимости оказывать им огневую поддержку.

Союзники готовились к утренней атаке в привычном для себя бестолковом режиме: полное отсутствие светомаскировки, крики, шум мотоциклов, хаотичное передвижение отдельных заплутавших групп. Как только небо на востоке приобрело окрас мутной серости, отряды наступающих садыков, а с ними и русские наемники двинулись на высоты, занятые противником.

Подойдя вплотную к оборонительной линии духов, легионеры неожиданно для себя обнаружили, что большинства «Соколов», которые должны были стать основной ударной силой, впереди не оказалось. Те же, кто все-таки достиг рубежа атаки, при первых же выстрелах откатились назад, оставив солдат удачи один на один с врагом. Если бы на месте русских оказались американские или европейские наемники, то они наверняка вернулись бы на исходные позиции. Они четко знают границы допустимого риска и умеют их соблюдать, что на самом деле разумно и правильно. Но на высоте перед передним краем противника были русские, а для них пределов нет, и они никогда не откажутся от хорошей драки. К тому же отступать было поздно, и легионеры не задумываясь пошли в атаку. Перемещаясь короткими перебежками на подъем, подавляя сопротивление духов огнем, штурмовики быстро достигли первой линии вражеских окопов. Обработав их гранатами, бойцы устремились к следующим поясам укреплений. Духи, не выдержав напора, начали спешно покидать свои позиции. Отбегая в сторону тыла, они попадали под прицельный огонь легионеров, только увеличивая свои потери.

Группа управления, в которую входил Мартин, к моменту начала штурма подошла к подножию плоской возвышенности, на вершине которой завязался бой. Ратник вел радиообмен с командирами групп, определялся в ситуации и одновременно пытался через переводчика вразумить командиров союзников, чтобы те навели порядок в своих формированиях и отправили людей в наступление.

Мартин, разместившись за каменным валом рядом с позицией снайпера, внимательно всматривался через окуляры бинокля в склоны высоты, пытаясь разглядеть, как действуют его разведчики. Рядом с ним Шунт методично расстреливал из дальнобойного «корда» скатывающиеся с высоты черные фигурки, не давая им перебежать к соседней гряде гор.

Сообщения, поступавшие от Иностранца и Зодчего, внушали надежду на скорое завершение штурма. Казалось, что бой подходит к концу. И тут все пошло наперекосяк. Иностранец, срывая голос от крика, сообщил о разрыве прямо перед линией наступающих ПТУР, выпущенной с позиций союзников. Этим дело не ограничилось: «Соколы», которые так и не пошли в атаку, укрылись у подножия высоты и, не глядя, выставив из-за камней автоматы, начали стрелять в сторону линии окопов противника, где уже находились русские штурмовики. В результате наступающие бойцы оказались под перекрестным огнем: с фронта — духов, с тыла — сирийцев. По рации прозвучали первые тревожные сообщения о раненых.

Ратник, матерясь в эфир, требовал через своего взводного и переводчика, которые находились среди «Соколов», чтобы садыки прекратили стрельбу, а их командиры подняли остановившихся у подножия солдат и заставили их идти вперед. Но все усилия были тщетны: сирийцы в атаку не шли, а какие-то уроды продолжали вести огонь по высоте, прижимая наемников к земле и лишая их возможности маневра. Взводный и переводчик, подгоняемые Ратником, метались от позиции к позиции, от одного командира «Соколов» к другому, но все было тщетно. Как они потом сами рассказывали, «все равно находилась какая-нибудь блядь, которая производила выстрел в сторону высоты из миномета или ПТУР. Что же до требования расшевелить своих людей и заставить их идти вперед, сирийские командиры только разводили руками и скороговоркой пускались в настолько длинные и туманные объяснения, что даже переводчик переставал их понимать».

Тем временем слева на склоне горы появились духи, собирающиеся атаковать русских легионеров с фланга. Шунт сразу перенес огонь на них. Но едва он успел сделать несколько выстрелов, как с громким гулом совсем рядом пролетела пуля, выпущенная из вражеской снайперской винтовки. Шунт оттолкнулся руками от камней и мгновенно сполз в укрытие: «По ходу, засекли, надо переждать маленько». Чуть позже он сдвинулся немного в сторону и продолжил свою работу.

Ситуация на высоте стремительно ухудшалась. Духи усилили натиск с фронта и подтянули резерв, да и огонь со стороны союзников не прекращался. Вот уже спустился вниз Зодчий с забинтованной головой – пуля раздробила челюсть. Вслед за ним с перебинтованной голенью, опираясь на подобранную длинную палку, ковылял Самарец. Иностранец сообщал о все возрастающем количестве раненых. Ратник после короткого раздумья дал указание отходить, обеспечив прежде всего эвакуацию раненых.

Мартин, находящий рядом и слышавший все переговоры в эфире, понял, что наступил момент для более решительных действий с его стороны. Не было никакого смысла дожидаться приказа Ратника, который мог и не включить его в состав выдвигающейся на высоту резервной группы штурмовиков. Мартин понимал: его место только там, наверху, где оказались в критической ситуации его парни, и им сейчас хреново. Он их командир, он в ответе за них, и прежде всего перед своей совестью, да и как руководить бойцами, если потеряешь доверие и не сможешь смотреть им в глаза.

Он встал и, согнувшись, пошел в сторону засевших за укрытием сирийцев, рядом с которыми уже стоял Неман, пытавшийся отборным матом заставить союзников двигаться вперед. Подойдя к ним, Мартин извлек из набедренной кобуры «стечкин» и направил ствол пистолета на ближайшего к нему «сокола» с твердым намерением пристрелить его, если он откажется подняться. Глаза сирипута мгновенно округлились, и он вскочил, а вслед за ним поднялось и еще несколько садыков, находившихся рядом. Оглядываясь с опаской на Немана и Мартина, они двинулись вперед. К группе присоединилось и несколько легионеров: всем, кроме сирийцев, было очевидно, что своих на высоте нужно срочно выручать.

Когда стихийно возникший отряд преодолел небольшой участок высокого колючего кустарника, Мартин еще раз убедился в несомненном таланте арабов проявлять чудеса изворотливости, когда дело касается их собственной жизни. На выходе из зеленки никого из «Соколов» рядом не оказалось – все попрятались в густом кустарнике и на открытый участок перед подъемом уже не вышли. Вот тут-то Мартин их по-настоящему возненавидел.

Легионеры поднималась по каменистому склону в обход тропы, цепляясь за невысокие жесткие кусты. Подойдя вплотную к небольшому плато, на котором закрепились штурмовики, они плюхнулись на четвереньки: огонь был настолько сильный, что стоять, даже согнувшись, было бы верхом безрассудства. Навстречу им, с высоты, сползали раненые, и подоспевшие на выручку товарищи принимали их, забирали оружие и помогали спускаться дальше вниз. Достигнув участка, где уже можно было встать на ноги, одни легионеры поддерживали раненых руками, другие подставляли свои плечи в качестве опоры, уводя их в сторону тыла.

Мартин, расположившись в небольшом углублении, то принимал и передавал оружие по цепочке, то подтягивал раненых бойцов руками и проталкивал их дальше. Время от времени он вместе с другими бойцами отстреливал по половине магазина в сторону духов и в сторону союзников, которые продолжали вести огонь из-за каменных загромождений у подножия горы. Это давало возможность хоть на короткое время уменьшить плотность огня с обеих сторон.

Раненых было много, почти все в ноги, несколько человек – осколками мин. И было уже не разобраться: то ли духи начали обстрел потерянной ими первой линии, то ли это долбаные союзники продолжали бить из минометов по склонам.

Тамок был рядом, еще не раненный. Мартин, перемещаясь ползком то чуть левее, то вверх, заметил Сатану, который, привстав на колено, размахнулся в полную силу и быстро, одну за другой, отправил две ручные гранаты в сторону духов. Неман подполз к Мартину и предложил ему вернуться к зеленке у подножия горы и там организовать прикрытие последней группы, покидающей высоту. Хотя предложение поступило от младшего по должности, Мартин счел его единственно разумным в данной ситуации и не стал «мериться ширинками». Помогая легко раненному в ногу снайперу, он стал сползать вниз.

В зеленке, расставив пулеметчиков по рубежу, Мартин приготовился к встрече последних товарищей с высоты. Еще через десять минут основная группа, перетаскивая тяжелораненых, начала преодолевать открытый участок на склоне горы. Мартин, Чужой и Гор открыли огонь из пулеметов, обстреливая высоту и не давая духам возможности приблизиться к отступающим легионерам.

И в этот момент подорвался Тамок. Помогая пареньку из штурмовиков Ратника, потерявшему ступню при подрыве на мине, Тамок, желая вытянуть его из опасной зоны, коленом случайно придавил взрыватель другой мины, которая была замаскирована рядом.

Мартин подполз к месту, где лежал раненый Тамок, все еще не веря в возможность такого быстрого и неотвратимого изменения. И хотя на войне переход от жизни к смерти или тяжелому увечью может случиться в любой момент, в любом, даже относительно безопасном, месте, привыкнуть к этому все равно было невозможно. Сложно было наблюдать за этим без надрыва и досады, тем более когда видишь перед собой недавнего собеседника или приятеля, посеченного осколками или истерзанного пулями. Тамка погрузили на плащ-палатку, оставив изуродованный взрывом обрубок ноги на высоте – вытащить его не представлялось никакой возможности, слишком много было раненых, да и неоправданно высоким был риск потерять еще одного бойца из-за непрекращающегося со всех сторон огня.

Все солдаты удачи отошли в безопасное место; на высоте, которую уже обрабатывали минометчики, никто не остался и никого там не бросили.

В лагерь возвращались молча, лишь коротко отвечая недружелюбным матом на приветствия встречных «Соколов». День был нефартовый, хотелось быстрее покинуть это место и не видеть копошащихся и снующих вокруг сирипутов. Вероятно, понимая настроение русских, сирийцы сторонились.

«Может, это нам не везет и у них все-таки есть настоящая армия, где воюют достойные солдаты? – крутился вопрос в гудящей голове Мартина. – Ну не верю, чтобы они все были такими. Это их страна, и решается вопрос, быть ей или не быть. И если они не окончательные дебилы, то должны это понимать. Только способность народа идти на жертвы ради своей родины определяет существование суверенного отечества».

Через месяц, уже в России, Тамок умрет в госпитале – работа наемника предполагает и такие последствия. Пухом тебе земля, брат.

Глава 10

Упущенная победа

Герасим, командир взвода разведчиков из роты Мартина, еще раз внимательно осмотрел своих бойцов, собравшихся у разрушенного строения, проверил работоспособность тепловизоров и, убедившись в готовности парней к выходу, спокойным ровным тоном начал доводить до них боевую задачу. Легионерам предстояло в обход укреплений противника выйти в тыл к обороняющимся духам. Этот маневр, по задумке российских советников из штаба управления операцией, был призван обеспечить успех сирийской утренней атаке на данном участке. Вкупе с действиями сирийцев на соседнем направлении, где работала группа Зодчего, это позволило бы нанести удар сразу с двух сторон и тем самым разрушить хорошо организованную оборону противника. Задача, поставленная группе Герасима, была не из легких. Разведчики имели довольно слабое представление об этой местности, и даже подробное изучение маршрута по карте и с наблюдательного пункта не гарантировало требуемый результат. В горах, особенно в темноте, сбиться с намеченного пути – дело плевое. К тому же не было четких данных о расположении позиций самого противника. Ни картинка от беспилотника, ни результаты наблюдения не давали ясного представления о том, где находится враг и какими путями он перемещается. Но группа Герасима была сработанной и опытной, и выполнять подобную задачу разведчикам приходилось не впервой.

Шли медленно, время от времени замирая, прислушиваясь и осматривая в тепловизоры местность по направлению движения. В любой момент можно было наткнуться на вражеский подвижной патруль или дозор либо, с учетом наличия у духов приборов ночного видения, быть замеченными с позиций противника, что неминуемо привело бы к бою с непредсказуемым исходом. Группа перемещалась, прячась за камнями, тем самым уменьшая вероятность своего обнаружения и обеспечивая себе прикрытие в случае боя. На преодоление пяти километров до заданной точки понадобилось больше трех часов. Тщательно сверив данные навигатора с картой и местностью, Герасим убедился, что отряд вышел к правильному месту. Приказав разведчикам затаиться и ждать, он в паре с одним из бойцов, взятым для прикрытия, поднялся выше, чтобы сориентироваться и определить положение врага.

Долго идти не пришлось: как только показались очертания высот и начала раскрываться панорама горного массива, он почувствовал близость врага – пахло костром и приготовленной пищей. Герасим и напарник укрылись за камнями. Осторожно осмотревшись, разведчики сразу определили на противоположной высоте укрепления и четко различимую дорожку, идущую от позиций вниз и далее на обратную сторону той высоты, на которой они сами находились. Буквально через пару минут тепловизор уловил на дорожке отчетливые силуэты нескольких духов. Просматривая местность восточнее, по направлению маршрута группы, Герасим также обнаружил обжитые позиции врага. Разведчики умудрились пройти в мертвом для обзора пространстве и подобраться к позициям духов, причем так удачно, что теперь держали под наблюдением и сами укрепления, и пути подхода к ним с тыла. От места, где находились разведчики, наводить артиллерию и корректировать ее огонь по врагу было все равно что закатывать верный шар в лузу, легко и приятно. Плюс к этому можно и своими пулеметами перекрыть подход к укреплениям с тыла, уничтожая огнем всех тех, кто попытается прийти на помощь обороняющимся.

Герасим был доволен: в нем проснулся инстинкт охотника, занявшего удачную позицию для отстрела крупного зверя. Через полчаса вся группа разведчиков поднялась к месту, где находился Герасим, и, изготовившись держать оборону вкруговую, замерла в ожидании. Герасим доложил старшему направления Григоричу о том, что группа находится в заданном месте и ждет дальнейших указаний. Движение по дорожке тем временем не прекращалось: духи парами или большими группами поднимались на свои позиции, перенося какой-то груз, — по всей видимости, готовились к отражению атаки и запасались боеприпасами и водой. Примерно через полчаса Григорич вышел в эфир и неожиданно для разведчиков сообщил: «Возвращайтесь, союзники здесь в бой сегодня не пойдут». Легионеры уже не первый раз участвовали в совместных с садыками операциях и насмотрелись всякого, но отказ сирийцев наступать в момент, когда все козыри в их руках, вызвал у них полную оторопь. Взяв под контроль позиции противника со стороны его же тыла, русские наемники практически обеспечили полный успех предстоящему наступлению, садыки же своими решениями свели на нет все их усилия и обесценили смертельно опасные риски, которым подверглась группа Герасима.

После короткого обсуждения решили возвращаться тем же путем. Герасим, опытный, кусаный зверь, знал: при возвращении главное — не поддаться эмоциям и холодным волевым усилием тормозить желание как можно быстрее оказаться в безопасности среди своих. Все то же осторожное перемещение, остановки для тщательного просмотра местности в тепловизор — и снова движение в тишине, когда ловишь каждый звук и запах и ставишь ногу, аккуратно укладывая ступни на поверхность во время шага. Дошли благополучно. Уставшие от физического и нервного напряжения, озлобленные и раздосадованные, бойцы засыпали в палатках, как только принимали горизонтальное положение. О начале наступления на соседнем участке спящие беспробудным сном солдаты удачи не знали. Не подозревали они и о том, что буквально за несколько часов сирийцы дважды загубили блестящую возможность взять крупный укрепрайон и одержать важную победу.

Поразительно, но и русские генералы, возглавлявшие наступательную операцию, не проявили командной воли и не добились от сирийских военачальников активных действий и выполнения поставленных боевых задач. Итогом таких невразумительных решений как русских, так и сирийских командующих стало сорванное наступление, впустую потраченные усилия и бессмысленные жертвы рядового состава. Эта странная война, видимо, так и будет тянуться долгие, долгие годы.

Глава 11

В тылу

На смену первому робкому весеннему теплу в горах Латакии пришел холодный циклон. Над ущельем нависла серая масса тяжелых облаков, из которых время от времени начинала сыпаться мелкая крошка ледяного дождя. Плотная дымка накрыла дальние вершины, по горному плато, на котором разместился лагерь наемников, гулял рваными лоскутами туман. Промозглая сырость пробирала до самого нутра, и настроение у солдат удачи было не самым радужным. На фронте после недавнего неудавшегося наступления царило затишье. Момент для спланированного удара по обороне врага был упущен, да и для того, чтобы вновь настроить союзников на активные действия, требовалось время.

Ратник, не видя смысла в пребывании на мокрых от дождя склонах всего находившегося под его началом отряда, дал добро на поездку в базовый лагерь на побережье. Отбывающих отпускников было не больше трети, так что какого-либо беспокойства насчет обороны позиций возникнуть не могло. Впрочем, в такую погоду и духи в атаку не ходят.

Колонна машин с легионерами двинулась по дороге в долину, манящую свежей зеленью залитых солнечным светом полей, которые хорошо просматривались с вершины горного перевала. По мере спуска по серпантину свинцовые тучи, окутывавшие хребет, сменялись чистым и прозрачным воздухом. На приморской равнине благодать от разлива весеннего тепла ощущалась уже как что-то постоянное и неизменное – холод и сырость гор тотчас позабылись.

Аграрный университет, где располагалась база легионеров, утопал в запахах цветущих фруктовых садов, окружавших уютный учебный городок. Пройдя в корпус, где квартировалась его рота, Мартин снял с себя сырую и грязную верхнюю одежду, надеясь принять долгожданный душ, но его планам не суждено было осуществиться – ворвавшиеся в помещение старшина и техник роты вынудили Мартина погрузиться в накопившиеся хозяйственные дела. Как всегда, решение реально серьезных проблем сопровождалось разного рода взаимными претензиями между старшиной, отвечавшим за административные дела роты, и техником, обязанности которого вытекали из названия его должности. Они, как обычно, не могли поделить сферы влияния.

Техник полагал, что старшина постоянно покушается на его полномочия и вмешивается в его деятельность, при этом сам большую часть времени проводил в расположении роты, вместо того чтобы заниматься ремонтом техники на производственной базе. По мнению Мартина, старшина был хорошим и активным хозяйственником, а техник – деятельным лентяем. Не последнюю роль в их отношениях играла зависть, поскольку старшина мог регулярно выезжать в районы ведения боевых действий и закрывать себе в табеле боевые дни, тогда как техник такой возможности был лишен – ремонт потрепанных машин не позволял фиксировать в табеле повышенные ставки. Глубоко погружаться в их споры у Мартина не было ни сил, ни времени, и он примирительно остановил препирательства, пообещав технику: «Будет техника исправна, будешь иметь и боевые дни, как-нибудь договоримся» – и обратившись с призывом к старшине: «Да не трогай ты водителей, справляйся без них в своих хозяйственных делах», и временно поставил на этом точку.

Душ был уже не таким теплым и приятным, так как прогретая солнцем в резервуарах на крыше вода была слита помывшимися ранее. Сток опять забился – должно быть, чей-то брошенный носок или тюбик от зубной пасты заткнул узкую канализационную трубу слива. Предвкушаемого удовольствия Мартину получить не удалось.

Не успел Мартин переодеться в чистую одежду, как ему пришлось выдержать еще один неприятный разговор – на этот раз со своим непосредственным начальником, Байкером, который руководил всей разведкой легиона. Байкер, вне всякого сомнения, был прекрасным специалистом в разведывательно-диверсионном деле, многое знал и умел, был независим, позволял себе не только иметь собственное мнение, но и высказывать его вслух, что привело впоследствии к его увольнению из конторы. Байкера не устраивало, что Мартин надолго застревал на одном направлении и не появлялся в других местах нахождения своих подчиненных. Мартин сознавал справедливость претензий, но успевать везде у него не было технической возможности – собственного служебного пикапа ему так и не выделили, а на тяжелом «Урале» по размытым дождями горным дорогам перемещаться было опасно, легко можно было угробить и себя, и технику. Недоволен был Байкер и тем, что все ротные дела на базе Мартин передоверил старшине, он считал это неправильным и постоянно вмешивался в них, что, в свою очередь, сильно напрягало Мартина.

После разговора с Байкером Мартин вышел на боковое крыльцо казармы и, к своему удивлению, не обнаружил на стоянке пикапов Ратника. Встревоженный, он быстро направился по узкой асфальтовой дорожке, стиснутой с обеих сторон густым кустарником в человеческий рост, к одноэтажному зданию штаба бригады. Первое, что ему пришло в голову, это срочный отъезд Ратника из-за возможных проблем на фронте. Ратник мог в суете и забыть про разведчиков или просто не счесть нужным их дожидаться, так как после боя за высоту в строю у Мартина, включая его самого, осталось всего пять человек, и их отсутствие не могло сильно повлиять на боеспособность отряда.

Подойдя к штабу, Мартин наткнулся на взбешенного

Ратника, который что-то яростно обсуждал с начальником штаба Дунаем. Таким Ратника Мартин еще не видел, хотя уже не раз становился свидетелем того, как тот может выражать недовольство. Вскоре причина такого состояния Ратника прояснилась. Один из водителей «Уралов», оприходовав бутылку водки, купленную в магазинчике прямо за забором университетского городка, залез в кабину своей тяжелой машины и запустил двигатель. Далее все произошло мгновенно. Мощный грузовик с разгону протаранил два пикапа Ратника и превратил их в груду изогнутого и смятого железа, враз лишив штурмовиков столь необходимого им транспорта. Ратник, услышав непонятный громкий шум, выбежал на улицу, где застал картину полного разгрома. Не раздумывая, он вытащил одуревшего водилу из кабины и буквально начал вбивать его в землю, да так, что только своевременное вмешательство присутствующих спасло того от неминуемой гибели под кулаками хорошо натренированного бывшего спеца ГРУ.

Событие было вопиющим: одно дело – потерять технику в бою, другое – из-за неадекватных действий пьяного боевого товарища у себя на базе. Спиртное употреблять во время пребывания в командировке по условиям контракта было запрещено, но не пили при этом только трезвенники и язвенники. Выпивали в меру, и никто на этом не заострял особого внимания. В ЧВК работали взрослые мужики, которые должны были уметь отвечать за свои поступки. К великому сожалению, находились и такие, у которых от алкоголя срезало резьбу и сносило крышу. Но ведь каждому в душу не заглянешь и сразу не поймешь, чего от него ожидать и какие качества могут у него неожиданно проявиться.

Под впечатлением от произошедшего расселись в комнате на совещании, которое проводилось под председательством сразу двух начальников, что было само по себе событием неординарным. Одним из них был сам великий и ужасный Вагнер, командир бригады, другим – важная персона с позывным Блондин. Должность Блондина не мог четко определить никто, но знали, что полномочия он имеет примерно равные с Вагнером. Оба опытные и бывалые вояки, прошедшие через множество боев и войн, в прошлом кадровые офицеры.

Вагнер начал распекать присутствующих за все подряд, находя тут и там то небрежности в исполнении, то неправильности в понимании. Первому досталось замтеху, начальнику бронетанковой службы. Вагнер в свойственной ему язвительной манере, щуря глаза и разрубая ладонью воздух, долго выговаривал тому за неумение организовать нужный уровень ремонта и обслуживания боевой техники бригады. Замтех, по мнению Мартина, был парнем неплохим, но для своей должности в рядах легиона совсем не годился. В армии главенствует приказная форма решения любого вопроса, не признающая простой здравый смысл. В ЧВК же нужно было включать больше творческой фантазии и в какой-то степени предприимчивости. Оправдываясь, замтех дошел до того, что к чему-то указал на наличие полного комплекта ключей на машинах разведывательной роты при общем дефиците у всех остальных. Мартин даже не нашелся что сказать в ответ на такую странную претензию. Как старательность и рачительность водителей разведроты, собравших полный набор ключей, влияла на остальных, было не совсем понятно. Ситуацию разрядил Дунай, пригрозив, что тех, кого выловят за кражей инструмента, отдадут Ратнику, чем вызвал у всех одобрительный смех.

Потом слово взял Блондин и, густо перемешивая свою речь армейским фольклором с матом и двусмысленными намеками, поведал об общем состоянии дел и планах на будущее. Блондину доставляло удовольствие в своих речах применять едкие шуточки и матерные выражения, в его понимании это было проявлением чувства юмора. Мартина Блондин недолюбливал – видимо, не мог простить разведчику ситуацию с сербом Волком, которого протежировал. Увидев на совещании командира роты разведки, воспользовался возможностью и вцепился в него, обвинив в попытке списать под видом сбитого в бою квадрокоптер, который, по словам Блондина, на самом деле был сломан на базе. Один дрон действительно был сбит в горах пулеметной очередью и пропал, другой, поврежденный во время полетов, был уже почти полностью восстановлен, и обвинения выглядели абсолютно надуманными и оскорбительными. Попытку Мартина объяснить ситуацию Блондин пресек, не допуская никаких возражений. Это была обычная, укоренившаяся в легионе практика, начальники не утруждали себя разбирательствами, принимая на веру первую же подброшенную версию. Обвинениями начальники разбрасывались не задумываясь и любое возражение в ответ на оскорбление могли использовать как повод для увольнения. В тот момент Мартину до скрежета зубов и онемения сжатых в кулак пальцев хотелось врезать Блондину в переносицу между седых бровей, но он сумел сдержаться – так быстро терять работу не входило в его планы. Впоследствии отношения с Блондином наладились, но осадок все же остался.

Дунай на правах начальника штаба обратился к тыловикам: «Есть те, кто идут в атаку с ружьем, а есть те, кто обеспечивает их всем необходимым, но в бой не идут. Так вот, ваши старания, усталость и бессонные ночи – это компенсация за отсутствие риска быть убитыми или ранеными. Зарабатываете вы немногим меньше, а то и больше рядового бойца, так что требую полной самоотдачи, меня ваши недосыпания и недоедания не волнуют. За вашу работу буду спрашивать с вас жестко».

«Отличное высказывание, – подумал про себя Мартин, – вот тебе и подсказка. Пусть техник выполняет свою работу, никакие боевые в табеле ему ни к чему. Недополучит денег, зато не рискует, а мы ему потом, если заслужит, компенсируем все премией».

Совещание закончилось, все разбрелись по своим местам на ночлег, пробивая плотную завесу тьмы фонариками, – электричество, как обычно в это время, отключили, работали только осветительные приборы, запитанные от урчащего генератора. Наутро для Ратника выделили машины из тыловых подразделений, а на вопрос Мартина, когда можно будет уже и ему обрадоваться своему пикапу, замтех развел руками. Отпуск подошел к концу, пора собирать вещи и снова в горы.

Глава 12

Один день под Кинсиббой

Очередной день затянувшейся позиционной войны для легионеров, стоявших в маленькой деревушке под Кинсиббой, начался обыденно: умывание холодной водой, приготовление завтрака и заваривание горячего чая. Воду брали из горного родника, когда-то пробившего себе путь через скалу и позже оформленного трудолюбивыми хозяевами здешних гор в небольшой фонтан, обложенный гранитными плитами.

Несмотря на февраль, припекало уже совсем по-весеннему, и продрогшие за ночь солдаты удачи наслаждались утренним солнцем и теплом. И даже нахождение на переднем крае, на расстоянии досягаемости вражеских реактивных ракет и крупнокалиберных пулеметов, не сильно их напрягало: такие условия были для них делом привычным и, можно сказать, рутинным.

Предыдущая ночь выдалась беспокойной. Наблюдатели то и дело поднимали шум, заметив движение на дороге, ведущей к Кинсиббе, возле которой, после нескольких безуспешных попыток штурма, вот уже две недели топтались союзники. Несколько раз за ночь пришлось вызывать огонь минометной батареи, и, судя по столбу густого черного дыма, мины достигли цели: так могла гореть только машина, заправленная топливом.

Мартин с кружкой горячего кофе стоял на крыльце полуразрушенного дома, в котором расположились бойцы группы Зодчего, и внимательно слушал по рации переговоры разведчиков, действовавших на соседнем участке. Группа Чупа продвигалась вперед, сопровождая «Соколов»: похоже, на том направлении сирийцы начали неспешное движение на позиции духов.

Внезапно Мартин услышал характерный звук скрежета металла по стеклу от снаряда, выпущенного из кустарного миномета. Подчиняясь наработанному на войне рефлексу, он тотчас попятился назад, стремясь укрыться под защитой бетонных перекрытий. Алюминиевая болванка, начиненная тротилом, ударилась о землю метрах в пятнадцати от крыльца дома. Едва успела осесть белая шапка разрыва, прогремел второй взрыв. Тут же по рации раздался истошный крик наблюдателя: снаряд попал в крышу здания, где находился наблюдательный пункт, и, срикошетив от железобетонного перекрытия, уже теряя скорость, врезался в камень недалеко от места падения первой мины.

Сам по себе обстрел из кочующего миномета был не в диковинку и поначалу не вызывал большого беспокойства. Мартин из предосторожности приказал наблюдателям на время покинуть свое место, но, как только сделал первый шаг в сторону комнаты, где находилось его снаряжение и автомат, раздались еще два разрыва, немного ближе к зданию. Это был уже настораживающий симптом: обычно мобильные минометы долго на одном месте не задерживались, быстро меняя позицию после выстрела. По частоте разрывов стало понятно, что работает не одно орудие, а сразу несколько. Массированный обстрел наталкивал на мысль о возможной атаке духов, засевших совсем недалеко.

Мартин дал команду «К оружию!», но бойцы уже и сами изготовились к бою. Солдат, особенно опытный, – существо чутьистое, и даже по незначительным признакам он способен сразу определить приближение опасности. Но и от командира многое зависит. Его четкие и громкие распоряжения просто необходимы для достижения нужного уровня мобилизации у каждого бойца. В бою это непреложная истина. Мартин знал об этом и потому продолжал выкрикивать короткие команды, хотя и понимал, что малодушных и трусоватых здесь нет – не приживаются такие среди добровольно выбравших профессию наемника.

Зодчий распределил разведчиков по местам. Расчет зушки[12] выкатил из укрытия закрепленное на кузове газика орудие, приготовившись в нужный момент выскочить на огневую позицию. О возможности появления непрошеных гостей предупредили и находившихся рядом сирийцев.

Вскоре один из разведчиков возвестил криком об обнаруженной цели. Окуляры бинокля выхватили на противоположной стороне ущелья, разделяющего воюющие стороны, темные фигурки, суетившиеся у пусковой установки ПТУР. ПТУР – это серьезная ракета, которая способна развалить небольшое строение и превратить в груду пылающего железа танк и тем более бэтээр. В такой ситуации действовать необходимо на опережение, уничтожая источник смертельной опасности прежде, чем выпущенная ракета достигнет твоей позиции.

Зенитчики быстро сориентировались и выхватили в прицел вражеский расчет. Через считаные доли секунды воздух прорезала трасса фугасов – зушка загрохотала, вселяя надежду на избавление от нависшей угрозы. Прямо на месте, где находилась пусковая установка духов, заплясал дымом и разрывами огненный смерч, не давая шанса на выживание тем, кто попал в его эпицентр. Все легионеры, находившиеся в тот момент за бруствером, заревели от восторга, выдыхая в крике скопившееся напряжение.

Но в тот же момент над головами наемников, разбрасывая брызги осколков, начали рваться такие же заряды, выпущенные из никем не замеченной спаренной установки.

---

[12] Зушка, ЗУ-23-2 – 23-миллиметровая спаренная зенитная установка. Предназначена для поражения низко летящих летательных аппаратов, а также пехоты, полевых укреплений, автомобильной и броневой техники.

Зенитчики духов использовали известный способ стрельбы на предельно дальнем расстоянии – «на излете», при котором осколочно-фугасный снаряд разрывается в воздухе, после того как в его боевой головке срабатывает самоликвидатор. Легионеры, не защищенные от атаки сверху, рванули с открытой площадки под спасительные своды полуразрушенного дома. Стрелок и водитель зенитки, бросив орудие на позиции, ринулись следом.

Смятение длилось недолго. Команда «К бою!» привела всех в чувство. Один из разведчиков, Мрак, выскочил на площадку и, заняв место сбежавшего водителя, перегнал газик с зениткой вниз по дороге на безопасное расстояние. Остальные бойцы вернулись на свои места и по команде Мартина открыли ураганный огонь по зеленке прямо перед собой. Выпустив по магазину, легионеры снова залегли в укрытие – дальше работать должны были наблюдатели.

Через несколько минут вражеская зенитка снова себя проявила, но на этот раз ее быстро вычислили и накрыли минами батареи Бритого. Зенитка попыталась уйти в укрытие, но снаряды ложились по площади, и совсем скоро столб густого черного дыма за скалой, куда духи откатили пикап, ясно дал понять, что огневое средство врага уничтожено.

Все еще не остывшие после пережитого нервного напряжения, наемники внимательно всматривались в заросли низкорослых деревьев, ожидая атаку духов. Тем временем со стороны врага снова начали свою работу кустарные минометы. Но, к счастью, мины рвались позади позиций, не причиняя вреда и напрягая разве что психологически.

Постепенно активность духов пошла на убыль: их замысел, по-видимому, не выгорел. Часть вражеских зенитных установок была ликвидирована, а минометы не дали того эффекта, на который рассчитывал противник.

Вдруг зашевелились сирийцы, до того момента наблюдавшие за происходящим из своих укрытий. Подогнав ближе к позициям мощный американский «форд», «Соколы» начали поспешно укладывать в кузов машины имеющиеся у них ДШК[13] и ПТУР. Мартин, находившийся на площадке за бруствером, услышав крики своих разведчиков и увидев их жесты в сторону союзников, решил разобраться в происходящем. Подойдя к садыкам, он через одного из бойцов, худо-бедно владеющего английским, узнал, что те получили приказ срочно отступать, так как на правом фланге духи сильно теснят и все обороняющиеся отряды могут вот-вот оказаться в окружении.

Панический рассказ бойца дополнила картина сбегающих с высотки на правом краю деревни сирийских солдат. Мартин тотчас связался с Ратником и доложил ему о складывающейся ситуации. В ответ он получил четкие указания оставаться на месте и придерживать союзников. Пришлось снова вступить в переговоры с садыками, убеждая их не покидать своих позиций и заверяя в том, что никакой опасности окружения нет.

Успокаивать перепуганных «Соколов» и при этом пытаться понять, что происходит на правом фланге, оказалось нелегким делом. Трудно моментально переключаться с одного на другое и не упускать из-под контроля ситуацию в целом. Пребывая в замешательстве, Мартин еще раз запросил обстановку у Ратника и в ответ услышал команду готового к драке и абсолютно уверенного в своих силах командира: «Занять круговую оборону. Мы остаемся на месте. Пошли все на хуй, мы никого не боимся».

После таких слов Ратника Мартин разговаривал с садыками уже более твердо и настойчиво. Уверенность, с которой Мартин убеждал союзников не трогаться с места и продолжать держать свои позиции, возымела эффект. Те еще какое-то время посовещались, после чего подогнали свой пикап и, довольно быстро разгрузив его, заняли прежние позиции. Командир «Соколов», видимо, еще полный сомне-

---

13 ДШК – 12,7-миллиметровый станковый крупнокалиберный пулемет Дегтярева – Шпагина образца 1938 года. Предназначен для уничтожения живой силы противника и легкобронированных, быстро движущихся целей противника.

ний, подошел к Мартину и, получив от русского «дженерала» твердое обещание стоять на месте, заметно взбодрился и вернулся к своим.

Между тем к разведчикам присоединилась группа Бритого, которая выдвинулась на передний край для корректировки огня своих батарей. Бритый без лишней суеты и не загружая Мартина разместил радиста и корректировщиков за естественным валом у деревенской дороги. Разведчики, будучи бывалыми бойцами, не дожидаясь приказа, тоже стали готовиться к отражению вероятной атаки духов: снаряжали пустые магазины, проверяли оружие и ночные приборы наблюдения, готовили позиции для обороны.

Надвигалась ночь. После внимательного осмотра местности Мартин обнаружил, что далеко не все «Соколы» покинули позиции на правом краю деревни, и это обстоятельство внушало надежду на благоприятный исход. Вопрос прикрытия правого фланга решился сам собой. В противном случае пришлось бы разбивать небольшой гарнизон на слишком далеко отстоящие друг от друга группы, что явно не пошло бы на пользу всей обороне.

Ночь прошла спокойно, хоть и в напряженном ожидании. Но, по-видимому, весь свой запал противник истратил еще днем и в темноте уже не решился на какие-нибудь активные действия. Тем не менее Мартин после короткого ночного сна встречал рассвет на ногах, прекрасно зная об излюбленной манере духов нападать именно в предутренние часы.

Вскоре по рации стали слышны переговоры бойцов из группы Чупа: на соседнем участке опять началось движение – как и вчера, не поддержанное другими отрядами садыков. В понимании Мартина, такие несогласованные действия «Соколов» объяснялись исключительно внутренними противоречиями в сирийской ЧВК, которые, в свою очередь, были следствием конкуренции между братьями-основателями за благосклонность президента. В результате, когда одни отряды садыков шли в атаку, другие отряды на соседних участках демонстративно бездействовали либо только создавали видимость поддержки. Арабские офицеры даже не скрывали такого отношения друг к другу и не собирались ничего менять в своем поведении. Может, потому и тянулась эта война без конца, гибли люди, а мятежники вновь и вновь отбивали у солдат Асада с таким трудом завоеванные лишь при помощи русской авиации, ССО и легионеров города и селения.

Побеседовав со своими парнями, Мартин снова переключился на рабочую волну группы Чупа. Первое же сообщение, прозвучавшее в эфире, повергло его в полный ступор: «Чуп двухсотый».

Группа Чупа попала под минометный обстрел, и старый вояка Владимирыч был убит осколком. Для Мартина это была потеря не просто командира взвода, а человека, к которому он успел проникнуться неподдельным уважением. Когда группа попадает под обстрел, задача командира – вывести всех на безопасный участок и при этом не бежать сломя голову впереди остальных, а, дав четкую команду, убедиться, что все бойцы выполнили ее, никто не отстал и не задержался, и только затем выходить самому. Так и сделал опытный Чуп, и, когда группа была на безопасном рубеже, он бросил свое натренированное тело к намеченному им укрытию, но момент был неудачный – разрыв мины и крупный осколок в голову. Штурмовик Ряба бросился обратно и, сам контуженный последующим разрывом, вытащил командира, но Чуп уже перестал дышать.

Труженик войны, прошедший горными тропами Афганистана и через развалины Грозного, гонявший пиратов у берегов Сомали и избавлявший Донбасс, Чуп обладал знаниями опытного и грамотного спеца и был способен принимать оптимальные решения в самых экстремальных ситуациях. Он сумел за короткий срок подготовить действительно боеспособный и не боящийся выполнять любые задачи взвод, считавшийся одним из лучших в легионе, придерживаясь простого правила командира – «делай, как я». И вот русский офицер, как то и полагается настоящему воину, завершил свой путь в бою.

Смерть на войне – дело обыденное. Отправляясь в Сирию, легионеры отдавали себе отчет, что могут погибнуть сами или столкнуться с гибелью своих братьев по оружию. И тем не менее каждая потеря становилась шоком. Принять ее ни умом, ни сердцем было невозможно. Потому-то этот рядовой день под Кинсиббой так и остался в памяти Мартина мучительной зарубкой.

Глава 13

Несостоявшийся штурм

Движение начали точно по намеченному графику. Настроение было хорошее – качественный отдых, насколько это возможно в полевых условиях, спокойный размеренный день, предшествующий намеченному наступлению, достаточное время для сборов без суеты и нервотрепки – все было кстати, одно к одному. Парни всем своим видом выражали готовность к действию. До исходного рубежа вела не тронутая войной асфальтовая дорога, но шли не спеша: боекомплект и вода – единственное, что взяли с собой, – весили немало, поэтому необходимо было беречь силы. До рассвета оставалось еще часов шесть. Непроницаемая для человеческого глаза тьма поглотила близлежащие каменные отроги и холмы, и лишь отдаленные вершины хребтов четко выделялись на фоне звездного неба. Догадаться о том, что местность здесь обитаема, можно было только по смутным очертаниям возникающих из мрака строений. «Хорошо хоть дорога. Не заблудишься», – подумал Мартин.

Через некоторое время легионеры вышли на основную дорогу, ведущую к разрушенному городку, с окраины которого планировалось наступление на Кинсиббу. Здесь русские солдаты удачи в очередной раз столкнулись с особенностями поведения союзников. «Соколы пустыни» отличались двумя необъяснимыми для военных профессионалов странностями: неспособностью командиров управлять своими подчиненными и организовывать их взаимодействие и нежеланием простых солдат выполнять элементарные правила войны. Прямо по Ильичу – «верхи» не могут, «низы» не хотят.

Дорога была заполнена машинами союзников, которые двигались с включенными фарами, нисколько не заботясь о выполнении элементарных правил светомаскировки. В самом городке солдаты группками грелись у костров, и им даже в голову не приходило, что тем самым они обозначают свое местонахождение и создают отличные ориентиры для прицеливания с позиций духов. Командиры сирийских формирований в действия своих подчиненных никак не вмешивались – видимо, требование соблюдения скрытности при подготовке к наступлению было для них пустым звуком.

Мартин провел свою группу через весь городок и вышел на окраину, расположившись чуть в стороне от тут и там галдящих у своих костров садыков. Не успели разведчики обосноваться, как начала работать артиллерия духов. Первая мина упала метрах в тридцати от дороги, за ней с завыванием последовали другие. Рвались, по счастью, больше с перелетом.

Мустафа, матерясь, заставил ближнюю к легионерам группу «Соколов», отупело уставившихся на очередной разрыв, погасить костер. Все укрылись в развалинах. «Если бы Свободная армия обладала качественной артиллерией, то после такого пикника немногие отдыхающие вернулись бы домой», – усмехнулся Мартин.

Через некоторое время садыки начали формирование своих колонн для наступления. Это проходило в обычной для них манере – крики, ругань, толчея. Легионерам была поставлена простая задача: нужно было двигаться за боевым порядком союзников и в случае необходимости поддерживать их огнем, а также корректировать работу своей артиллерии. При этом солдаты удачи прекрасно понимали, что в любой момент в эшелонировании боевых порядков могли произойти неожиданные перестановки, на которые они никак не могли повлиять.

Наконец, нестройные колонны сирийцев начали движение. Мартин отметил про себя, что младшие офицеры «Соколов», у которых для сопровождения своих отрядов имелись мотоциклы, остались на месте. По-видимому, они рассчитывали присоединиться к своим рядовым бойцам только после того, как те выйдут на намеченные рубежи.

Небо с восточной стороны стало светлеть, предвещая скорый рассвет. Наступающим сначала предстоял спуск, а затем подъем на вершину хребта, на которой располагалась небольшая деревушка, занятая духами, своего рода форпост перед Кинсиббой. Таким образом, на первом этапе движения все отряды оказывались открытыми для обстрела с противоположных склонов, и это обстоятельство отнюдь не радовало. «Стадо тупое! Пока собирались, солнышка дождались, по темноте могли проскочить до дна ущелья, может, и подняться успели бы», – первоначальный хороший настрой сменился нервным напряжением.

Шли на увеличенных дистанциях друг от друга, делая частые паузы в движении. При остановке сразу ложились, пытаясь найти хоть какую-нибудь выемку или кустарник у тропы, за которыми можно было бы укрыться. Горы между тем выходили из ночи, быстро освобождаясь от окутывавшего их мрака. Все более отчетливо вырисовывались деревья и кустарники, каменные глыбы и, конечно же, вереница вооруженных людей, пересекающих ущелье.

Подъем был тяжелый. Сирийцы, не загруженные боеприпасами, вскарабкались на склон горы гораздо быстрее, и сверху уже доносилось пощелкивание одиночных выстрелов и очередей – по-видимому, «Соколы пустыни» завязали бой.

Когда разведчики достигли дома, стоящего на краю обрыва, там уже засели союзники, заполнив собой все комнаты. Мартин решил осмотреться и разобраться в обстановке. Но услышать что-либо вразумительное от сирийцев оказалось невозможно, они не могли ничего объяснить даже жестами. Появившиеся младшие офицеры садыков, которые подъехали к дому по асфальтовому горному серпантину, тем более не знали, где свои, а где чужие. Пока Мартин бродил по комнатам, пытаясь с различных точек оценить ситуацию, командиры «Соколов» испарились, быстренько вскочив на свои мотоциклы и умчавшись обратно к городку. Рядовые садыки остались без управления, предоставленные сами себе.

С неустановленной позиции бил духовский снайпер, успевший уже подстрелить одного союзника, и вражеского стрелка необходимо было вычислить. Зодчий с небольшой группой из трех человек продвинулся дальше к мечети, преодолев броском открытый участок, где только что получил ранение в ногу сирийский солдат. Остальные остались в доме на окраине.

Дом был большой, в два этажа с пристройками. В комнатах первого этажа засели союзники, уже успевшие поживиться кое-каким домашним добром. На втором этаже Моряк вместе с ловким на перемещения Белым пытались определить позицию снайпера, на площадке между двумя пристройками и в прилегающих помещениях сосредоточились остальные разведчики. Все обменивались мнениями, где может находиться духовский стрелок.

Пробовали ориентироваться на направление, которое указали союзники, обработали предполагаемую лежку снайпера с подствольников, но он продолжал стрелять, уверенный в превосходстве своей хорошо замаскированной позиции. Моряк возвестил о том, что заметил движение на гребне высоты, подступающей к деревушке, и открыл огонь из своего СВД[14] по мелькавшим между камнями черным фигуркам. Дальность была слишком большая, для того чтобы поддержать его огнем из автоматов, поэтому остальные больше простаивали, избегая бессмысленного расхода боеприпасов, – день только начался, патроны еще понадобятся.

По тому же маршруту, что и отряд Мартина, в гору поднимался Ратник со своей группой. Им было тяжелее, чем не

---

[14] Снайперская винтовка Драгунова.

обремененным бронежилетами разведчикам. Те на работу в движении их обычно не надевали. Разведчик должен быть быстрый и верткий, бронежилет его сковывает и отягощает.

Пока Ратник преодолевал подъем, вызвали огонь бэтээров, поддерживающих наступление. Боевые машины находились на укрытых позициях на противоположной стороне ущелья и работали автоматическими пушками по гребням близлежащей высотки.

Сирийцы, засев в нескольких домах на окраине деревушки, не предпринимали никаких попыток к дальнейшему продвижению. Это было объяснимо – командиры их бросили, и приказывать им идти вперед было некому. Свои довольно скудные запасы патронов они большей частью израсходовали, пуляя наугад в сторону высот, и к тому времени в их рядах уже было двое раненых и один убитый. Похоже, надеяться на их наступление на этом участке не приходилось.

Мартин решил переместиться к Зодчему. Бросившись вперед к бетонному основанию длинного ограждения из кованых прутьев, Мартин на одном дыхании попытался преодолеть участок, по которому работал снайпер. Когда до ограды осталось рукой подать, слух резанул сухой щелчок одиночного выстрела, слишком громкий, для того чтобы быть автоматным. Мартин сгруппировался и, согнув ноги в коленях, совершил кульбит, преодолевая оставшиеся пару метров до спасительного парапета. «Если услышал выстрел, значит, кувыркаться уже поздно», – сыронизировал в свой адрес Мартин. Не задерживаясь, он быстро пополз на четвереньках вдоль парапета и, достигнув безопасного пространства, поднялся на крыльцо дома, где его поджидал Зодчий.

Тем временем Ратник и его группа завершили подъем и после небольшой передышки начали перемещаться в сторону дома у мечети. Как оказалось, в районе мечети уже обосновался отряд иранских добровольцев, у которых запала было побольше, чем у сирийских «Соколов».

Оказавшись на месте, Ратник распределил бойцов по позициям и сразу же сориентировал всех по поводу дальнейших действий: «Пока сирипуты не сдвинутся с места, мы будем сами себя охранять и дальше ни ногой».

Сирийские наемники были больше озабочены поиском ценных вещей в домах, до которых они добрались, чем запланированным наступлением. Хозяева бросали дома, судя по всему, в спешке, и, к немалой радости «Соколов», там было чем поживиться.

Легионеров этот бытовой ширпотреб не сильно привлекал. Но когда в одной из комнат дома они вдруг обнаружили сейф, пройти мимо такого искушения им оказалось не под силу. Золотой сразу же заявил о своем богатом опыте по части вскрытия банковских хранилищ и приступил к делу. Выстрел из автомата в замочную скважину результата не дал, тогда Золотой применил более простой и грубый способ, подорвав под сейфом гранату. Радость от предвкушения добычи оказалась недолгой. В ворохе каких-то расписок и бланков нашлось только 700 лир. Для хозяина сейфа эти бумаги, очевидно, имели ценность, но для солдат удачи они были не более чем макулатурой. Стать обладателями сокровищ Аладдина простым труженикам войны и на этот раз не удалось.

Время тянулось медленно. Бесплодное ожидание активных действий от садыков становилось все более тягостным. Ратник регулярно выходил на связь с командованием для прояснения обстановки. Остальные бойцы, распределившись по нескольким строениям, убивали время в пустых разговорах на разнообразные темы, зачастую не имеющие ничего общего с войной.

Раздобыли воду, что было очень кстати, так как свои запасы были исчерпаны – тяжелый подъем и припекающее солнце иссушили внутренности, постоянно хотелось пить. Появление воды позволило приготовить еду и сварить кофе. Бойцы делились друг с другом скромными запасами продовольствия.

Ратник за разговорами и едой не забывал проверять присутствие на своих местах назначенных наблюдателей и отправлять того или иного бойца на разведку. Несмотря на способность шутками и ироничными замечаниями ослаблять напряжение, он четко контролировал происходящее и ни на мгновение не забывал, что находится на войне.

С первых дней знакомства с Ратником Мартин понял, как ему повезло попасть под командование опытного и смелого офицера, наделенного всеми необходимыми качествами, которыми должен обладать боевой командир.

Выпускник военного училища, прошедший школу Чечни в составе спецназа ГРУ и затем вступивший в ряды легионеров, Ратник обладал просто феноменальными познаниями в военном деле, а также прекрасно умел применять их в реальном бою. Мартин, даже еще будучи новобранцем среди наемников, сразу определил в Ратнике военного профессионала высшей пробы.

Что отличает настоящего командира от дилетанта? Неопытный командир, получая информацию о продвижении противника или своих бойцов, просит подчиненного показать рукой направление. Если ему необходимо перебросить подразделение на другой участок, он просто указывает бойцам на поджидающие машины. Боевой приказ для него звучит примерно так: «Парни, возьмем этот мост. В атаку, ура!» Как результат, и сам командир не способен в полной мере оценить обстановку или произвести целеуказание для артиллерии, и его бойцы, превращаясь в неуправляемую толпу, бросаются на мост гуртом и откатываются с большими потерями или залегают под огнем и подстреливают друг друга.

Профессионал же сразу требует указать точку на карте. Он производит расчет и распределяет бойцов по транспортным средствам, а в приказе подробно указывает, куда и кому выйти, размечает все рубежи и границы, направления и порядок – делает все так, чтобы каждый знал свою задачу и не оказался там, где его быть не должно.

Ратник не лез сломя голову на приступ и не увлекался погоней, движение вперед обеспечивал огнем тяжелого вооружения и постоянно держал ситуацию на контроле. Во время боя он выбирал для себя место так, чтобы охватить одним взглядом всю картину. Крепкий физически, он с легкостью переносил нагрузки, перемещаясь вместе со своими бойцами пешком на значительные расстояния, если того требовали обстоятельства.

Поняв все преимущества нахождения рядом с человеком, который, даже поймав кураж во время боя, не теряет чувство реальности, Мартин и в последующем старался быть поближе к его отряду – научиться воевать можно только у того, кто это делает с умом. И после вывода группировки из Таллы стремился снова попасть под начало Ратника.

Для проверки обстановки Мартин с несколькими разведчиками добрался до мечети. Внутри царил учиненный происходящими вокруг нее боями разгром: на полу лежал толстый слой осыпавшейся штукатурки вперемешку с обломками камней и стекла, стены были истерзаны осколками, закопченные окна зияли открытыми ранами. Но несмотря на все это, величественное здание мечети продолжало привлекать взгляд своей красотой, оставаясь важным религиозным символом для жителей этого небольшой, но уютной деревушки.

Попав внутрь мечети, Мартин почувствовал волнение. Да, он все-таки ощущал себя мусульманином, это было заложено в него предками, из поколения в поколение передававшими наследникам веру в величие и милость Аллаха. Мечеть была ранена войной, и от этого Мартину было не по себе. В этом святом месте Мартин неожиданно для себя вдруг ясно и остро осознал всю убогость и пошлость происходящего в Сирии, где разные заинтересованные стороны сцепились в жестокой, звериной схватке за куски государственного пирога, за власть, за нефть, за газ, за геополитическое влияние и даже за дешевое чужое добро, нажитое тяжелым ежедневным трудом. Мартин подумал, что намного честнее быть наемником, чем псевдопатриотом, или защитником национальных интересов, или борцом с «кровавым режимом», или «радетелем» социальной справедливости, которой никто в мире почему-то так и не достиг.

Снаружи небольшая группа садыков, каким-то образом оказавшихся рядом с мечетью, развлекалась тем, что то один, то другой вояка выскакивал из укрытия и выпускал по направлению противника очередь из автомата. Демонстрация бессмысленной лихости закончилась после того, как очередной храбрец, почти расстреляв магазин, вдруг рухнул на землю. Когда свои втянули его под защиту стен двора, он уже был, без всякого сомнения, мертв. Духовский снайпер спокойно дождался очередной цели и, прицелившись без суеты, нанес смертельный выстрел, не обращая внимания на беспорядочную стрельбу сирийского бойца.

Неожиданно с позиции противника раздался рев запущенной управляемой ракеты. Через несколько секунд реактивный снаряд превратил мощный пикап сирийцев с крупнокалиберным пулеметом в кузове в груду искореженного металла — они просто не укрыли джип, решив, что бойцам Свободной армии не до них. «Когда же сирипуты наконец научатся воевать, или у них за пять лет войны всех умных поубивало?» — в который раз досадовал в адрес союзников Мартин.

Ближе к вечеру стало окончательно ясно, что «Соколы» в атаку так и не пойдут. Оставаться на месте не было смысла. Если под покровом ночи духи, знающие каждый камушек в этом лабиринте построек, пойдут вперед, то может случиться так, что рассвет встретят не все. Легионерам стало понятно, что командование планировало только движение вперед, о другом развитии событий никто даже не задумался, поэтому ни подвоз боеприпасов, ни эвакуация раненых для группы русских наемников не были предусмотрены.

Ратник принял решение: «Как только начнет смеркаться, спускаемся обратно в ущелье». В этом был свой резон: все оружие, оставленное на исходных позициях, было наведено на городок и обеспечивало отход. К тому же «Соколы» и иранцы оставались на месте и, как бы кощунственно это ни звучало, на какое-то время могли послужить отвлекающими объектами для духов.

Двинулись, рассчитав примерно так, чтобы на полпути вниз уже быть прикрытыми темнотой ущелья. Идти пришлось, выискивая новый маршрут, так как тот, утренний, для спуска не годился. Пробирались сквозь кустарники, цепляющиеся за одежду, нащупывали проходы в скальных выступах, несколько раз вынужденно возвращаясь на исходную точку пройденного отрезка, из-за того что упирались в тупик. Вспомнили матерным словом всех, кто был причастен к их теперешнему положению.

После продолжительного и рискованного из-за быстро наступившей темноты спуска, исцарапанные и с ноющими от напряжения голеностопами, наемники подошли к месту, с которого начали подъем. На площадке внизу ущелья сделали короткую передышку, но оставаться долго на одном месте было опасно, и легионеры, толком не отдохнув, двинулись дальше.

Ратник подгонял уставших и голодных бойцов. Обратный подъем давался тяжело. Измотанные и злые, готовые от отчаяния вот-вот сорваться на истошный крик, парни буквально ползли вверх.

Во время движения произошел неприятный инцидент. Рядовой боец Тайга вдруг неожиданно скомандовал: «Привал». Мартин тут же его жестко пресек, напомнив ему, что в отряде имеется командир. Но сразу несколько человек поддержали Тайгу, выплеснув в накипевшей злости свое мнение о бездушности старших начальников и их способности планировать боевые действия.

Мартин был потрясен: его бойцы в запале обиды на командиров полностью вытеснили из своего сознания мысль о том, что противник рядом и способен их обстрелять из крупнокалиберных пулеметов. Они как на ладони, они уязвимы, и поэтому нужно как можно быстрее уходить с этого склона, оберегая свои жизни. В такой ситуации нужно выжать из себя всё и двигаться вперед. Поэтому Мартин, не втягиваясь в бессмысленные препирательства, приказал: «Вперед!», тем самым дав понять – заткнулись и продолжили движение.

Весь последующий путь до места, недосягаемого для огня дальнобойного пулемета, Мартин покрикивал на своих бойцов, напоминая о дистанции, но привалы все-таки приходилось объявлять все чаще и чаще – парни действительно устали и отдых, хотя бы кратковременный, был им просто необходим.

До места расположения добрались только ночью, последний участок пути проделав на КамАЗе, который поджидал их там же, где они его оставили ранним утром. Выгружались долго, на зубах, используя последние остатки сил, растраченных впустую за длительный и напряженный день.

Здесь их ждала новость, окончательно их добившая: от разрыва осколочно-фугасного снаряда автоматической пушки погиб Артемка Тьма. Погиб обидно, до слез. Наводчик грубо нарушил правила безопасности, которые гласят: при задержке во время стрельбы ствол вверх и машину с позиций. Наводчик лишь слегка сдвинул машину назад и пушку не поднял, полез выяснять причину задержки, раздался выстрел, снаряд по низкой траектории, приданной стволом, врезался в железобетонный каркас дома и взорвался. Тьма находился рядом, и осколок пробил ему голову. Все просто и трагично. Не укладывается в голове логика войны: все, кто пошел на штурм, были живы, а парень, который остался на исходной позиции, погиб.

Длинный, очень длинный по продолжительности, по физическим и психологическим нагрузкам день закончился. Он стал последним для хорошего парня Артемки Тьмы и одним из многих бессмысленных дней на этой войне для всех остальных.

Глава 14

Взятие Кинсиббы

Спуск по знакомой тропе в ущелье оставлял легкое ощущение дежавю – прошло лишь несколько дней после первого неудачного наступления на Кинсиббу. На этот раз русские легионеры дали возможность «Соколам пустыни» уйти вперед, двигаясь отдельной колонной. Крутой подъем к вершине хребта решили не преодолевать, а спокойно подняться по асфальтовому горному серпантину.

Первый снаряд врезался в покрытый жестким кустарником крутой скат ущелья в нескольких шагах от горной дороги. С места, на котором находился Мартин, разрыв был виден отчетливо: белая шапка – и через пару секунд звук мощного хлопка, разносящегося по всему ущелью, как раскат грома.

Растянувшаяся по спуску колонна, голова которой уже почти доходила до пересечения горной тропы с дорогой, остановилась. Солдаты удачи залегли, пережидая и пытаясь понять для себя, что это: шальной залетный снаряд или невидимый для них враг пытается направить огонь замаскированного миномета на продвигающихся по ущелью легионеров. Через некоторое время последовала команда на продолжение движения, но сразу же раздался второй разрыв, примерно в том же месте, и за ним, через короткий промежуток, третий.

Стало понятно: минометы духов посылают свои снаряды по заранее пристрелянному рубежу, загораживая дорогу для прохода и препятствуя подъему штурмовых отрядов. Оставался непонятным факт позднего включения противником заградительного огня – союзники прошли этот участок легко и без задержек. Возможно, духовский наблюдатель просмотрел первые отряды и только сейчас дал команду на работу минометов. Или это была стрельба наугад, рассчитанная на шальное попадание. Гадать было некогда – колонна продолжила движение и, подойдя к тому участку, по которому велся обстрел, остановилась.

После очередных двух разрывов раздался резкий и громкий крик Ратника: «Броском вперед!» Наемники ринулись вверх по дороге, стремясь как можно быстрее пересечь опасный участок, что было совсем непросто: тяжелое оружие и боезапас сбивали дыхание и заставляли работать мышцы на пределе возможностей. Зону обстрела преодолели без последствий, и вскоре разрывы остались за спиной.

Навстречу то и дело попадались небольшие группы садыков, идущих в обратном направлении, что, впрочем, никого не удивляло: за время совместных действий в горах Латакии легионеры изрядно насмотрелись, как с десяток-другой «уставших» от войны «соколов» и «кречетов» бредут в сторону тыла.

Дорога, ведущая легионеров вверх, уперлась в перекресток, разделившись на две, огибавшие аккуратный, не поврежденный войной домик, выполненный в стиле пагоды. Красная черепица характерно изогнутой крыши ярким пятном выделялась на фоне поросших кустарником каменистых склонов. Необъяснимо как появившийся в мусульманских краях домик совершенно чуждой культуры радовал глаз своей необычностью.

У развилки сделали остановку для выбора дальнейшего направления. Радиообмен с командиром разведывательной группы длился довольно долго. Зодчий пытался объяснить маршрут движения своего отряда, но из всего набора слов и прибавок вроде «ну как там, ну это» можно было понять только одно: от дома направо. Мартин в этот раз находился в группе управления с Ратником, а его разведчики – в авангарде отряда. Когда двинулись по правой дороге, выяснилось, что от нее уходило три тропинки, но по какой из них продолжать движение, из путаных объяснений Зодчего понять так и не смогли.

Мартин выслушал едкое замечание Ратника по поводу способности разведчиков описать маршрут и только пожал плечами, отводя глаза в сторону. Что он мог поделать? Никакими, даже сверхинтенсивными, тренировками в учебном лагере добиться от рядовых наемников уровня подготовки военного училища было нереально. Будущим офицерам с самого начала прививают способность четко докладывать боевую обстановку, обучая нужному набору выражений и терминов для исчерпывающего описания происходящего. На срочной службе призывников таким вещам не учат, и поэтому поступившие в легионеры, пусть и достойные, парни навыков правильного описания обстановки не имели.

После недолгих колебаний решили двигаться к вершине скалы через расположенный возле дома небольшой сад. Кроны деревьев сада прикрывали сверху, а покрытые растительностью многочисленные каменные выступы и щели позволяли спрятаться от обстрела.

Добравшись до вершины, откуда хорошо просматривались окрестности, легионеры быстро нашли нужное направление и продолжили путь. Примерно через час вышли на очередную развилку, но на этот раз на ней стоял дорожный знак с указателем на Кинсиббу. Отсюда уже были хорошо видны домики на окраине городка, до них было совсем недалеко — метров пятьсот, не больше. Возле домов стояло несколько пикапов и крутились какие-то люди. Определить, кто это — союзник или противник, было невозможно, и на всякий случай легионеры стали готовиться к бою.

Ратник вызвал по станции российского генерала, курировавшего направление, и после недолгого разговора с ним сообщил: «Союзники вошли в Кинсиббу, и, судя по всему, раз мы не слышим выстрелов, духов уже здесь нет».

Все было как всегда на этой войне — русских наемников никто из командования союзников в расчет не принимал и не спешил донести до них вовремя обстановку на текущий момент. Сирийские генералы относились ко всем пехотным частям как к некой безликой массе, которую можно было отправлять в бой, не особенно заботясь о ее сохранности. Единственное, перед чем они преклонялись и к чему относились с неподдельным уважением, это русская авиация и артиллерия, которые могли решить исход любого боя в их пользу. Пехотным частям оставалось лишь, на их взгляд, добить почти уничтоженного ракетным огнем противника. Исходя из этого, они совершенно не заботились об организации необходимого взаимодействия между своими формированиями и отрядами русских легионеров и даже не задумывались о том, как не имеющие достоверной информации русские солдаты удачи могли среагировать на появление перед ними вооруженных людей.

Ратник принял решение входить в город прямо по дороге. Судя по докладу Зодчего, окружающие Кинсиббу вершины были под контролем у Хезболлы. Сам Зодчий, заняв одну из вершин, держал под наблюдением подходы к городу и его улицы.

Кинсибба представляла собой унылое зрелище. Брошенный жителями и разрушенный боями город, когда-то радовавший глаз красивыми каменными домами, отделанными мрамором, был полностью захламлен мусором войны.

Садыки, оставив на въезде отделанные металлическими листами мощные американские внедорожники с зенитками в кузовах, уже вовсю шуровали по домам в надежде поживиться тем, что не смогли увезти с собой хозяева. К городу подходили другие отряды правительственной армии, улицы наполнялись людьми в камуфляже. Сирийские солдаты, окончательно убедившись в том, что враг покинул город, сбивались в кучки и скандировали победные лозунги, размахивая флагами.

Автомобилей становилось все больше, среди военных появились и журналисты с видеокамерами и микрофонами. Они тут же принялись брать интервью у всех, кто попадался под руку. Оказавшиеся в кадре картинно размахивали оружием, что-то говорили и в конце неизменно выкрикивали шаблонные воззвания к нации.

Конечно, представители прессы прибывали на место не самостоятельно, их привозил с собой какой-нибудь сирийский начальник. Перед тем как отпустить их в свободное плавание, он, выбрав выгодный ракурс, произносил на камеру бравую речь и даже позволял обнять себя какому-нибудь рядовому бойцу, что приводило того в состояние дикой эйфории.

Наемники, с трудом пробираясь через ликующую толпу, высматривали удобные позиции для обороны на случай, если враг оставил город в расчете на быстрый и неожиданный ответный удар. Такой трюк часто использовали турецкие офицеры, командовавшие группировками Свободной сирийской армии. Протискиваясь вперед, русские солдаты удачи всячески старались избегать попадания в камеры – они обязаны были поддерживать миф о самостоятельности асадовских формирований.

Между тем ликование достигло своего апогея, и сначала одна короткая очередь из автомата прорезала воздух над головами победителей, за ней следующая, а затем загрохотало все имеющееся на руках стрелковое оружие, салютуя достигнутому успеху. Из общей какофонии стрельбы выделялась мощным рявканьем зенитная установка, нещадно растрачивающая в пустоту солидную часть боезапаса. И в это самое время легионеры заметили на пустыре между разрушенными домами на противоположной стороне улицы столб белой пыли.

Звук взрыва был приглушен канонадой стрелкового оружия садыков, за первым взрывом последовал еще один. Сомнений не было: работала артиллерия довольно солидного калибра. Обстрел продолжался еще некоторое время, но, к счастью для всех, противник бил, по-видимому, по заранее пристрелянному месту, по выверенным данным, однако направление ветра и температура воздуха изменились, и снаряды падали в стороне от дороги и зданий, а скорректировать огонь артиллерии было уже некому. Тем не менее один раз легионерам пришлось серьезно поволноваться: после очередного падения снаряда от места разрыва отлетела тяжелая металлическая болванка и, вращаясь в воздухе, устремилась в сторону дома, у которого стояли русские. Завороженно наблюдавшие за полетом болванки наемники облегчено выдохнули лишь после того, как она врезалась в угол дома, отколов изрядный кусок плиты и не причинив никому вреда.

Обстрел на какое-то время затормозил праздник победы, но, как только снаряды перестали рваться, на дороге снова образовалась толпа, а беспрерывно подъезжающий транспорт закупорил все улицы. Русские легионеры, не обращая внимания на празднующих сирийцев, стали закрепляться около домов улицы, которая возвышалась над всей Кинсиббой. Наемники, выполняя команду Ратника, спешно устанавливали тяжелые пулеметы и станковые гранатометы на удобных площадках, готовясь в любую секунду открыть огонь.

Ратник отправил Мартина назад, к въезду в город, встретить транспорт с основной частью тяжелого вооружения. Старенький газик, изношенный в боях и походах, надрываясь, преодолел подъем и, кое-как пробив себе дорогу сквозь толпу, наконец-то подъехал к месту, где его ждали легионеры. Солдаты удачи бсз лишних слов начали разгрузку дополнительного вооружения и боеприпасов, стремясь по-быстрому расставить все по своим местам и быть готовыми к отражению возможных контратак противника.

Мартин запросил у Ратника пикап для доставки пищи, воды и теплых вещей разведчикам Зодчего, которым предстояло провести холодную февральскую ночь на вершине горы. Получив добро, он снова направился к окраине города. Перехватить вызванную по рации машину на подходе казалось ему более правильной идеей, чем ожидать ее на месте, где и пешему протиснуться через толпу радостных садыков было довольно затруднительно.

Выйдя к дороге, он увидел медленно поднимающиеся по серпантину, лязгающие гусеницами и ревущие от натуги танки. Это радовало – хоть кто-то заботится об усилении отрядов союзников, которые сейчас бродят по домам и улицам городка. Правда, видя забитую улицу, было трудно понять, как танки доберутся до своих боевых позиций – у сирийцев напрочь отсутствовало понимание необходимости держать фронтовые коммуникации свободными для оперативного передвижения. Впрочем, и соответствующих служб в штате их армии предусмотрено не было, поэтому в некоторые моменты сирийские дороги превращались в шумный восточный базар – без торговцев и покупателей, но со всеми остальными признаками суеты и хаоса.

«Если бы сейчас духи пошли в контратаку, можно было бы с уверенностью предсказать полное и разгромное поражение войск Асада, – подумал Мартин. – При неожиданной атаке все это войско просто превратится в расстреливаемую толпу, а танки и другую технику, зажатую со всех сторон, можно спокойно жечь, наводя на них переносные установки управляемых ракет. И не надо быть большим стратегом, чтобы понимать это. На этот момент готовы к бою только русские легионеры».

Гоняя у себя в голове эти невеселые мысли, Мартин добрался до места встречи с машиной. Там была площадка, удобная для разворота, и до этой точки пикап наемников мог двигаться относительно легко, обходя медленно ползущие на подъеме танки советского производства. Вскоре пикап был на месте, и, дождавшись, пока Мартин погрузится в него с еще тремя разведчиками, спустившимися с вершины для доставки грузов, водитель тронул машину по серпантину вниз.

Кинсибба взята. В боях за нее легионеры потеряли двоих: молодого Артемку Тьму и опытного ветерана Чупа. И безудержное веселье, которому предавались садыки на улицах города, лишь усугубляло чувство опустошенности у Мартина. «Дорого, слишком дорого достаются нам эти победы…»

Глава 15

Встреча с игиловцами

Небольшой прифронтовой городок в провинции Хама, с начала боевых действий брошенный жителями и опустошенный постоянными набегами различных вооруженных группировок, встретил легионеров глухим безмолвием темных улиц – колонна входила в него уже ночью. В составе боевой группы был и взвод разведчиков, в котором помимо основного командира Залива находился и сам Байкер – начальник всей разведки ЧВК. Перед тем как разведчики попали в этот район, им изрядно пришлось помотаться по провинции Хасаки к востоку от реки Евфрат.

На территорию, почти отрезанную от районов, подконтрольных правительственным войскам, разведчиков забросили с задачей поддерживать наступление сформированных местными шейхами отрядов. Шейхи долго торговались, выпрашивая оружие и боеприпасы, но после того, как все затребованное было им доставлено, выяснилось, что никаких военных ополчений, за исключением немногочисленной шайки местных контрабандистов и дезертиров из армии САР, не существует. Понять, что боевые отряды шейхи создать не в состоянии, было в общем-то нетрудно, стоило только поглубже погрузиться в специфику местных реалий. Но, по-видимому, идея привлечь на свою сторону местные племена и сделать из этого факта пропагандистскую шумиху на весь мир сильно увлекла кого-то из руководства русского контингента в Сирии. Когда провал очередного геополитического трюка стал всем очевиден, разведчиков спешно перебросили в провинцию Хама, где в тот момент происходили основные столкновения с игиловскими группировками.

Выделенная на данное направление группа наемников, составленная из различных подразделений, выступала в район намеченных боевых действий двумя этапами. Первой колонной, пройдя по пустынным улицам городка до полуразрушенного комплекса завода, прибыли разведчики вместе с артиллеристами и танкистами. На данном участке присутствовал генерал от федералов с группой управления и взводом морских пехотинцев, была у него и своя артиллерия. Генерал дал указание по месту размещения легионеров и, приказав загнать танк на одну из городских возвышенностей для наблюдения, ограничился только общими, не дающими полного понимания обстановки разъяснениями: «Там ИГИЛ[15], а вон там – ан-Нусра[16]. Размещайтесь, организовывайте охранение, а утром определимся». Старший среди солдат удачи, штабной офицер Балтик кивнул в ответ, но мучить генерала расспросами не решился.

Разгружались в спешке – необходимо было отправить машины за остальным составом группы. На одном конце длинного здания завода складывали боеприпасы, на другом – продовольствие и скарб. Танкисты выгнали один свой танк на указанную генералом высоту, второй оставили у развалин завода. Артиллеристы установили «Град»[17] на площадке перед единственным уцелевшим зданием так, чтобы иметь возможность, меняя позиции, вести огонь по обоим указанным генералом направлениям. Недалеко от них, в низине, расположились минометчики. Выставив охранение, бойцы устро-

---

[15] ИГИЛ, ИГ (Исламское государство Ирака и Леванта, Исламское государство) – организация, признанная в соответствии с законодательством Российской Федерации террористической.

[16] ан-Нусра – организация, признанная в соответствии с законодательством Российской Федерации террористической.

[17] «Град» – реактивная система залпового огня. Предназначена для поражения открытой и укрытой живой силы, небронированной техники, артиллерийских и минометных батарей, командных пунктов.

ились на ночь кто как мог и постарались использовать время затишья для полноценного отдыха.

О приближении рассвета возвестил мощный разрыв снаряда на территории завода, за ним тотчас последовали такие же разрывы где-то в самом городке – духи начали обстрел одновременно с двух сторон, стремясь отрезать находившиеся в городе отряды от основных сил. Перекрывая звуки канонады, в районе блокпоста сирийской армии мощнейшим раскатом грома разорвался обшитый железом джихад-мобиль, подняв в воздух исполинский столб гари и пыли и разбросав по сторонам фрагменты укрепления. В образовавшуюся брешь устремился еще один начиненный взрывчаткой автомобиль, намереваясь прорваться на территорию завода, где находились русские наемники. Второй джихад-мобиль, не обстрелянный никем в возникшей суматохе, почти достиг пролома в ограждении промышленной зоны. Водитель пикапа противотанкистов, различив в зареве возникшего пожара преодолевающий ухабы тупоносый автомобиль-убийцу, рассуждать долго не стал. Врубив скорость, он разогнал машину так, что ее передний мост, повинуясь мощной инерции, перескочил через остатки бетонного ограждения, и пикап, сев на брюхо, надежно заткнул проезд. Водитель, спасаясь, бросился к укрытию, но был подхвачен взрывной волной и, беспомощно кувыркаясь в воздухе, приземлился в одну из образовавшихся от разрывов ям. Ринувшиеся с нескольких направлений игиловцы были остановлены огнем с позиций Хезболлы и федералов. Русский генерал, будучи главным, тем не менее сразу выпустил из рук управление боем и, забыв про всех остальных, руководил только морскими пехотинцами. Но он оказался храбрым малым и, организовав оборону взвода, отбил первую атаку противника от своих позиций.

Байкер понял, что никаких команд от генерала не поступит и каждый должен заботиться о своей обороне сам. Увидев некоторую растерянность Балтика, он быстро сориентировался и взял командование в свои руки. Оценив, что единственным местом, на котором можно организовать оборону, был небольшой холм, расположенный рядом с заводом, Байкер дал команду легионерам отходить к этой высоте. Балтик сделал слабую попытку предложить обороняться в городских кварталах, которую командир разведчиков с ходу отверг:

— Да не готовы мы к бою в городе, нас там по группам раздавят.

Затем Байкер подозвал Залива и скорым шагом направился к артиллеристам, приказав им выводить «Град» на прямую наводку через широкий теперь проем в заборе. Оставив Залива подгонять артиллерию, Байкер включился в разговор с танкистами, которые спрашивали разрешение подогнать второй танк на невысокую плоскую возвышенность, где по распоряжению генерала уже находился первый Т-90 наемников.

— Зачем? – не понял смысла обращения Байкер.

— Да у того, что наверху, аккумуляторы кончились, генерал приказал не запускать двигатель и вести наблюдение в ночной прибор. Надо танк вниз стащить.

Храброму командиру взвода с генеральскими лампасами забыли в академии объяснить, что ночной прибор высосет весь заряд аккумуляторной батареи за несколько часов наблюдения. Танкисты не решились ослушаться указания и, добросовестно наблюдая за окрестностями, посадили аккумуляторы танка. Как только второй танк поднялся наверх, по возвышенности сразу с нескольких точек заработали зенитки духов. Танкисты сбежали вниз под защиту бруствера. Зацепить на буксир и дернуть с вершины возвышенности танк было уже делом невыполнимым — разрывы осколочно-фугасных снарядов духовских зениток закрыли все подступы к обездвиженной боевой машине. Механик второго танка скатил своего «слона»[18] обратно вниз к подножию

---

[18] «Слон», «хобот» – жаргонное название танка.

возвышенности. В этот момент, озаряя развалины завода и поднимая пыль, с оглушительным ревом заработал «Град», посылая залпы ракет в сторону врага.

Тем временем солдаты удачи, выполняя приказ Байкера, занимали оборону в районе высоты, готовясь к бою. Все, что удалось под огнем вынести, доставили к холму, остальное снаряжение и боеприпасы погибли в пожаре, вызванном обстрелом. Танк, минометы, противотанковые установки – все включились в работу, разведчики тем временем спешно готовили позиции для обороны. Быстрая перекличка с командирами всех подразделений показала: никого не потеряли, все были живы. И за исключением сильно контуженного водителя пикапа противотанкистов не было и раненых. Байкер вместе с Заливом, обегая позиции и отдавая на ходу распоряжения, вдруг наткнулись на группу союзников – брошенные своими командирами рядовые солдаты из Ливанского полка не раздумывая перешли под управление русских. Организовав оборону, Байкер включился в решение проблемы застрявшего на вершине танка. Позволить духам захватить новейший российский танк солдаты удачи не имели права ни при каких обстоятельствах – в крайнем случае они были обязаны его уничтожить. Быстро установили ПТУР, развернув ее в сторону возвышенности. Оператор, выхватив в объективе цель, истошно заорал:

– Бля, там духи уже копошатся на башне!

– Гаси танк, гаси! – крикнул Байкер, и первая ракета, оглушив хлопком заработавшего реактивного двигателя, пошла на цель.

Снаряд попал прямо в машину, но никаких признаков повреждений на ней невозможно было обнаружить даже в бинокль. Вслед за первой ракетой пошла и вторая. Снова в яблочко – и опять ничего. Духи, заметив приближающуюся ракету, шарахнулись в стороны и больше к танку близко не подходили, боясь детонации находящегося внутри него боекомплекта. Русские наемники расчетливо, экономя оставшийся боезапас, вели огонь по врагу и вынудили игиловцов покинуть развалины завода, которые хорошо простреливались с вершины холма. Духи попробовали взять высоту с другого направления, однако и там их встретил плотный огонь закрепившихся на новых позициях разведчиков. В течение дня игиловцы предприняли еще несколько неудачных попыток атаки, но под давлением подошедших союзников и авиаударов окончательно откатились на свои прежние рубежи.

Бой закончился. Солдаты удачи, устало чертыхаясь, разбирали завалы сгоревшего снаряжения, выгребая остатки сохранившегося и то, что еще можно было предъявить для процедуры списания. Слава Богу, все живы. При таком количестве упавших в расположение легионеров мин и снарядов и при непрерывном обстреле из зениток и пулеметов во время духовских атак никто не погиб и, можно сказать, даже не был ранен. Это было несказанной удачей. Когда приступили к осмотру танка, который чудом не достался духам, преисполнились гордостью за отечественный ВПК. На башне танка были следы попадания ракет, но только лишь отметины – порванный короб и пятна разбрызганной гари – и никаких пробоин. Через полчаса возни с установкой свежих аккумуляторов танк завелся и под восторженные крики выкатился из места своего заточения. Общими усилиями атаку отбили, и теперь в составе вооруженных сил России появился взвод морской пехоты по-настоящему обстрелянных парней, которые, вернувшись на родину, с полным правом смогут заявить: «Мы побывали в настоящем бою».

Глава 16

Монетка

Начало марта шестнадцатого года, третий месяц командировки… Где-то там наверху, в правительстве Сирии и в командовании российского контингента, вызрело решение о проведении крупной войсковой операции по освобождению Пальмиры. Один из богатейших городов античного Средиземноморья, жемчужина хурритского царства, прозванная за свою красоту и великолепие «невестой пустыни», прославленная в веках, Пальмира являлась местом знаковым, и для Асада было делом чести отбить ее у духов. К участию в операции были привлечены крупные воинские формирования сирийской армии, местные ЧВК и российская авиация и спецназ – и, конечно же, русские легионеры, чьи отряды были отозваны со всех других направлений и в полном составе брошены под Пальмиру.

Солдатам удачи предстояло действовать на отдельном от союзников направлении, что русских наемников вполне устраивало. Предыдущий опыт взаимодействия с садыками показал, что каши с ними толком не сваришь и в серьезном бою они скорее мешали и затрудняли работу, чем приносили реальную пользу. В рядах солдат удачи все – от рядовых до командного состава – прекрасно понимали, что в ближайшее время им придется столкнуться с очень серьезным противником. Костяк отрядов ИГИЛ[19] состоял из бывших

---

[19] ИГИЛ, ИГ (Исламское государство Ирака и Леванта, Исламское государство) – организация, признанная в соответствии с законодательством Российской Федерации террористической.

кадровых военных иракской армии и упертых фанатиков со всего мира, имевших внушительный боевой опыт. На вооружении формирований ИГ были танки, армейские артиллерийские установки, штатные минометы, быстрые пикапы с пулеметами. Также они имели в изобилии гранатометы и стрелковое оружие и не испытывали недостатка в боеприпасах. Большую часть своего вооружения воины халифата отжали у армий Ирака и Сирии. Но и в ходе войны каналы поставок оружия и боеприпасов с черного рынка в обмен на нефть с захваченных джихадистами районов продолжали функционировать бесперебойно. Оружие, поступавшее игиловцам с военных складов, было исключительно заводского изготовления – заниматься самоделками, в отличие от сирийских повстанцев, им не было никакой нужды.

ИГИЛ за годы полного контроля над холмистой равниной и начинающимися за ней беспрерывными горными хребтами к востоку от Хомса сполна использовало особенности местности и основательно подготовилось к возможной осаде. Выдолбленные в скалах ниши и тоннели, вырытые траншеи и железобетонные укрепления – все это обеспечивало укрытие для людей и техники от налетов авиации и обстрелов артиллерии. Знание района давало преимущество при маневрах, а фанатизм шахидов увеличивал боевые возможности при обороне.

Враг ждал и готовился, легионеры колоннами двигались ему навстречу, и всем было ясно, что это будет поединок между двумя сильными противниками – сирийская армия и все остальные не в счет.

Выехали в намеченное еще накануне время. Была поставлена задача провести инженерную разведку предполагаемого маршрута движения колонн.

Утром, завершив плотный завтрак дежурной чашкой кофе и сигаретой, Мартин вышел на небольшую площадку палаточного лагеря, где уже собрались его разведчики, ожидая погрузки в КамАЗ. Мартин махнул им рукой и сам направился к пикапу, который после длительных обращений и просьб ему наконец выделило начальство. Через минуту машины тронулись вслед за идущим впереди бронетранспортером саперов в сторону едва различимой горной гряды.

Старенький и явно видавший лучшие времена бэтээр двигался не особо быстро, и было время осмотреться по сторонам. Пейзажи, простиравшиеся вокруг, напоминали Мартину далекое детство в Узбекистане с такими же пустынными просторами и голубыми очертаниями далеких гор. Вот только в детстве не было блокпостов вдоль дороги и торчащих из укрепленных позиций стволов пушек и крупнокалиберных пулеметов.

Вдоль прифронтовой дороги, повторяя искривления асфальтового полотна, лежал трубопровод, попалось и несколько насосных станций — вокруг простирались нефтеносные районы, за контроль над которыми уже не первый год шли кровопролитные бои. Мартин в который раз задумался о том, что именно нефть является одной из главных причин бесконечно тянущейся войны в этом уголке земного шара. Нефть, а точнее, деньги, которые она дает, притягивают сюда всех, от мелких авантюристов и бизнесменов средней руки до мировых держав, прикрывающих свои цели лозунгами о защите демократии и о суверенном праве государств самим определять свою судьбу.

Всем нужны деньги, без них никуда — с этим не поспоришь. Но кому-то они необходимы для того, чтобы построить дом и, наслаждаясь любовью жены, вырастить и воспитать детей, находя смысл жизни в созидании. А кто-то стремится с их помощью приобрести власть и возможность упиваться неограниченной роскошью, удовлетворяя свои самые низменные страсти. Одни зарабатывают деньги в поте лица или рискуя своей жизнью, а другие, используя их, «творят историю», сидя в безопасности в комфортабельных кабинетах. Так уж устроен этот мир.

На место прибыли примерно через сорок минут от начала движения и, укрыв машины от возможного обстрела — до передовых позиций духов было не больше четырех километров, – пошли по заданному маршруту. Расстановка простая: саперы работают приборами, разведчики наблюдают по сторонам, защищая от возможного нападения – духи могли обстрелять из гаубиц или минометов, могли и вылазку совершить.

Сплошной линии обороны здесь не было, разведчики, по мере медленного продвижения вперед за саперами, всматривались в даль и изучали незнакомую местность. Дошли до перекрестка дорог, дальше начиналась полоса отчуждения, дорогу примерно метрах в пятистах от места нахождения группы преграждал вал, за ним – позиции духов. Здесь разведчики остановились и, связавшись с командованием, стали ждать указаний. В этот момент к старшему саперу подошел один из его спецов, раскрыл ладонь и продемонстрировал свою находку.

Миноискатель просигналил, отреагировав на маленький плоский правильной круглой формы предмет. Приглядевшись к этому кругляшу, присутствующие в изумлении выдохнули: «Вот это да». Если бы сейчас на ладони у сапера лежала старинная монета какой-нибудь канувшей в Лету цивилизации, реакция была бы более спокойной и не такой выразительной. Но это была десятикопеечная монета СССР пятьдесят седьмого года выпуска, утерянная, возможно, каким-нибудь военным советником или гражданским специалистом, работавшими в те давние времена в Сирии. Теперь, уже в следующем веке, она найдена русским солдатом удачи. Видно, этой монетке все же суждено вернуться на родину.

Находка долгое время переходила из рук в руки. Парни смотрели на нее такими глазами, словно встретили старого доброго приятеля, которого не видели много лет. Монетка как будто передавала привет от тех, кто был здесь раньше – от отцов и дедов. От нее, казалось, исходило свечение, вызывающее улыбку на небритых лицах наемников. Да, деньги – монстр, пожирающий душу, но иногда все-таки они способны эту душу согреть.

По рации пришел приказ возвращаться, и легионеры быстро свернулись и той же дорогой поехали обратно.

Оказавшись на базе, Мартин сразу заметил странное состояние подавленности и злости, охватившее всех наемников. Причиной тому был российский самолет, наш отважный «ястребок», который, спикировав, сбросил на позиции легионеров авиабомбу и, как это обычно и происходит по закону подлости, довольно точно. Развернувшись, самолет снова пошел в атаку. Приданный наемникам авиакорректировщик, пытаясь выйти на связь с бортом, не смог его отвернуть и при разрыве мощной бомбы погиб вместе с еще несколькими легионерами, тел которых впоследствии даже не смогли обнаружить. Раненых с оторванными конечностями и разорванными внутренностями поспешно вывозили целой колонной машин, стремясь спасти хоть кого-то. Обуреваемые желанием разорвать летчика в клочки, легионеры в ярости бросились на ближайшую авиабазу Тифор, где располагался российский авиационный контингент. Летчики Тифора сразу открестились от своего коллеги, назвав возможным пунктом его прописки основную базу в Хмеймиме. Командование группировки спрятало раздолбая-пилота от греха подальше, воспользовавшись удаленностью от места происшествия и задействованностью наемников в операциях по освобождению Пальмиры, так что тот так и остался безнаказанным. Наверное, сейчас где-нибудь в России рассказывает о своих геройствах в небе над Сирией.

Глава 17

Проигранный бой

Захватив в ходе боев весной две тысячи пятнадцатого года большую часть территории провинции Хомс и объявив ее собственностью своего государства, ИГИЛ[20], используя расположенную рядом обширную горную гряду, создало вокруг Пальмиры мощную сеть укреплений, минных полей и наезженных дорог, надежно отгородившись от всех возможных попыток со стороны сирийской власти вернуть потерянные земли.

Сверху была спущена задача совершить прорыв через оборону духов с последующим глубоким охватом их позиций и выходом на дорогу к Дейр-эз-Зору. Роты легионеров выдвинулись на исходный рубеж и замерли в готовности перейти черту укреплений сирийской армии и пойти на врага. Передняя линия садыков проходила по естественной границе возвышенностей. В тылу опорного пункта находилась покинутая разработчиками каменоломня, загроможденная глыбами скальной породы.

Игиловцы подготовились к атаке со стороны правительственных войск заблаговременно, и дело было здесь не в утечке информации – с горной гряды все перемещения по прилегающей равнине просматривались как на ладони, движение машин по пустынному грунту четко обозначалось облаками густой пыли.

---

[20] ИГИЛ, ИГ (Исламское государство Ирака и Леванта, Исламское государство) – организация, признанная в соответствии с законодательством Российской Федерации террористической.

После короткой артиллерийской подготовки первыми в атаку пошли союзники, но, достигнув отрогов невысоких гор, попали под пулеметный огонь и, оставив несколько неподвижных тел на камнях, откатились. Артобстрел укреплений противника возобновился, и через некоторое время попробовала двинуться вперед группа легионеров, но и их остановил плотный огонь и разрывы снарядов на линии наступающих – теперь к пулеметной стрекотне прибавилось мощное рыканье зенитной установки. Вызванная на помощь штурмовая «сушка»[21] произвела бомбометание точно в указанное место, но все повторилось. Крупнокалиберные пулеметы и зенитки духов били, казалось, из ниоткуда. Обнаружить и подавить вражеские огневые позиции, подготовленные опытными инженерами, было крайне сложно.

Современными средствами разведки, которые позволили бы досконально разобраться в обороне духов, легионеры не обладали. На вооружении российского контингента в Сирии такая аппаратура, конечно же, была, но ее в операциях практически не использовали, поскольку в армии есть дурная привычка – над новым дорогим оборудованием трястись и сдувать с него пылинки: не дай бог ненароком сломаешь или в бою потеряешь, потом начальство живьем шкуру снимет. Испокон веков для генералов на Руси солдатская жизнь, в сравнении с дорогостоящей техникой, гроша ломаного не стоит: за технику отчет держать надо, а люди что – их бабы всегда нарожают.

С самого начала дня Мартина не покидало ощущение какой-то тревоги. Из-за чрезмерной спешки и суеты он елс поспевал за перемещениями командира роты, к которой прикрепили его группу разведчиков. Приходилось всякий раз напоминать о себе, но ротному, занятому организацией боя и, к слову сказать, узнавшему о приданных ему развед-

---

21 «Сушка» – самолеты марки «Су», в Сирии использовались самолеты-истребители (Су-30СМ), фронтовые бомбардировщики (Су-24М и Су-34) и штурмовики (Су-25СМ).

чиках в самый последний момент перед выходом на исходную позицию, было явно не до него.

У командира штурмовиков была своя отработанная схема действий, в которую разведчики совершенно не вписывались, и необходимость искать решение, в каком месте боевого порядка и на каком этапе их использовать, была для него только лишней головной болью. Дополнительная дюжина бойцов, имеющая при себе только легкое стрелковое вооружение и заточенная на выполнение совершенно других задач, вряд ли могла серьезно усилить штурмовую роту. «Пойдете во втором эшелоне», — в конечном итоге определился ротный и ушел к своим. Неожиданно усилил общую нервозность и Герасим, в чьем взводе на этот раз находился Мартин, — его возмутило, что разведчиков в очередной раз используют не по прямому назначению и что им приходится заниматься явно не своим делом. Мартин прекрасно сознавал правоту доводов Герасима. Действительно, обязанности разведчиков — выявлять цели и маршруты, и работа во втором эшелоне в чужой роте могла вызвать массу проблем при совместных действиях. Но Мартин также понимал, что споры со старшим командиром в преддверии атаки вряд ли будут конструктивными. Тот в запале мог обвинить разведчиков в уклонении от боя. «Будем по ходу подстраиваться под коллег, где как усиление сработаем, где как наблюдатели. В общем, задача поставлена, надо выполнять», — закончил разговор Мартин.

Настроение было отвратительным. По всему выходило, что намечался штурм игиловских позиций, расположения которых были абсолютно неизвестны, к тому же подниматься предстояло по голым скалам, не имеющим никаких складок для укрытия.

Откуда-то не переставая бил духовский пулемет, словно издеваясь. Всякий раз после взрыва авиабомбы или артобстрела он снова и снова принимался методично обрабатывать позиции союзников.

После безуспешных попыток уничтожить пулемет с воздуха и артиллерией сирийцы выгнали из укрытия танк, который начал расстреливать по порядку все близлежащие вершины, поднимая столб пыли и оглушая грохотом выстрела всех, кто был рядом. Но стреляли наугад, интуитивно пытаясь определить позицию пулеметчика, и это выглядело скорее актом отчаяния, чем продуманным шагом: надежды на удачный выстрел были ничтожны, да и танк могли потерять – духам ничего не стоило поджечь его из ПТУР.

Макс приготовил квадрокоптер. Командир роты штурмовиков, узнав о наличии винтокрылого аппарата, сильно удивился: принимая под свое командование группу Мартина, он даже не удосужился поинтересоваться, чем она располагает. Данные, просмотренные с флешки возвратившейся «стрекозы», еще сильнее заставили задуматься. На экране ноутбука четко вырисовывались оборудованные позиции как для отдельных стрелков, так и для разнообразной техники, соединенные между собой переходами. По траншеям перемещались темные фигурки. Позиции для техники могли быть в любую минуту заняты спрятанными где-то в горах пикапами с пулеметами или даже танками. Никто определенно не мог сказать, каким количеством боевых машин обладает ИГИЛ на этом участке фронта. Оборона духов была подготовлена добросовестно, и штурмовать этот участок вот так, с наскока, представлялось делом неразумным и поспешным.

Пытаясь разобраться в сложившихся условиях, легионеры совсем упустили из виду, что духи тоже наблюдают за ними и ждут момента для нанесения ответного удара.

Первый взрыв прогремел прямо перед бруствером, за которым скопились изготовившиеся к атаке наемники. Второй – далеко за их спиной, все последующие – точно в цель, в самую гущу штурмовиков. Все сразу пришло в движение. Те, кто был недалеко от места падения мин и сохранил способность к действию, перемещали и загружали в подскочившие машины раненых и убитых, перевязывая на ходу тех, кто еще дышал. Остальным была дана команда срочно отойти в каменоломни под защиту больших гранитных блоков.

В момент разрыва вражеского снаряда Мартин находился на гребне защитного вала, изучая в бинокль местность впереди. Почувствовав, как по его каске ударилось что-то твердое и тяжелое, оглушенный, он съехал по склону вниз, где, пытаясь побороть тошноту и слабость во всем теле, привалился к кладке из камней рядом с блиндажом союзников. Некоторое время Мартин наблюдал за происходящим словно со стороны, с трудом приходя в себя. Подбежавший Макс дал ему вдохнуть нашатыря, после чего Мартин почувствовал некоторое прояснение сознания, способность собраться и действовать. Он отдал приказ всей группе отступить в более безопасное от обстрела место. Но, как только начали движение, разорвалась еще одна мина. Через мгновение в эфире прозвучало сообщение о ранении трех разведчиков – к большому облегчению Мартина, достаточно легком.

Окончательно выходя из ступора, Мартин вызвал свой пикап для эвакуации. Обстрел продолжался, духи били из всего имевшегося у них под рукой тяжелого вооружения. Вслед за разрывами артиллерийских снарядов и мин со зловещим шипением реактивного маршевого двигателя пролетели выстрелы от СПГ-9. «Сапог» – это не дальнобойная артиллерия и не миномет, который можно запрятать для стрельбы навесной траекторией, позиции гранатометов были где-то рядом, но и их обнаружить не удалось. «Эх, облажались по всем статьям», – с горечью подумал Мартин.

Не было ни должной разведки, ни четкого плана действий, была скученность людей на передке, вот и получили тот результат, который заслуживали. Приходилось это признать, каким бы обидным ни было поражение. Первый раунд сражения за Пальмиру остался за игиловцами.

Глава 18

На подступах к Пальмире

Бои на подступах к Пальмире были ожесточенные, игиловцы мертвой хваткой цеплялись за каждую высоту, не желая так просто отступать под натиском легионеров. Боевики ИГИЛ[22] – это вам не армия Сирии, и не ее оппонент ССА, и даже не ан-Нусра[23], это сильный, высокоорганизованный, дисциплинированный и хорошо вооруженный враг, безжалостный до садизма, готовый не считаться с собственной смертью. Идеи о мировом джихаде и всемирном халифате привлекали к нему изрядное количество людей, и все они, согласно проповедям идеологов ИГ, должны были не задумываясь убивать неверных и быть готовыми умереть сами. Они не упорствовали в наступлении, но атаковали дерзко и отчаянно, запуская вперед шахидов. Они не оборонялись до последнего патрона и легко откатывались, но в любой момент нужно было ждать контратаки сразу с нескольких направлений.

Долгое стояние на исходном рубеже под палящими лучами солнца грозило свести на нет всю решимость легионеров штурмовать укреп духов. Конец всем рассуждениям о том, когда же выступать и с какого рубежа, положил кате-

---

[22] ИГИЛ, ИГ (Исламское государство Ирака и Леванта, Исламское государство) – организация, признанная в соответствии с законодательством Российской Федерации террористической.

[23] ан-Нусра – организация, признанная в соответствии с законодательством Российской Федерации террористической.

горичный приказ Ванера незамедлительно начать наступление с двух сторон: справа рота Ратника и разведчики, слева – рота Николы.

Ратник, как обычно в подобных ситуациях, воспринял приказ как данность и, собрав всех своих командиров, объяснил им доступным языком, что делать. Командиры выслушали его молча, осмысляя план предстоящего боя и порядок собственных действий.

Черный и Зет приготовились к поочередному выходу на позиции, собираясь пушкой бэтээра и зушкой, закрепленной на кузове старенького ГАЗа, сменяя друг друга, давить на психику засевшим на вершинах духам. Штурмовики и разведчики быстро определились в построении колонн для восхождения на хребет и по сигналу Ратника приступили к выдвижению. Выпущенные батареей Бритого мины накрыли разрывами скальные выступы на высотках по правую сторону от двинувшихся подразделений, отгоняя засевших за ними духов на обратную сторону хребта и пресекая их попытки атаковать легионеров с фланга. Солдаты удачи изготовились к предстоящему бою, кто-то перекрестился, кто-то обратился с молитвой к Аллаху, а кто-то и просто выматерился в адрес врага – все разные, сейчас они были одним целым, единой сплоченной общностью собратьев.

Выдвижение к подножию хребта заняло не больше получаса, и сразу без передышки – вверх по скатам горной гряды к месту, где засел враг. Сама вершина, к которой рвались наемники, время от времени покрывалась разрывами снарядов автоматических пушек: Черный и Зет хорошо пристрелялись, загоняя обороняющихся в скальные щели.

Преодолев первый подъем горной гряды, колонна Ратника разделилась: по левую сторону пошли парни из разведки самого Ратника – ими руководил молодой, но успевший набраться опыта в многочисленных военных конфликтах Иностранец, по правую сторону поднималась группа из разведывательной роты, в которой находился и Мартин. Бойцы, тяжело нагруженные боеприпасами и оружием, продвигались медленно, напряженно всматриваясь в каменистые выступы, ожидая в любой момент наткнуться на бородатых или нарваться на минные заграждения.

Восхождение давалось тяжело, дыхание сбивалось от необходимости перемещаться рывками и осознания опасности получить пулю или наступить на хорошо замаскированный смертоносный заряд. Страх – это естественное человеческое проявление инстинкта самосохранения. Никто не хочет оказаться убитым или стать калекой. В бой идут с надеждой обмануть смерть и избежать страдания от боли. Страх добавляет нагрузки, навязывает мысль прижаться к земле, спрятаться в расщелине и не двигаться. Но необходимость выполнить поставленную задачу заставляет преодолеть себя и дойти до вершины, взять этот ебаный укреп, убить тех, кто его обороняет, и остаться в живых самому.

На полпути возникла небольшая задержка – пришлось дожидаться отставших. Перед дальнейшим движением решили скинуть тяжелые бронежилеты – для завершающего рывка это слишком большая ноша. Мартин, посовещавшись с Герасимом, командиром одного из своих взводов, решил здесь же оставить пулеметчика и гранатометчика. С этого места уже можно было прикрывать дальнейшее восхождение, до позиций врага всего метров четыреста, не больше, да и нет никакого смысла им тащить свое габаритное вооружение до укреплений игиловцев – пусть прицельно давят огнем отсюда.

Продолжая движение после остановки, Мартин, подгоняя своих парней, столкнулся с неожиданной ситуацией: его непосредственный заместитель Залив, здоровенный детина, тяжело дышащий от натуги, на приказ Мартина «двигаться вперед» вдруг буркнул: «Ну иди». Но отрезвление пришло быстро. Получив от Мартина короткий, но весомый ответ на свой непроизвольно вырвавшийся негромкий выпад, Залив сразу встал и продолжил восхождение. Усталость берет свое, от нее и нервные срывы; парни утомлены, третий месяц командировки на войне. Этот инцидент не добавил сочувствия ни к себе, ни к остальным штурмующим, а только подстегнул, заставляя идти вперед на сближение с врагом. Мартин, еще раз поторопив всех остальных, полез вверх – до вершины горы оставалось совсем ничего.

По мере того как сокращается расстояние между тобой и тем, кто желает твоей смерти, обостряются все чувства, глаза напряженно выискивают врага, а мозг мгновенно реагирует на увиденное. При этом страх прячется в самые потаенные уголки подсознания. Твое тело подстегивает мысль о предстоящем столкновении лоб в лоб, когда противник лишается преимущества безопасной дистанции, с которой имеет возможность беспрепятственно расстреливать тебя из-за укрытия. И понимая это, ты рвешься вперед, подобно тому как хищник, напрягая все мышцы, завершающим броском рвется к цели. В том состоянии, в котором пребывает человеческая психика во время штурма вражеских укреплений, даже завывание пуль над головой и каменные брызги рикошета у ног уже не пугают и не вынуждают отступить, скатившись вниз под защиту укрытия.

Тем временем штурм достиг решающей фазы: группа Иностранца и разведчики Мартина, добравшись до вершины, сковали духов, которые укрылись за подготовленными в скалах позициями. Артиллерия прекратила свою работу: наемники подошли близко к укреплениям врага и была опасность задеть своих. Иностранцу было тяжелее всех, он вышел на укрепления игиловцев с фронта и теперь, укрываясь за незначительными и неспособными защитить выступами в скале, отстреливался от засевших выше духов. Не все бойцы отряда Мартина, начавшие восхождение, достигли вершины, но он знал, что это не следствие потерь – просто люди вымотались и подтягиваются медленно. Хотя такая ситуация, безусловно, злила. Необходимо было усилить натиск и создать нужную плотность огня. Но сделать это было некем – сейчас с ним было только трое бойцов и медик Андрюха, который с самого начала рвался вперед, так что Мартину даже приходилось криком сдерживать его порывы.

Выйдя на простреливаемый пологий участок перед скальными выступами, Мартин добежал до ближайшего из них и, распластавшись на земле за крупным валуном, осмотрелся. Парни разместились чуть левее, камень же, за которым укрылся Мартин, был крайний в гряде – правее оставались только голые скаты высоты. Решив разобраться в ситуации до подхода остальных, Мартин осторожно выглянул из-за валуна, пытаясь определить, где именно засели духи и каково расстояние до них. Взгляд поверх выставленного в сторону врага автомата пробежался вдоль по ближайшей каменной кладке и далее. Разведчики вышли на духов справа, и с места Мартина даже просматривалась часть внутренних коммуникаций игиловских укреплений. Взор уловил движение одетого в пустынный камуфляж врага, сливающегося с фоном скальных отложений. Палец сразу надавил на спуск – выстрел, и серия в ту же точку. Как только Мартин снова укрылся за камнем, пули, брызгая каменной крошкой, врезались сантиметрах в двадцати от левой ступни. Ноги сами подтянулись к телу; стреляли с фланга – ствол туда и ответная серия выстрелов. Остальные также стреляли или на замеченное движение, или по наитию определяя направление, откуда прилетали пули, выпущенные врагом.

Недалеко от камня, за которым укрылся Мартин, на позициях духов, взвизгнув на излете падения, разорвалась мина, и буквально через пару секунд еще одна. Свои уже вряд ли могли обстреливать вершину – видимо, это духи пытались попасть по атакующим. Справа от Мартина, рухнув плашмя после короткой перебежки и сразу же приладив к плечу приклад автомата, вступил в перестрелку Ежик. В глазах сосредоточенный азарт, он даже не пытался найти укрытие и, лежа на ровной поверхности каменного плато, слегка перемещая свой корпус, выцеливал врага.

Мартин, подивившись бесшабашности бойца из пополнения, оглянулся на своих парней: «Вроде бы все целы». Этот вывод придал мыслям необходимое спокойствие.

«Теперь духи обречены, сейчас их подожмет отряд слева, и они потекут».

Тем временем разведчики Мартина, достигнув вершины и отдышавшись, распределились по линии соприкосновения с врагом и начали дружно обрабатывать позиции исламистов, стреляя короткими очередями по замеченным огневым точкам. Легионеры методично давили огнем обороняющихся, загоняя их за уступы укреплений. Всякая попытка духов появиться из-за укрытия для ответной стрельбы сразу же пресекалась плотным огнем нескольких стрелков. Игиловцы теряли инициативу: русские подошли слишком близко, и кинжальный огонь легионеров не позволял им в полной мере воспользоваться преимуществами обороняющихся. Чуть левее Иностранец, все еще находясь под постоянным обстрелом, также постепенно подтягивал своих. Его парни, приспособившись к ситуации, усилили натиск, прессуя противника огнем из автоматов и подствольных гранатометов.

Духи были прижаты к земле, теперь можно было подойти к ним еще ближе — на расстояние броска гранаты. Но тут внимание привлек подъезжающий к обратным скатам хребта игиловский пикап: по-видимому, духи эвакуировали раненых или доставляли подкрепление. Герасим тут же подвинул пулеметчика и сам выпустил несколько коротких очередей из «Печенега». Несмотря на значительное расстояние, Герасим бил качественно, это можно было понять по фонтанчикам песка, которые поднялись вблизи внедорожника. Те, кто был в автомобиле, вдарили по тормозам и спешно покинули салон.

Тем временем левая колонна штурмующих, группа из роты Николы, вышла на вершину, и теперь духи, зажатые с трех сторон легионерами, лишившись возможности отсидеться на неприступной до сих пор вершине, побежали.

«Вот он, момент истины», — удовлетворенно произнес про себя Мартин. С его места было хорошо видно, как бородатые поспешно покидали свои позиции, бросая оружие и снаряжение и пытаясь налегке удалиться как можно дальше на безопасное расстояние, недосягаемое для русских пуль. Но как только появлялись на открытом пространстве, сразу же попадали под огонь разведчиков. Расстояние было велико, но солдаты удачи, хоть и вымотанные подъемом в гору и боем, били точно и безжалостно. Духи как будто намеренно давали возможность осуществить акт мести, выбегая на открытое пространство по одному через короткие интервалы. Одиночные фигуры, попадая под прицельный огонь, падали, потом по инерции ползли какое-то время, надеясь на спасение; когда предыдущий замирал, появлялся следующий, и все повторялось.

Ситуация поменялась, и теперь уже легионеры, находящиеся в безопасных укрытиях, превратились в охотников, которые с азартом, не знающим пощады к жертве, расстреливали фигурки, устремившиеся в сторону противоположной горной гряды. То обстоятельство, что боевики были уже без оружия, никого не останавливало. Это была компенсация за то нервное напряжение, которое скопилось у солдат удачи за время столь долгого штурма.

Бой закончился. Еще не до конца пришедшие в себя, небритые и уставшие легионеры бродили по позициям – собирали трофейное оружие и обыскивали трупы духов в поисках документов и электронных носителей, матеря уже начинавших к тому времени коченеть защитников Исламского государства за пустые карманы. Одновременно началась подготовка позиций для обороны на случай контратаки.

Мартин стоял у каменной шапки на вершине и смотрел вниз на прилегающую к хребту пустыню, отмечая про себя, что все углубления и каналы, которые при выдвижении к вершине казались легионерам укрытием, с этого места почти сливались со всей остальной равниной. «На самом деле с этого места просматривается все. Если бы не давили огнем пушек, нас бы духи постреляли. Факт», – оформилась мысль в уставшем после бессонной ночи и тяжелого дня сознании.

С высоты хребта вся прилегающая пустыня и подступающие к гряде высоты приобретали совершено сюрреалистический вид. Возможно, такое впечатление складывалось под влиянием физического переутомления и пережитого чувства опасности. Все окружающее выглядело как какой-то фантастический пейзаж, и даже передвигающаяся техника походила на прокладывающих себе путь причудливых существ.

«Устал, сильно устал. Колено ноет. Хоть с полчаса бы отдохнуть и полежать, закрыв глаза», – думал Мартин, но надо было работать.

Даже присутствие опытного и действительно грамотного Герасима не давало ему права полностью отстраниться от управления. «Сука! Как же я устал! Эта страна вымотала меня!»

Усталость от боевой работы не являлась основной причиной угнетенного состояния. Впрочем, так же как и разбирательства с подчиненными, которые иногда доходили в своих претензиях друг к другу и к командирам до необъяснимого упрямства капризных детей, как и придирки начальников, которые почему-то вдруг сами перестали понимать, зачем создали в бригаде наемников разведывательную роту, и не могли определиться, каким образом применять ее. Самым главным истощающим душевные силы фактором было осознание того, что он и его товарищами воевали в этой стране за продажную власть, которую ненавидели собственные граждане, за народ, потерявший право на суверенитет, и помогали армии, которая ни на что не была способна. Мартин не был и уже никогда не сможет стать человеком, для которого война – не более чем работа и который не заморачивается, на чьей стороне он воюет и какие ценности отстаивает. Ему важна сопричастность делу, созидающему великое, а не защищающему гнусное и гнилое. Необходимость помогать одним негодяям давить других, пусть еще более жестоких и бесчеловечных, чем первые, не устраивала и тяготила его. Но все это лирика, война продолжается.

Пока разведчики обустраивали позиции для прикрытия со стороны возможного подхода противника, Мартин, чтобы как-то отвлечься, бродил по отвоеванным укреплениям, представлявшим собой природный скальный нарост с выдолбленными врезами. Все ниши и норы, проделанные в горной породе, были на момент осмотра заполнены трупами духов: кто-то погиб еще при обстреле, кого-то забросали гранатами. За первой линией укреплений, на обратных скатах высоты – в нишах и на узких площадках-террасах, также везде были разбросаны трупы, множество стреляных гильз, оружие и предметы снаряжения. Мартин спустился на десяток метров по склону и остановился у трупа бородача, умершего, очевидно, совсем недавно от полученного ранения. Снаряжения на еще не окоченевшем теле не было, тот просто лежал ровно на верблюжьем одеяле, даже сложно было определить, от чего умер, не было видимых следов поражения. Осмотрев труп, Мартин повернулся и только теперь заметил горку новеньких, присыпанных раскрошенной горной породой рюкзаков, которые лежали под каменным козырьком, не видимым с позиций. Рядом с рюкзаками, приставленными к вертикальной каменой стене скалы, мирно покоились автомат и гранатомет. Мартин выбрал из стопки один рюкзак, в котором оказался новенький, еще в целлофане, комплект формы игиловца. «Хоть и дерьмовый китайский, но на время сойдет, – перед восхождением Мартин случайно разорвал свой. – К тому же еще и с сувениром на память», – подвел он про себя итог прогулки и, выполнив просьбу подошедшего бойца из роты Николы передать ему другой рюкзак из той же горки, стал подниматься к своим. Духовский автомат прихватил с собой, он был исправный, и к нему магазинов с патронами пять штук – могут пригодиться. На позициях духов, примерно в километре-двух, куда еще предстояло дойти на следующий день, ожил крупнокалиберный пулемет – пора в укрытие: даже на таком расстоянии выпущенная из него пуля могла запросто убить.

На месте расположения разведчиков Мартина поджидал Герасим.

— Алтай с Варягом спустились вниз, туда, где мы валили тех, кто отбегал от укрепа. Один живой, говорят, но тяжелый. Есть смысл тащить его сюда? — Герасим, задавая вопрос, с интересом осматривал принесенный Мартином автомат.

— А смысл? Все равно загнется, — ответил Мартин просто, без лишних моральных сентенций. Оказать должную помощь на высоте раненому духу не было возможности, отправлять вниз не с кем, все вымотались и даже толком не получили отдыха, готовясь к отражению контратаки. Герасим кивнул в знак понимания и передал по рации:

— Алтай. Оставляй духа на месте.

Примерно через минуту из низины донесся звук выстрела, далекий и еле слышный, — акт проявления гуманности от наемника по отношению к врагу. Алтай и Варяг вскоре поднялись на верхнее плато, и, как оказалось, к величайшему удовольствию всех разведчиков, не с пустыми руками. Внизу у духов оказался схрон с продовольствием, и парни принесли по стопке пластиковых контейнеров с турецкими голубцами. Среди находящихся на высоте не было брезгливых и особо чувствительных, были только голодные и уставшие. Духи не стали бы отравлять еду в собственном схроне, они не собирались сдавать позиции, появление русских для них оказалось совершенно неожиданным. Вскоре на высоту поднялась и группа материального обеспечения с водой, продовольствием и боеприпасами.

Ратник по радиостанции вызывал к себе на совещание, там уже находился и поднявшийся к захваченному укреп-району Вагнер. Штурм высоты был лишь начальным этапом большой операции, впереди еще ждала вторая гряда, а дальше — Пальмира как главный приз. Враг не разбит, он еще полон сил и способности воевать. Внизу, на месте, где скопилась техника легионеров, густым облаком обозначился разрыв снаряда и через короткий промежуток – другой. Машины сразу же пришли в движение и, оставляя за собой буруны пыли, устремились подальше в сторону тыла, на недосягаемое для артиллерии врага расстояние.

«Надо идти, – сказал себе Мартин. – Работа продолжается».

Глава 19

Мы сделали это!

Ночевали на одной из высот хребта, простирающегося на десятки километров к северу от Пальмиры. Сразу после захода солнца поднялся ураганный ветер, сдвигающий с места даже довольно увесистые рюкзаки и предметы снаряжения. Находиться на открытой скальной вершине под пронизывающим ветром без палатки с печкой для обогрева — это значит мучительно ожидать рассвета, каждой клеточкой тела ощущая ледяной холод. Оставалось только лежать, укрывшись с головой теплой курткой, и время от времени выбираться из-под нее, чтобы разогнать кровь энергичными разогревающими движениями.

Собрав накануне командиров обеих штурмовых рот и группы разведчиков, взобравшихся с боем на хребет, Вагнер после недолгого совещания определил дальнейшую задачу: «Перерезаем хребет и выходим на обратную сторону, с тем чтобы обеспечить наступление на Пальмиру». Идея подобного броска была понятна, но тревожило то обстоятельство, что на уже отбитых у духов высотах оставить было некого, в противном случае пришлось бы растягивать боевые порядки.

Для того чтобы без риска продвигаться дальше и оседлать вторую гряду хребта с выходом на дорогу на Дамаск, нужен был надежный тыл за спиной, готовый отразить любую контратаку игиловцев.

Теплилась надежда на помощь садыков, и Ратник был готов даже оставить с ними несколько расчетов тяжелого оружия. Но поднявшийся на вершину вместе со своими командирами отряд союзников порядка двухсот человек, вместо того чтобы занимать позиции, с азартом начал делать селфи на фоне мертвых игиловцев и позировать перед камерами репортеров, к изумлению опешивших от такой наглости русских легионеров. Сирийцы не просто фотографировались у тел врага – они набросились на окоченевшие трупы, пиная их ногами и кромсая штык-ножами. Накинув петлю на шею одного из мертвых духов, они вытащили тело на камень с явно выраженным намерением отрезать трупу голову. Бесчинства обезумевших сирипутов быстро опротивели легионерам, и они, не долго думая, отогнали их от тел игиловцев. Обиженные союзники спустились обратно в сторону тыла, даже не думая занимать позиции, отвоеванные для них русскими.

Пришлось приспосабливаться к ситуации и усиливать оборону опорного пункта взводом из состава штурмовиков. Ждать, пока садыки одумаются, не позволяло время: необходимо было как можно быстрее захватить хребет, развивая достигнутый результат.

И вот наступило утро, ночной ураганный ветер стих, и солнце осветило долину, разделяющую две гряды. Сборы были недолгими; перекусив консервами из пайка, навьючив поклажу, солдаты удачи, уточнив направление дальнейшего маршрута, стали спускаться в долину. Две колонны, сойдясь в одну, вскоре подошли к подножию второй линии неразведанных и толком не просматриваемых с исходной точки скал. Сделали привал. Сидели недолго, перекуривая и обмениваясь ничего не значащими фразами, пытаясь не думать о том, что их ждет дальше, когда они начнут подъем вверх по излучине между скал. Ратник еще раз напомнил о порядке движения. Всех охватило напряжение от предстоящего подъема, но надо идти вперед: никто за них эту работу не сделает.

Уже не в первый раз в этой войне повторялась одна и та же ситуация: сирийские союзники в лучшем случае могли указать направление, где находился враг, и этим их активность ограничивалась. Провести разведку собственными силами и собрать сведения о противнике у русских не было ни времени, ни возможности. Но есть соглашение, и наемники обязаны его выполнять. Легионеры встали и пошли. Впереди разведка, за ними штурмовики – все, как и положено.

Подъем длился недолго; сбросив у подножия гор рюкзаки, разведчики тремя колоннами, охватывая скаты высот и излучину, взобрались на вершину, не встретив сопротивления. На обратной стороне хребта перед ними раскинулась уходящая за горизонт пустыня и пересекающая ее дорожная магистраль, четко выделяющаяся на фоне безжизненного пейзажа. С левой стороны, в дымке, просматривались сады пригорода Пальмиры. Около полусотни бойцов, подготавливая места под позиции, любовались видом раскинувшегося перед ними необъятного пространства. Мадрид сразу же установил координаты местонахождения и вышел на связь с артиллерией легиона. Долина была перед ним как на ладони, и у артиллерии наемников теперь были глаза на другой стороне хребта. Севернее на высоте, замыкающей горную цепь, уже рвались снаряды, покрывая высоты шапками разрывов и пыли. В воздухе закружили карусель вертолеты со звездами на бортах, расстреливая ракетами позиции духов.

На штурм последнего оплота ИГИЛ[24] на пути к Пальмире пошли бойцы Якута, прикрытые с фланга штурмовиками Ратника и разведчиками, перерезавшими все пути подхода резерва духов по горному массиву. Игиловцам, залегшим за своими скальными укреплениями, уже было не устоять перед мощным напором русских легионеров.

Всем стало ясно, что Пальмира будет наша, мы возьмем

---

[24] ИГИЛ, ИГ (Исламское государство Ирака и Леванта, Исламское государство) – организация, признанная в соответствии с законодательством Российской Федерации террористической.

ее! Солдаты удачи все-таки сделали это! Целый год сирийская армия с танками, авиацией и артиллерией не могла продвинуться ни на метр и покорить этот хребет, а русские наемники Вагнера, за два дня без потерь взяв штурмом укрепление на первой гряде и поднявшись на вторую, вышли на другую сторону. Легионеры честно выполнили свою работу и заслужили деньги, которые им платят.

Глава 20

Ранение

На войне все самое плохое случается в тот самый момент, когда кажется, что противник уже повержен и победа не за горами. Подсознание шепчет: «Расслабься, все хорошо, врага рядом нет, можно чуть отступить от правил войны и сделать себе послабление». И когда ты поддаешься этому состоянию, не в силах ему сопротивляться, неминуемо следует наказание.

Разведчики, решив перекрыть минами тропу чуть ниже поста наблюдения, спустились с вершины, на которой они находились, и, перейдя через одну невысокую скальную гряду, двинулись вдоль хребта к следующей. Спуск не был должным образом прикрыт: обзору пулеметчика, который обязан был их страховать, мешали выступы вершины. День был спокойный, снайперы, наблюдавшие окрестные горы, никакого движения вокруг не засекли.

Игиловцы подкрались не замеченные никем и устроили засаду ровно в том месте, к которому подходили легионеры. Появившись внезапно, джихадисты срéзали очередями трех шедших впереди разведчиков и ранили двух замыкающих, которые, отстреливаясь, отползли назад за камни. Духи, поднявшиеся выше к вершине хребта, начали обстрел наблюдательного поста легионеров, прижимая их к камням и не давая возможности вести ответный огонь. Под прикрытием плотного огня игиловцы выскочили на площадку, где лежали трое разведчиков, и, вытянув тела за лямки снаряжения, затащили их на свою сторону.

Мартин утром выехал на Тифор и о начавшемся бое и

о захвате своих бойцов услышал по рации в кабине, возвращаясь на позиции. Выскочив на ходу из КамАЗа, затормозившего рядом с бэтээром тылового прикрытия, и отдав распоряжение выгружавшемуся из грузовика расчету станции ближней разведки, Мартин бросился вверх к базовому лагерю отряда. Там быстро перегрузил магазины с патронами в трофейную разгрузку – своя не застегивалась, липы были забиты пылью, – по ходу проясняя у бойцов происходящее. Надо было спешить: надежда еще есть, хоть и призрачная, но все же. Прошло совсем немного времени, и духи, втянутые в перестрелку, могли не успеть эвакуировать с хребта захваченных ими разведчиков. Бронежилет в сторону, слишком тяжелый для перемещения в горах, каска, где каска, на хуй, гранаты – в узкие карманы вражеского снаряжения. Всё, вперед, к месту боя.

По дороге Мартин столкнулся с группой легионеров, перетаскивающих раненого Герасима: он жив – уже хорошо, хотя ранение, похоже, серьезное. В месте, откуда начали спуск разведчики, Мартин встретил Залива, из его путаного доклада он понял только, что о судьбе захваченных бойцов ничего не известно. Продвинулся дальше на звуки выстрелов. У камней Байкал, вскинув автомат, срезал духовского пулеметчика, махнул рукой Мартину в направлении замеченного им движения слева. Мартин открыл огонь по мелькнувшей тени одиночными, ведя стволом по возможному направлению движения врага. Чуть выше подошел Ратник со своей группой, готовый надавить на игиловцев и не дать им спокойно отступить. Теперь и разведчики могли продвинуться вперед: может, еще можно спасти своих, может, живые.

– Залив и кто с тобой, держите подходы слева! – крикнул Мартин, и вместе с Байкалом, Злым и Скифом, прикрывая друг друга, они стали проходить опасный открытый участок.

Заскочив за каменную кладку, увидели мертвого пулеметчика, срезанного Байкалом; дальше, еще через десяток шагов, автомат духовский и разгрузка – значит, Мартин, стреляя по тени, все-таки попал, и раненый, сбросив с себя все, по-видимому, скатился вниз. Группа двинулась дальше, пытаясь докричаться до плененных товарищей: «Бертолет, Варяг, Алтай!!!» Наперерез движению разведчиков прошла очередь, и пули высекли искры и гранитные крошки в месте, где буквально через пару секунд должны были бы находиться бойцы. «Сука, по звуку шагов стрелял, – подумал Мартин, готовя гранату к броску, – повезло, что неверно определил». Выступ скалы послужил прикрытием от разрыва гранат, брошенных русскими на площадку, где находился духовский стрелок. После взрыва гранаты Мартин выглянул из-за укрытия и послал несколько коротких очередей в место, где, судя по вспышкам пороховых газов, засел игиловец. Туда же полетели еще несколько брошенных другими бойцами гранат.

Далее произошло то, что Мартин позже будет много раз прокручивать у себя в голове и за что он будет себя постоянно ругать и корить, – короткий отрезок времени, буквально секунд десять, когда Мартин замешкался в принятии решения о дальнейших действиях, и последствия этого оказались плачевными. Группа из четырех человек, сгрудившаяся за каменной грядой в ожидании приказа командира, оказалась легкой мишенью для джихадистов.

Взрыва Мартин не слышал и не сразу осознал, что лежит на спине метрах в трех от того места, где только что находился. Все было как в тумане: глаза не давали четкой картинки, и расплывающиеся очертания предметов придавали ощущение нереальности происходящему. Как только глаза сумели сфокусироваться на близлежащем предмете, камне величиной с бычью голову, пришла боль. Боль во всем теле, невозможно было даже пошевельнуться, не причинив себе страдания, нельзя было даже вздохнуть – каждое движение грудной клеткой вызывало новый приступ невыносимой боли. Он не видел никого вокруг себя, только время от времени в оцепеневшее сознание прорывались отдельные восклицания товарищей, находившихся где-то рядом.

Чтобы хоть как-то облегчить мучения, Мартин попытался не шевелиться, от этого стало немного легче, но тут же пришло осознание своей беспомощности. Страх оказаться захваченным в таком состоянии игиловцами был настолько силен, что отодвинул боль на второй план и побудил к действию. Автомат был на месте, удобный тактический ремень обеспечил единство оружия и владельца. С трудом уложив свой АК на живот и направив дуло в просвет между ног, Мартин стал стрелять одиночными в пустоту перед собой, давая понять, что он жив и способен защищаться. Одновременно он дал себе команду: «Ползи назад в направлении, откуда пришел, там остальные, они скоро подойдут, они спасут». Общее состояние не позволяло даже присесть, можно было только ползти на спине, делая неуклюжие движения всем телом. Мысли отсутствовали, была только боль и упорное намерение ползти к своим.

Сколько длилось мучительное движение распластавшегося на спине тела? Наверное, недолго, но Мартину казалось, что он полз целую вечность, и, когда его начали ощупывать и снимать снаряжение, оказывая первую помощь, он представлял собой жалкое, обессилевшее подобие солдата, уже неспособного к сопротивлению. Крики товарищей, пытавшихся добиться от него более четкого восприятия действительности, и укол обезболивающего на какое-то время вернули его в реальность. Над ним стоял Ратник и, выпуская короткие очереди из пулемета, выкрикивал команды тем, кто помогал раненым. Через какое-то время Мартину даже удалось встать, и, хотя боль по-прежнему не отступала, терзая все тело, он, опираясь на плечо Тайги, смог пройти весь путь до базового лагеря. Тайга сдал его медику и поспешил назад – бой продолжался, и он должен был делать свою работу. Андрюха, осмотрев раны, вколол ему еще один укол, сделал перевязку и распорядился срочно доставить раненого в пункт сосредоточения основных сил легионеров. Находившийся рядом тезка и единоверец Мартина подставил свое плечо, и оба двинулись вниз по тропе к ожидавшему транспорту. С первых же шагов боль переместилась в нижнюю часть туловища, как будто пудовая гиря изнутри надавила на все органы в тазу и животе, и стала такой дикой, что не позволяла ни дышать, ни двигаться. Немного было пришедший в себя и воспрянувший духом от осознания того, что его спасли, что он не остался лежать на камнях, что он среди своих, Мартин снова осел, не в состоянии пошевелиться. Прерывисто глотая ртом воздух, он пытался найти в себе силы идти, но не мог. Тезка уговаривал его встать, но, не добившись результата, напрягшись, приподнял его и заставил двигаться. Боль по-прежнему была адская, но надо было идти: там больничка, там врачи, там Наташка! «Да, там Наташка, — резануло сознание, — она ждет, ради нее надо шагать!»

— Иди, там есть тяжелые, им помоги, дальше сам дойду, — задыхаясь, выдавил из себя Мартин: каждое слово вызывало приступ еще большего страдания.

Уже не опираясь на плечо Татарина, сделал шаг в направлении стоявшего у подножия горной гряды бэтээра. «Наташка ждет, я должен дойти, я должен выжить, я сильный, я смогу!»

Глава 21

Кома

Обессиленный и истощенный, Мартин, с трудом переставляя ноги, подходит к небольшому зданию, служащему проходом на территорию, закрытую высоким сплошным ограждением. У входа стоят молчаливые охранники, и, подойдя ближе, Мартин видит, что их облик лишен всяких черт, а вместо лиц – сплошная гладкая поверхность. Охранники делают шаг в сторону и пропускают его. Мгновение спустя он в полном снаряжении сопровождает окруженного стражей предводителя какого-то племени и в составе свиты движется по огромным коридорам, образованным высокими, близко стоящими, имеющими четкие прямоугольные грани скалами, их периметр охвачен рукотворными, на пример древних, колоннами. Неожиданно появляется большой караван, во главе его величественно и беззвучно ступают огромные слоны, украшенные коврами и с резными кабинками на спинах, в которых восседают вождь и его окружение. Мартин идет впереди, внимательно осматривая местность вокруг, готовый в любой момент обернуть вокруг себя кольцом выходящие откуда-то из его поясницы толстые, гибкие, чешуйчатые змееподобные трубы и, укрывшись за ними, вести огонь из мощного автомата. Вот он стоит перед человеком, в котором по каким-то признакам определяет советского генерала, и обращается к нему с вопросом, как он, Мартин, попал сюда и что ему здесь делать. Генерал после короткой паузы отвечает: «Ты попал сюда, потому что умираешь, но тебе здесь не место, прорывайся обратно к своим».

И снова он среди ровных, образующих гигантские коридоры скал, но теперь не в самом караване, а в стороне. Он наблюдает за этим шествием как посторонний, уже без снаряжения и не в состоянии поднять руки и дотянуться до стены, чтобы опереться. Ноги не держат, стоять тяжело. К нему подходят мускулистые, обвешанные оружием, странного вида твари, напоминающие мифических полулюдей-полуживотных, и, по указанию старшего, подхватывают Мартина и несут в неизвестном направлении. Он оказывается в аппарате, передвигающемся с помощью расположенного в корме винта. Аппарат, похожий на катер на воздушной подушке, барражирует вдоль границы расположения войск армии Страны Мертвых. Экипаж катера выискивает нарушителей этих границ. На Мартине тяжелый шлем с передатчиком и прибором дальнего видения, он одновременно пилот и наблюдатель. Он видит передвигающиеся в разных направлениях машины и бронетранспортеры. Техника постоянно меняет свою конфигурацию: если нужно двигаться в обратную сторону, кабина разворачивается на сто восемьдесят градусов и смещается назад. По необходимости у нее появляются то манипуляторы, то еще какое-то непонятно для чего предназначенное оборудование. В кузовах машин сидят существа, похожие на первобытных дикарей, одетые в военные робы и вооруженные автоматами и пулеметами. Перекошенные от злобы лица, крупные руки и ноги, короткие, постоянно сгорбленные массивные тела внушают Мартину чувство отвращения, но не страха. Они исполнены такой дикой, животной злобы, что непрестанно схватываются друг с другом, убивая и калеча себе подобных всеми возможными способами.

Мартину невыносимо все, что происходит вокруг, и это раз за разом подталкивает его к побегу, но дальше границ Страны Мертвых катер не двигается и, каждый раз приближаясь к ней, откатывается назад. Мартину не хватает сил преодолеть гравитацию, возникающую при движении катера, он не в состоянии двигать конечностями и управлять своим телом, голову сдавливает шлем, и каждая его попытка вернуться в тот мир, где Наташка, мать, брат и друзья, пресекается дикой болью.

Он в помещении, где два сильных бородатых солдата армии мертвых укладывают его на металлический пол прямо под открытым квадратным люком и, растянув его руки в разные стороны, привязывают их веревками к скобам в полу. Через люк он видит пролетающий над ним вертолет, который сбрасывает вниз короткие металлические копья, падающие прямо на него. Холодея от ужаса, Мартин пытается переместиться в сторону от проема, но двинуться с места не позволяют петли на руках. В конце концов неимоверным усилием перебросив ноги через голову, он выбирается из зоны поражения. Разъяренные бородачи бросаются к нему, но он уже в другом месте, в лицо ему ударяет яркий свет, на голове снова закрепляют шлем. Не в силах более терпеть невыносимые мучения, он кричит и просит отпустить его. Он не хочет и не способен далее выполнять функции наблюдателя в Стране Мертвых.

Мартин обнаруживает себя на твердом ложе в большом светлом помещении с прозрачным потолком. Рядом такие же лежанки, на них люди, израненные, без рук и ног, стонущие и зовущие на помощь. Стоящий в центре человек в светлой одежде объявляет, что он будет решать, как поступить с каждым, кто здесь лежит, и все должны слушаться его указаний. Затем он добавляет, что здесь находятся только живые — мертвым запрещено входить сюда, да они и не могут преодолеть мощное защитное поле, которое окружает помещение. Мартин видит, что у входа толпятся полупрозрачные фигуры, похожие на голограммы, они заглядывают внутрь, не в силах войти. Он понимает — это души умерших, которым вскоре снова предстоит обрасти плотью и стать солдатами Страны Мертвых.

По приказу человека в светлом его помощники то и дело подвергают Мартина странным манипуляциям: то начинают бесцеремонно вторгаться в его тело, кромсая внутренности, то вливают в него жидкость небесно-голубого цвета. Порой комната наполняется большим количеством людей в белых одеждах, всем своим видом напоминающих апостолов. Они подходят к каждому, заглядывают ему в лицо и что-то обсуждают. Их лики словно вылеплены из воска, черты неподвижны, шевелятся только губы. В один из своих визитов апостолы объявляют, что ими достигнута договоренность – они не поясняют, с кем именно, – о том, что всех, кто находится в помещении, переправят из Страны Мертвых к живым на Землю. С этого дня обитателей комнаты по одному погружают в капсулы и отправляют за пределы помещения. До Мартина очередь все не доходит, и в какой-то момент он понимает, что и не дойдет – в отношении него апостолы ошиблись. Однажды, открыв глаза после очередного погружения в безвременье, он ощущает необычайную легкость, смерть уже не кажется ему чем-то ужасающим, и он готов спокойно принять выбор Всевышнего. Не надеясь больше увидеть своих родных и близких, он обращается к Всемилостивому только с одной просьбой: не оставить без своей заботы мать, Наташку и дочь. Это его единственная просьба – себя он считает уже мертвым.

В следующий раз, когда он открыл глаза, все вокруг как будто изменилось. Более четкие контуры конструкций, стеклянный потолок над головой, больничные койки рядом и высокий человек с умным взглядом, одетый в белый халат. Он подошел к Мартину, внимательно посмотрел ему в глаза, наклонился к груди, что-то потрогал и сказал: «Завтра уберем трахеостому, и будешь разговаривать». Мартин постепенно выходил из комы – он выжил, граната не убила его, он скоро увидит родных людей и снова встанет на ноги. Впереди его ждали еще два месяца пребывания в госпиталях и две операции. Всю весну Мартин терпел многочисленные перевязки, которые на первых порах были не легче, чем операции, – из мышечной ткани лезли осколки. Кровоточили швы – после произведенных с его телом процедур он был не в состоянии самостоятельно выбраться из коляски и лечь на больничную койку. Но постепенно силы возвращались, мышцы набирали тонус, а рядом всегда была Наташка. Узнав, что Мартин уже неделю находится в России в состоянии комы, она ворвалась в реанимацию и не отходила от него, став при нем неотлучной сиделкой. Кормила, выносила слитую из калоприемника густую жижу, развлекала разговорами и просто сидела рядом, поглаживая тонкую, лишенную мускулатуры руку, когда он впадал в сон. Вскоре прилетела дочь, и, наконец, у них появилась возможность для доверительного и спокойного общения, разрешающего все сложности и неопределенности их взаимоотношений. Дочь толкала его коляску, он рассказывал ей о своих мыслях и переживаниях, потом делали остановку, и она, оправив на нем плед, делилась с ним своими. Жизнь приобретала признаки упорядоченности и определенности.

Через несколько дней после того, как его перевели из реанимации, Мартин позвонил своему ротному по военному училищу. Герой России, человек, который для Мартина был образцом российского офицера, узнав о случившемся, сразу поднял волну участия, оповестив всех его сокурсников, проживающих в Москве. Те не только организовали поочередное посещение больного, но и помогли добыть нужной конструкции калоприемники, тем самым разрешив очень серьезную для него проблему. Заходили в его палату и собратья по легиону, проходившие, как и он, здесь лечение — в госпитале их было много. Приободряли словом, рассказывали свежие анекдоты или делились новостями из легиона. Никто из них не искал утешения и не проклинал судьбу за полученные увечья и истерзанные внутренности. Все понимали, что это негласные условия их соглашения. Когда Мартин уже был в состоянии перемещать свое тело в коляску, наступила его очередь навещать прикованных к койке. Наташка помогла ему подняться на два этажа выше к Мирному, лежащему на растяжке. Это был снайпер, с которым Мартину приходилось часто встречаться и работать вместе и в горах северной Латакии, и в окрестностях Пальмиры.

Мирный потерял ступню, подорвавшись на мине, и теперь дожидался, пока заживут глубокие раны на обеих ногах. Он тоже не плакался, принимая, как и все, ситуацию без надрыва и соплей.

Мартину предстоял еще долгий и сложный путь восстановления, и он готов был терпеливо пройти его до конца, желая и веря, что снова сможет вернуться к работе легионера – да, тяжелой и рискованной, но без которой он себя уже не мыслил.

Глава 22

Орден

Орден Мужества, увесистый серебряный крест, схваченный зубами из металлической кружки, наполненной до краев водкой, которую Мартин выпил крупными глотками, теперь уютно лежал у него на ладони, вбирая ее тепло. Мартин протянул награду Ратнику, отдавая командиру, в чей отряд его зачислили совсем недавно, право закрепить ее на отвороте куртки спецназовской мабуты.

Пятеро легионеров стояли у стола, сервированного по-простому: разложенными на оберточной бумаге ломтями колбасы, расставленными в ряд банками с огурцами и батареей бутылок русской водки. Мадрид, Байкал, Посох, Бандит и Мартин, уже прошедшие положенный обряд по случаю награждения, с раскрасневшимися лицами принимали поздравления от всех остальных собравшихся в комнате. Награжденные, изрядно захмелевшие от ударной дозы водки, обменивались жесткими для постороннего, но вполне понятными для любого солдата удачи шутками. Время от времени они вступали в дружескую перебранку, заставляя тонкие стены щитовой казармы содрогаться от хохота. Для большинства из тех, кто присел за столом или распластался на кроватях, сам факт вручения наград был процедурой знакомой и уже не раз испытанной, но тем не менее волнующей и приятной.

Для любого профессионала войны имеет особое значение получение награды, пусть даже не поддержанной дополнительным материальным поощрением. Каким бы странным и нелепым это ни казалось всем тем, кто не имеет отношения к труду наемника, его сознание устроено так, что помимо денежных знаков ему крайне необходим хотя бы намек на признание полезности его ремесла для соотечественников и в целом для страны, которую он называет Родиной. Для легионеров Вагнера важна причастность к делу значительному, они готовы снова и снова идти в бой, потому что знают: все труды и жертвы в конечном счете укрепляют основы и авторитет той части суши, которую они хотя и матерят время от времени, но все равно считают своей отчизной. Ордена и медали поддерживают у солдат удачи чувство самоуважения, и пусть даже в этом есть некоторая толика гордыни, они имеют на это право – их награды заработаны честно, а не по указивке командования Министерства обороны, кому и что вручать.

Многие из легионеров прошли через службу в вооруженных силах и прекрасно осведомлены о расценках на награды и должности, циркулирующих в российской армии, и о том, как в ней процветает торговля звездочками и знаками отличия. В ЧВК же каждый командир может быть поставлен перед необходимостью объясниться с таким, как и он, наемником, пусть и ниже рангом, почему тот или иной имярек, даже не участвуя в боях, получает ордена. Хотя пройдет еще совсем немного времени, и червоточина проникнет и в ряды солдат удачи, и среди них начнется коррупция при полном попустительстве начальников и службы безопасности.

Вечеринка, достигнув своего апогея, пошла на убыль, большая компания распалась на маленькие группы, в которых собратья по ремеслу делились друг с другом чем-то своим, задушевным, идущим от самого сердца. Говорили обо всем, изливая душу и высказывая сокровенное. Мартин слушал рассказ Ратника и Иностранца о подробностях того боя, после которого он выбыл из строя на долгий период. Слушал о том, как пулеметчик разведчиков испугался выйти на указанную ему позицию и Ратник сам взял «Печенег» и прикрывал огнем Иностранца, Мадрида и других, пришедших на помощь. О том, как Иностранец, рискуя собой, под плотным огнем подошедших совсем близко духов тащил его и Скифа, вздрагивая от свиста пуль «у самой башки», но не оставил их, дотянув до места. О том, как на следующий день духи легко сбросили с отбитой у них наемниками высоты сирийских солдат, занявших место русских легионеров, и как солдаты удачи, развернув оружие теперь уже в свой тыл, раскрошили атаковавший их отряд игиловцев и вернули высоту обратно. О том, как русские легионеры прогуливались по древней Пальмире, куда так хотел попасть Мартин. Он слушал и слушал, впитывая рассказы своих братьев, ощущая себя частью этого сообщества, частью семьи, где люди самых разных толков и религий – с православными крестами на шее, с языческими знаками на теле, с Кораном или Торой – стали одним целым. И если бы это было не так, то он бы сейчас не сидел здесь, а лежал бы, разлагаясь и смердя мертвечиной, на хребте под Пальмирой.

Мартин вдруг осознал всем своим существом, что эти парни пошли на смертельный риск вовсе не по велению приказа, а лишь по зову внутреннего голоса, который без объяснения причин говорит «так надо» и толкает вперед на спасение брата, попавшего в беду. Теперь Мартин точно знал, что братство наемников – это не просто красивое сочстание двух слов, а реальность, имеющая многочисленные доказательства в условиях, когда инстинкт самосохранения вяжет волю по рукам и ногам, призывая спрятаться и не рисковать. Чувство братства и долг следовать кодексу чести солдата выталкивают из спасительного укрытия и ведут туда, где смерть своими костлявыми пальцами уже совсем близко подобралась к тому, кого ты считаешь своим братом.

Кто знает, что будет дальше? Сейчас он вернулся к своим, в семью солдат удачи. Да, еще пока не совсем готовый к тяжелой работе войны, но время есть, и он восстановится, чтобы в нужный момент сполна отдать долг товарищам по оружию. Для того чтобы так же, вцепившись в лямки снаряжения, вытащить из-под огня кого-нибудь из них или встречной автоматной очередью остановить тех, кто желает им смерти. Жизнь все расставит по своим местам, жизнь — как река, в которую, оказывается, можно войти дважды, если ты этого очень сильно захотел.

Глава 23

Мы возвращаемся...

Нефть – горючая маслянистая жидкость, образовавшаяся миллионы лет назад и скопившаяся в огромных природных резервуарах под земной корой в разных частях света, – была известна человечеству испокон веков. Но только с приходом промышленной революции она приобрела значение одного из важнейших, а может, даже самого важного природного ископаемого, за владение которым развернулась нешуточная борьба. Начиная с двадцатого века и по сей день нефть является прямой или косвенной причиной многих военных и политических конфликтов по всему земному шару.

Не остались в стороне и государства Ближнего Востока. Некоторые из них, долгое время остававшиеся отсталыми и пустынными, благодаря нефти вошли в число самых богатых стран мира и превратились в общепризнанные центры бизнеса и туризма. Но если для одних нефть стала даром Всевышнего, то для других оказалась проклятием.

Сирия, чья самостоятельность насчитывает не более ста лет, так и не смогла использовать богатые нефтяные ресурсы для процветания собственного народа. Слабость государственной власти, замешанной на авторитаризме и безмерной коррупции правящей верхушки, привела в конечном итоге к долгой и кровавой гражданской войне, причины которой не в последнюю очередь связаны с корыстным интересом сильных мира сего к сирийской нефти. В борьбу за нее вступили не только крупные игроки, но и самые разнообразные террористические и националистические группировки, которые в возникшем хаосе, наряду с решением своих политических задач, не забывали погреть руки и на черном золоте. Уж слишком большие доходы можно было получить, владея, пусть и временно, парой-другой месторождений. В результате сирийское государство, чья казна пополнялась в значительной степени за счет продажи нефтяных ресурсов, почти полностью потеряло над ними контроль.

К лету две тысячи пятнадцатого года боевики ИГИЛ[25], дойдя до Пальмиры, почти полностью захватили все нефтеносные районы Сирии. Сирийская армия, хоть и многократно превосходила по численности отряды игиловцев, в науке воевать была не сильна и самостоятельно защитить месторождения не смогла. Все жалкие попытки армии САР вернуть утраченное заканчивались лишь большими потерями и последующим поспешным отступлением. Оставшись без нефти, режим Асада оказался на грани полного краха, и лишь военное вмешательство России позволило ему удержать власть. Вместе с российским военным контингентом в Сирию прибыли и легионеры Вагнера. Не в последнюю очередь благодаря им в затяжной гражданской войне, длящейся уже более пяти лет, произошел коренной перелом. Кульминацией участия солдат удачи в боевых действиях стало сражение за древнюю Пальмиру, в котором русские наемники сыграли ключевую роль: сначала уничтожили главный опорный пункт духов, настоящую крепость в скалах, и взяли под контроль горный хребет, а затем обходным маневром вынудили бойцов ИГ поспешно отступить.

Успешное наступление на Пальмиру, по-видимому, вскружило голову крупным шишкам в сирийском правительстве и в руководстве российского контингента, посчитавшим достигнутую победу над ИГИЛ исключительно своей заслугой. Уверовав в скорый триумф, они уже мысленно распределя-

---

[25] ИГИЛ, ИГ (Исламское государство Ирака и Леванта, Исламское государство) – организация, признанная в соответствии с законодательством Российской Федерации террористической.

ли между собой будущие награды и новые карьерные чины. Легионеров же ЧВК уведомили, что их навыки и умения на этой войне вряд ли уже пригодятся, и «вежливо» предложили отправиться домой. Отрезвлением от эйфории стала неожиданная контратака отрядов халифата на союзные формирования, в результате чего духи в очередной раз захватили Пальмиру. Не помогла спасти положение и русская авиация, уж слишком сильной была неразбериха в разгромленной и беспорядочно отступающей армейской группировке. На бескрайних полях нефтяных и газовых месторождений опять вовсю хозяйничали игиловцы.

И в этой ситуации военных поражений и острой нехватки энергоресурсов, уже не сильно веря в боеспособность своей собственной армии, сирийские властители снова вспомнили о легионерах Вагнера. Им была поставлена задача не только отвоевать обратно нефтяные месторождения, но и уберечь отвоеванное.

И вот русские солдаты удачи в очередной раз возвращаются на сирийскую землю, где их снова ждет привычная работа.

Глава 24

С комфортом на войну

Колонна автобусов, выбравшись через КПП полигона, принадлежащего дислоцированной здесь части Министерства обороны, выехала на федеральную трассу и двинулась по направлению к местному аэропорту. Перед посадкой в автобусы легионеров еще раз заставили взвесить багаж на предмет соответствия ограничениям по весу и раздали на руки загранпаспорта. Мартин, полистав свой, отметил про себя, что ни одна из страниц недавно обновленного документа не украшена визой сирийского государства. В предыдущие командировки визы оформляли, но на этот раз, по-видимому, договорились обойтись без ненужных формальностей.

До аэропорта добрались без проблем с одной остановкой в придорожном комплексе, чтобы «размять ноги и перекусить горячим». Автобусы, подъехав к терминалам и быстро высадив солдат удачи со всем их снаряжением, тотчас уехали, чтобы не привлекать к себе лишнего внимания. Пока разгружались, успели изрядно вымокнуть: проливной дождь в начале февраля для юга России явление довольно частое. Оказавшись в практически пустом зале международного терминала, около сотни крепких парней с баулами и рюкзаками выстроились двумя потоками для прохождения таможенного контроля. Очередь продвигалась медленно: переход через условную государственную границу вылился в полосу преодоления различных запретов.

Таможенники с равнодушным выражением лица с ходу отвергли возможность провоза приборов наблюдения и ножей и на все просьбы отступить от некоторых правил с учетом специфики выезжающего контингента отвечали категорическим отказом. Для людей в зеленоватых кителях все доводы отправляющихся в командировку на войну были пустым звуком – представители государственной службы неукоснительно выполняли крепко вбитые им в голову инструкции и таможенные правила, и то, что приборы наблюдения, прицелы и ножи были необходимы для того, чтобы выжить в бою, их совершенно не заботило.

– Дотошное выполнение инструкций – это самая изощренная форма саботажа, – процедил сквозь зубы Колдун, бросив недружелюбный взгляд в сторону методично выполнявших свою работу служистов.

Мартин повернулся спиной к таможеннику, собиравшему выложенные ножи в пакет, и, улучив момент, затянул верхний клапан своего баула и отправил его на транспортерную ленту. «Пошли в жопу, нож останется со мной». На паспортный контроль проследовал, не оборачиваясь назад, сделав вид, что выполнил требуемые указания.

Несмотря на почти полное отсутствие пассажиров, Duty Free был открыт, что для солдат удачи оказалось приятным сюрпризом. Парни, прохаживаясь по просторному помещению в ожидании борта, приобретали сигареты и алкоголь, быстро пряча бутылки от взгляда командирского состава, который, однако, все замечал, но не препятствовал: от одной-двух бутылок качественного алкоголя на компанию особого вреда не будет. Для некоторых наемников посещение магазина, в котором можно отовариться за любую валюту, было незнакомым до сей поры опытом. Бойцы легиона – это срез общества, большая часть из них даже не помышляли о поездках за бугор, а оформление заграничного паспорта считали процедурой очень сложной и для их понимания непостижимой. Такова Россия: выбраться за пределы привычного обжитого пространства для многих – это целый подвиг и шаг, на который решиться чрезвычайно трудно.

Поданный для посадки красавец-боинг в огнях прожекторов выглядел как праздничная игрушка. Внутри все элементы салона производили впечатление новизны, чистоты и свежести. Удобные кресла и миловидные стюардессы позволили солдатам удачи хоть ненадолго почувствовать себя обычными туристами, отправляющимися на курорт в далекие жаркие страны. Бортовое питание также порадовало своей полноценностью и качеством. Весь перелет был организован таким образом, словно руководство ЧВК задалось целью предоставить легионерам возможность в полной мере насладиться комфортом перед ожидающими их на войне неудобствами. Уютно устроившись на своем месте, Мартин с усмешкой подумал: «Лови момент, братва, ведь пройдет всего несколько дней, и уже щель в скале, прикрывающая от студеного ветра, или яма, накрытая куском брезента, будут для нас желанным ночлегом и вполне сносным укрытием от непогоды».

В Дамаске легионеры в здание аэропорта не попали. Выйдя из самолета и минуя таможню и пограничную зону, отошли ближе к воротам на выезд, дождались поезда из тележек с багажом и спокойно загрузились в поджидавшие их автобусы. Дамаск манил своей богатой историей и статусом древнейшей столицы на Земле, но город проехали краем, не имея возможности оценить колорит местной архитектуры и достопримечательностей. На место прибыли, уже когда стемнело.

Глава 25

Хаян

Нефтегазоперерабатывающий комплекс Хаян и расположенное рядом с ним месторождение оказались первыми объектами, с которых стартовал процесс возвращения природных ресурсов под контроль сирийского государства. Бойцов ЧВК чартерными бортами отправляли в Сирию, где их уже на месте в ускоренном темпе вооружали и выводили в зону планируемых боевых действий.

Первым группам легионеров выдали приобретенные какими-то окольными путями автоматы корейского производства и трехлинейки Мосина аж сорокового года выпуска. Качественного современного оружия поначалу получить не удалось. Как так вышло и в каких кабинетах Министерства обороны не смогли нормально договориться, можно было только догадываться. Почему-то там не захотели принять во внимание тот факт, что наемники, даже выполняя коммерческий заказ на возврат нефтяных месторождений, действовали во благо общих интересов, уничтожая живую силу и технику игиловцев и лишая их основного источника средств на войну. Как результат, первые сборные подразделения солдат удачи двинулись на опорные пункты духов с корейским металлоломом, с минимумом тяжелого вооружения, без достаточного количества боеприпасов и должной огневой поддержки. Транспорты с вооружением от Минобороны начали прибывать лишь после того, как легионеры отбили несколько высот и понесли первые безвозвратные потери.

Бойцам Ратника повезло больше: к моменту их прибытия в Сирию на складе было уже в достаточном количестве вполне сносное вооружение. Качество все же было не то, что в предыдущей командировке: пулеметы не «Печенеги», танки и орудия старые, полученные от садыков, которые известны своим вопиющим пренебрежением к эксплуатации техники. Более-менее укомплектовавшись, отряд Ратника отправился на передовые позиции, к месту боев за месторождение Хаян.

Бруствер высотой метра полтора, за которым укрылась группа управления Ратника, обеспечивал защиту от обстрела из пулеметов и зенитной установки на джихадке, то и дело выныривающей из-за укрытий. Бой продолжался уже два часа, легионеры словно уткнулись в непробиваемую стену. Духи, отгородившись от наступающих полосой сплошного минирования, били из всего, что имелось у них в наличии, не давая передвигаться, прижимая к земле, загоняя за выступы и складки — все то, что могло послужить хоть какой-то защитой. Понатыканные всюду осколочные мины, готовые, повинуясь силе вышибного заряда, подняться на небольшую высоту и разорваться, калеча и убивая все живое, лишали возможности свободного маневра вдоль линии атаки и в глубину. Еще более опасными были замаскированные в грунте фугасы с ужасающей мощностью заряда, наличие которых обнаружилось неожиданно.

Переждав очередь из крупнокалиберного пулемета, Ратник, спрятавшись за большим камнем, осторожно выглянул, пытаясь оценить происходящее. Прощупывая взглядом местность, он прокручивал у себя в голове варианты дальнейшего развития событий. Но вдруг общее внимание привлек взметнувшийся высоко вверх внушительный столб белой глиняной пыли рядом с позициями духов. Звук, достигший ушей несколькими секундами позже, напоминал мощнейший раскат грома. Стало очевидно, что взорвался именно фугас. Мотор, который в этот момент пытался достать из своего пулемета духов, передвигающихся недалеко от района взрыва, оторвал щеку от приклада ПК и крикнул в сторону остальной группы: «Там вроде наши уже были, к брустверу подходили». Некоторое время вся группа пристально всматривалась в место, где оседала пыль, пытаясь разглядеть какое-нибудь движение, но очередной залп огня из зенитки по командному пункту вынудил всех сползти вниз под защиту вала. Оставалась слабая надежда, что наших ребят там еще не было и что фугас по ошибке привели в действие духи.

Ситуация на поле боя продолжала складываться не в пользу легионеров. Лишенным возможности обхода противника с флангов и прижатым к земле плотным огнем наемникам оставалось только удерживать рубеж, на который они вышли к этому времени. Игиловцы, находясь на укрепленных возвышениях, имели полное превосходство, и их контратака могла обойтись русским слишком дорого. Ратник в подобных обстоятельствах задействовал все, что имел, стремясь добиться превосходства над врагом. Сорванный с места приказом командира, Валун вывел на исходную «бардаки» – неповоротливые и крупнотелые легкобронированные БРДМы[26], несущие на себе автоматические гранатометы и зенитку. Машины, чтобы не быть сожженными ПТУР или продырявленными крупным калибром, выезжали, сменяя друг друга, на относительно безопасную площадку, вне зоны попадания под обстрел, и обрабатывали указанные цели. Бритый, используя любую возможность выглянуть за бруствер, управлял огнем своих минометчиков. Мадрид, высчитывая данные для стрельбы, корректировал огонь артиллерии, пытаясь выследить маневрирующую духовскую зенитку. Рядом, с бруствера, ухали из своих винтовок, больше похожих на небольшие пушки, снайперы. Во всей этой слаженной боевой работе присутствовало одно

---

[26] БРДМ – бронированная разведывательно-дозорная машина. Разрабатывалась для равнинной и лесной местности, в горах и пустынях оказалась неэффективной из-за слабой двигательной установки и больших габаритов. Также отличается слабой броневой защищенностью. Снята с производства в 1989 году.

существенное «но» – это нехватка у Бритого и у артели[27] необходимого количества боеприпасов, из-за чего они были вынуждены дозировать свои залпы. Минометчики стреляли метко, с явным попаданием в пределы внутреннего периметра укрепленных игиловских позиций, но плотность вражеского огня от этого никак не снижалась.

Как только легионеры делали очередную попытку приблизиться к позициям игиловцев, по ним снова начинали бить пулеметы. Все передвижения русских наемников во время минометного обстрела вражеских укреплений также пресекались беспрерывным огнем. Создавалось впечатление, что духи были совершенно неубиваемые, их не беспокоили близкие разрывы мин и гранат – ни осколки, ни взрывная волна не брали их. Они даже выскакивали на бруствер, стреляя с рук из пулеметов, словно издеваясь над штурмующими.

В момент очередной атаки эфир прорезал сдавленный болью голос Байкала: «Командир, я трехсотый». Байкал был одним из тех бойцов, которых в прошлом году накрыл взрыв гранаты, выбивший Мартина из строя. Тогда Байкалу повезло, но в этот раз пуля его не пощадила. Через несколько недель он умрет в госпитале в России, так и не приходя в сознание. После короткой заминки в эфире послышался уверенный голос Мрака, взявшего на себя командование взводом. Мрак не был первым в числе тех, кто обязан был перехватить командование. Ему, командиру четвертого отделения огневой поддержки, такая роль отошла бы только в последнюю очередь. Но тем и примечателен момент наивысшего напряжения в бою, что руководство берет на себя тот, кто в экстремальных условиях сохранил трезвой голову и способность управлять людьми. Мрак справился со своей миссией, оттянув оторвавшееся отделение без потерь и заново построив боевую линию. Мартин знал, что по-другому и быть не могло. Его подчиненный по прошлому заходу

---

[27] Артель – жаргонное название артиллерии.

в Сирию хоть и вызывал иногда раздражение своей избыточно деятельной натурой, но в бою, в момент опасности, всегда был готов взять ответственность на себя и пойти в штыковую. Мартин отлично помнил, как Мрак, не убоявшись обстрела, добежал до машины и отогнал брошенную экипажем зенитную установку. В такие моменты проявляется сущность человека, и у него эта самая сущность была высшей пробы, какую и положено иметь настоящему солдату удачи. Да, Мрак – человек со своими причудами, ему непросто уживаться с людьми, возможно, как допускал Мартин, из-за отсутствия деликатности и грубоватой манеры исправлять ошибки других. Но главное его качество все же перекрывает все недостатки.

Мрак, организовав эвакуацию тяжелораненого командира, сразу же принялся выстраивать боевые порядки. Одно отделение за короткое время отсутствия управления вырвалось вперед и теперь, отрезанное интенсивным огнем от основной группы, залегло. В процессе выстраивания боевой линии выяснилось, что левый фланг взвода оказался далеко за пределами своего направления и взрыв фугаса все же был не случайностью, а подрывом группы, вышедшей на позиции духов раньше времени. Надежда на благоприятный исход исчезла, остался только вопрос: кто и сколько, так как шансов выжить при такой мощности взрыва было ноль. Почти сразу после доклада медиков о том, что те приняли Байкала и, выжимая максимум из старого «Урала», уже везут его на базу, Мрак выдохнул в эфир: «Колян двухсотый. Подрыв на фугасе». Колян, достигнув бруствера укреплений, ринулся вперед для броска гранаты и не заметил замыкатель. Растерзанное взрывом тело, обезображенное до состояния бесформенного куска плоти, швырнуло на обстреливаемую духами площадку, и его товарищи даже не могли забрать то, что от него осталось. Война, жадная до человеческих жизней, забирает в первую очередь самых неопытных, смелых парней, желающих доказать бывалым воинам свою полезность и получить право называть себя солдатами. Для Коляна это была первая командировка, она же стала и последней.

Бой продолжался. Легионерам никак не удавалось сделать маневр и развернуться в линию – мешала сплошная полоса минирования. Создать такой барьер против наступающих джихадистам позволил захват Пальмиры, вместе с которой им достались склады, заполненные боеприпасами и вооружением, в том числе изрядным количеством мин и фугасов. Артиллеристы сумели-таки достать зенитку духов из старого разбалансированного «Града», что, учитывая его состояние, было событием исключительным. Стреляли пакетом по две ракеты, большего позволить себе не могли, и одна из них попала точно в цель. Подбитую зенитку тут же сменила другая, которая продолжила в той же манере давить к земле штурмовиков. В дополнение к ней игиловцы ввели в бой полуавтоматическое корабельное орудие на подвижной платформе, снаряд которого обладал скоростью прихода в цель почти одновременно со звуком выстрела. Появление пушки не только усилило давление на атакующих, но и стало неприятным сюрпризом для второго эшелона и даже тыла. Разрывы гремели с беспокоящей периодичностью. Снаряды то врезались в бруствер укреплений, то разрывались совсем рядом с машинами, загруженными боеприпасами. Их в итоге пришлось отогнать дальше в укрытие. Взвод штурмовиков Найка, расположившись в линию чуть впереди командного пункта отряда, начал окапываться, готовясь к возможной контратаке. Сам Найк, в прошлом подполковник, сохранивший прекрасную физическую форму и здравость ума, всегда спокойный, не проявляющий нервозности и суетливости даже в самые напряженные моменты боя, дошел до командного пункта и теперь обсуждал сложившуюся ситуацию с Ратником и остальными. Всем было ясно, что переть в лоб на такую хорошо подготовленную оборону было делом неумным и затратным. С начала дня уже потеряли двоих: Коляна на подрыве и Байкала, которого увезли в тяжелом состоянии. Духи не подпускали к себе, а для борьбы с зенитками и подвижной артиллерией у легионеров не хватало ресурсов. Пытаться подбить шустрые японские пикапы, забрасывая минами места их вероятного появления или отхода, было пустой тратой и без того невеликого числа боеприпасов. Ратник подвел черту под разговором: «Зарываемся на месте, с рассветом заходим с другой стороны резервом. Главная задача – не сдать уже занятый рубеж и подготовить маневр на завтра».

Приближался вечер, солнце быстро скатывалась за горизонт – в этих широтах и закат, и рассвет были явлениями скоротечными. До наступления темноты необходимо было закончить перегруппировку, четко выстроить линию и зафиксировать уже пройденные маршруты для доставки боеприпасов и еды тем, кто закреплялся сейчас на передке, – ночью легко сбиться с пути и нарваться на мину или фугас. Группа управления перебежками отступила на исходную позицию. Мартин, добравшись до палатки медиков, где лежал его развернутый спальник, набросился на еду – пустой желудок взывал о милости. Весь день не было полноценного питания, и за исключением пары долек шоколадки, которую разделили на всех, ничем другим разжиться не удалось. Несколько приглушив сдавливающее чувство голода, Мартин развернул журнал боевых действий. Нынешняя его должность замначальника штаба роты Ратника в большей степени предполагала работу с картами и заполнение отчетных документов. Последствия полученного им ранения вообще-то не предполагали его нахождения в боевых порядках легионеров, но он сам напросился в надежде, что сможет вытянуть на штабной должности. С самого первого дня прибытия в зону боевых действий он, не в полной мере признаваясь в этом даже самому себе, почувствовал, что прежнего стремления идти в бой уже не испытывает. Начальным толчком к осознанию этого послужило разочарование в обеспечении роты оружием и боеприпасами, вслед за тем и организм, продержавшись недолго, выбился из баланса и работал только на расход накопленных ресурсов.

Вот и сегодня Мартин чувствовал себя подавленным из-за всего, что произошло в течение дня.

До слуха Мартина донесся слегка хрипловатый голос Мотора, распекавшего кого-то из снайперов. Вот кто был на своем месте! Мартин ни разу не видел его унылым или поникшим. Всегда громогласный, с шутками и подколами, Мотор, казалось, никогда не грустил и не испытывал упадка настроения. Выносливый, как мул, он был способен перемещать на себе увесистый груз снаряжения и боезапаса пулеметчика. Быстро ориентировался в бою и мгновенно определял, куда ему стрелять и кого прикрывать своим огнем. Мартин вспомнил, как в первой командировке Мотор и трое его товарищей остались на позициях в тот момент, когда сотня сирипутов сбежала при одном виде наступающих на них боевиков ан-Нусры[28]. Отбив атаку, они продержались ночь, не давая возможности духам обойти их с фланга. Заслушавшись веселого, с сарказмом и матерком голоса Мотора, Мартин повеселел. «Все, встрепенись. Хватит киснуть. Сам сюда напросился. Теперь терпи и постарайся вытянуть командировку. Завтра новый бой и новая работа, и ты обязан выполнить ее хорошо».

---

[28] ан-Нусра – организация, признанная в соответствии с законодательством Российской Федерации террористической.

Глава 26

Цена успеха

С рассветом отряды легионеров, выполняя поставленные еще накануне Ратником задачи, начали передвижение в указанных направлениях. На этот раз штурмовики заходили с фланга, огибая линию защитных укреплений духов далеко с востока, обходя минные поля и лишая тем самым противника его главного преимущества. Группа управления, ведомая Ратником, двинулась к месту, откуда предполагалось осуществить новую попытку прорыва через рубежи, занятые игиловцами. Там их уже поджидал взвод Мрака, который со своими людьми должен был первым прощупать оборону духов на прочность.

Очередь из пулемета прозвучала как-то неожиданно и близко от легионеров, вытянувшихся в колонну. Пули ударили в грунт совсем рядом, между Ратником и Мартином.

– Ух ты, бля. Бегом! На ту сторону высоты, – крикнул Ратник, и группа, среагировав моментально, в полном составе бросилась через холм на его обратные скаты.

Добежали без потерь и, отдышавшись, продолжили путь. Петляя между холмами, вышли туда, где несколько дней назад отряд Сатаны принял бой с джихадистами. Игиловцы, видимо, рассчитывали внезапной атакой сбить парней Сатаны с занятых высоток. То, что у них легко получалось, когда они имели дело с сирийцами, которые панически боялись бойцов Исламского государства, не прокатило с русскими. Встретив отряд духов минометным огнем, легионеры добили приблизившихся к ним игиловцев гранатами и автоматными очередями. И теперь на склонах тут и там лежали трупы бородатых, примерно человек сорок разного возраста, среди них были и вполне взрослые, и молодые. Сатана указал на одну особенно примечательную композицию из тел – группа как раз проходила мимо того места, где в различных позах, как их застала смерть, лежали пятеро. Один из них совсем еще мальчишка, лет четырнадцати, жался к престарелому. Подросток был облачен в разгрузочный жилет, из подсумков которого торчали края металлических магазинов от автомата – само оружие к тому времен было уже собрано легионерами. Сатана высказал мнение, что это, по-видимому, отец и сын. Чуть поодаль от них лежали тела боевиков, взрослых, физически крепких мужчин, одетых в добротные горки и удобные тактические разгрузки. Очевидно, матерые бойцы гнали впереди себя расходный человеческий материал, но это им не помогло.

Солнце поднялось уже достаточно высоко, пригревая своим теплом. Штурмовики, объединившись с отрядом Сатаны, продвигались медленно, прощупывая глазами впереди себя и под ногами почву, шаг за шагом приближаясь к укреплениям врага. От позиций Сатаны одна колонна под управлением Мрака, вторая – Беспалого направились в сторону позиций духов с востока. Правее Беспалого по отрогам невысокой горной гряды двинулся отряд Сатаны, угрожая группировке игиловцев полным охватом. Первыми в бой вступили парни Сатаны. Разведчики, быстро перемещаясь по склонам, вышли на занятые духами укрепления, да так, что игиловцы их проглядели. Сразу трое зазевавшихся боевиков были расстреляны в упор, и джихадисты моментально лишились возможности вызвать на помощь маневренную группу. Далее, продвигаясь по своим направлениям, легионеры занимали рубеж за рубежом без боя; духи, опасаясь флангового обхода, отступали. Лишь однажды они попытались выправить ситуацию, выгнав на удобное для стрельбы плато все ту же корабельную пушку, но просчитались в маневре. Грузовик с установленным орудием еще в движении оказался в зоне прямой видимости взвода Беспалого, который уже вышел на высоту, прикрывающую позицию корабелки. Подтянув старенький, едва передвигающийся танк Т-64, уже давно списанный с вооружения современной армии, Беспалый просто сказал танкисту: «Делай». Снаряд разорвался перед кабиной грузовика, сделав его неподвижной мишенью, остальное завершили эсэсошники[29], только что прибывшие в район действий. Они направили управляемую ракету точно в цель.

Тем временем Мрак почти достиг укреплений, на подступах к которым накануне погиб Колян, и на какое-то время застопорился. Головной дозор заприметил замаскированную тарелку мины направленного действия, нацеленную как раз на участок, через который должны были пройти легионеры. Взвод залег, развернувшись в боевую линию, дальше пошли саперы. Прощупывая впереди себя грунт, огибая сектор возможного поражения, саперы не стали долго возиться. Они осторожно протянули закрепленную на длинном посохе тротиловую шашку и подожгли обвязывающий посох огнепроводный шнур. Как только искра достигла капсуля-детонатора, раздался взрыв. Осколки прошли по намеченному направлению, никого не задев. Путь был свободен, и Мрак продолжил движение, перемещая поочередно отделения так, чтобы они прикрывали друг друга.

Игиловцы отступали, и по ходу продвижения через их укрепления стала понятна причина кажущейся неубиваемости духов — они были вполне убиваемы, многочисленные следы волочения тел и пятна крови достоверно подтверждали это. Но места выбывших занимали другие, и они продолжали стрелять, не подпуская к себе наступающих легионеров. Бойцы ИГИЛ[30] — это опасный и несгибаемый в своем упорстве и готовности умирать противник. Леги-

---

[29] Эсэсошники – бойцы Сил специальных операций (ССО).

[30] ИГИЛ, ИГ (Исламское государство Ирака и Леванта, Исламское государство) – организация, признанная в соответствии с законодательством Российской Федерации террористической.

онеры продвигались вперед, но враг приготовил для них жестокие ловушки. Еще один узнаваемый по мощности взрыв, и за ним – следующий. Замаскированные опытным профессионалом, фугасы разорвали на куски сначала одного бойца, а потом разбросали группу, оторвав ногу тому, кто оказался в эпицентре. Потери и снова потери, легионеры гибли, слишком дорогой ценой доставались победы. После второго разрыва прозвучала команда: «Всем стоп, дальше идти только с саперами». Позиции занимали, исследуя каждый метр, подходы были буквально нашпигованы минами. Саперы обезвреживали те, что поддавались, и подрывали неизвлекаемые.

Много жизней уберегли эти скромные трудяги войны, постоянно жертвуя своими. У Мартина в сознании навсегда засела картинка принесенных на исходный рубеж наступления останков сапера из третьего отряда, разорванного в клочья фугасом до такой степени, что найти смогли только руку и часть снаряжения. Сможет ли кто-нибудь из подразделения интеллигентного на вид Шахтера, не гнушающегося в случае необходимости подробно разъяснить тот или иной момент в саперном деле, определить точное количество обезвреженных фугасов и мин? Именно этим парням легионеры были обязаны своими жизнями, спасенными от поджидающих их тут и там смертоносных зарядов, спрятанных под слоем легкого пустынного грунта или в большом вылепленном куске глины.

По мере разминирования из захваченных укреплений вывозили трофейное оружие и боеприпасы. В одном ряду со сложенными пулеметами китайского производства красовался совсем свежий, недавно извлеченный из складов хранения ПК советского производства. Не нужно даже ломать голову догадками, откуда он взялся у врага. Это было оружие, захваченное игиловцами при паническом отступлении союзных формирований из Пальмиры. Теперь оно стреляло по легионерам.

Мартин, отправленный Ратником на место, откуда выступили утром, ждал машину, на которой должны были привезти найденное тело Коляна. Все, что осталось от Земы — такого же новичка, как и Колян, который, подорвавшись сегодня на фугасе, в точности повторил его судьбу, — было завернуто в брезент. Был ли смысл в происходящем? Хотелось бы верить, что парни не напрасно погибали здесь, вдали от своей Родины. Но уж очень часто Россия жертвует своими сыновьями, защищая алчные интересы всяких мелких властителей в разных уголках земного шара. Вскоре тело Коляна было выгружено из кузова «Урала», затем последовала обычная процедура осмотра того, что еще совсем недавно было живым человеком. Тут же составлялась опись найденных в карманах вещей. Наполовину обожженные банкноты, различная мелочь, брелоки, жетоны и православный крестик — все складывалось в конверты для отправки на родину «грузом 200». Сразу после осмотра останков и их укладки в мешки для перевозки трупов — легкий перекус с закипевшим на газовой горелке чаем: чувства на войне притупляются, а голод никогда. Живым для выполнения работы еда необходима.

Но бой еще не закончился. Враг, хоть и уступил свои позиции и отошел дальше в холмистую пустыню, затаился рядом и напомнил о себе. Группа Мрака уже почти достигла вершины высоты, на которой находились брошенные духами укрепления, когда бойцы уловили слабый отголосок шума, принесенного порывом ветра. Шум напоминал звук двигателя мощной машины, но четко идентифицировать его было сложно. Несколько насторожившись, бойцы все же продолжили движение — усталость берет свое, ослабляется бдительность, хочется скорее добраться до места и перевести дух. Сознание не отразило донесшееся далекое «бух», да и времени было слишком мало — снаряд танковой пушки скорость имеет огромную. Взрыв разметал людей в разные стороны. Артиллеристы откликнулись запоздалым залпом по поспешно уходящему на всех парах в пустыню танку.

Все усилия тылового обеспечения с этого момента были направлены на скорейшую эвакуацию раненых. Надо было спешить – почти все ранения были тяжелыми. Доставленных раненых быстро начали готовить к дальнейшей транспортировке, накладывая шины и закрепляя бандажами вырвавшиеся наружу внутренности. Капельницы держали по очереди. И снова погрузка в кузовы подошедших КамАЗов. Смерть забрала на этот раз осетинского парня Зака, развороченное взрывом тело не способно было удержать в себе жизнь. Отправляйся, брат, к вратам царства небесного, ты заслужил свое место в раю.

День затухал. Легионеры укрепляли позиции для стрельбы и устанавливали навесы для защиты от холодной и, возможно, дождливой ночи. Вот уже почти начало весны, а до тепла дело так и не доходило. Никто не спешил укладывать теплые вещи на хранение в баулы, добавляя килограммы к весу носимого снаряжения.

Глава 27

Лекарь

Манук умер от полученных ран в сирийском госпитале. Добродушный великан, верный последователь Пирогова, спасший не одну жизнь на поле боя, на этот раз сам попал под град осколков мины, взорвавшейся на позициях только что отбитой у духов высоты. Он прошел покрытые лесами перевалы горной Латакии и лишенные растительности скалы пальмирской пустыни. Всегда находился в боевых порядках, подвергаясь опасности наравне с остальными легионерами. В любой момент он был готов скинуть с плеч рюкзак, наполненный всем необходимым для оказания первой помощи, и склониться над раненым, уберегая от смерти и облегчая страдания.

Манук, бесконечно преданный неписаным заповедям полевого лекаря, твердо придерживался правила, которое, как он считал, должно быть обязательным для всех представителей его профессии, работающих на войне: «Необходимо оказывать квалифицированную первую помощь на месте, сразу после полученного ранения. Соблюдение этого правила обеспечивает выживание даже при очень тяжелом увечье». Еще в предыдущей командировке Мартин часто оказывался в одной компании с этим рослым улыбчивым здоровяком и во время выполнения боевых задач видел, как Манук перевязывал раненых и организовывал эвакуацию от передней линии соприкосновения. Он, по сути, делал работу армейского санинструктора, но его знания и умения были, несомненно, выше, на уровне военного доктора, что позволяло ему сохранять жизнь солдатам удачи и доставлять их до госпиталя в приемлемом для дальнейшего излечения состоянии.

Давно известно, что основной процент безвозвратных потерь на войне связан прежде всего с несвоевременным или неумелым оказанием первой помощи. Манук же делал все возможное для исправления статистики в сторону уменьшения этих потерь. В памяти Мартина всплывали отрывочные воспоминания о минутах короткого общения: на отдыхе вокруг костра за кружечкой пахучего сирийского кофе или в боевой обстановке за укрытием, обеспечивавшим безопасность от вражеского огня. Не было ни случая, чтобы Манук с кем-нибудь ссорился. Доказывать на повышенных тонах правильность своего мнения – такое было, но врач при этом никогда не скандалил.

Манук не боялся быть в бою, чем в общем-то мало отличался от остальных коллег по цеху в рядах легионеров. Мартин в связи с этим вспомнил, как орал на санинструктора Андрюшу, когда тот в первом эшелоне наступающих на укрепрайон, вооруженный только пистолетом, лез под обстрелом к каменной кладке позиции духов, или как Терапевт ринулся через пустырь к месту падения снаряда, выполняя свою работу. О каждом из них можно было с уверенностью сказать, что он настоящий боец.

Манук умер. Его могучий организм все же не выдержал, раны были слишком тяжелые. Легион лишился грамотного полевого доктора, а родина – своего верного сына. Встань, земля российская, поклонись памяти достойного человека, того, кто являлся твоей солью, надеждой и опорой! Скорби о тяжелой утрате!

Глава 28

Переезд

День прошел в хлопотах по поводу переезда: отряд снимался с прежнего места и перебирался на отвоеванный легионерами завод Хаян, который на длительное время станет для них постоянным «домом» на сирийской земле. Использование завода как крупного опорного пункта позволяло решать важную стратегическую задачу – обеспечивать безопасность освобожденных от духов близлежащих нефтеносных полей. Немало удобств во всех смыслах сулило и проживание на благоустроенной территории с капитальной столовой и даже бассейном рядом с одним из жилых домов. Радовала и уединенность завода, расположенного в пустыне, что позволяло держаться подальше от командования российским контингентом и сирийских властей и лишний раз не маячить у них на глазах. Да и местным знать, что происходит в базовом лагере легионеров, ни к чему: среди них могли быть те, кто работает на противника. Единственным досаждающим моментом был неумолчный рев огромного пламени из развороченной взрывом трубы, своим звуком напоминающий мощный гул двигателей огромного авиалайнера при взлете. Но и к шуму, и к факелу вскоре привыкнут и перестанут их замечать.

Сворачивали палатки, складывали имущество и разбирали сколоченную из ящиков баню. Машин для перевозки было негусто, собранное перевозили несколькими заходами, планировали до утра управиться. Выйдя из палатки управления, Мартин сразу же увидел знакомый отрядный «Урал» на подходе. «Нормально, все-таки прислали с позиций машину, еще один борт не помешает». Машина почему-то не проследовала прямиком к месту расположения отряда, а, свернув в сторону, остановилась у палаток связистов. Спустя несколько минут «Урал» подъехал к месту, где стоял Мартин. Из кабины соскочил на землю бодренький здоровяк Шахид. Мартин встретил его у входа и после приветствия между делом поинтересовался, по какой причине тот отклонился от прямого маршрута. Вопрос Мартин задал, не особо рассчитывая на ответ, мимоходом, ибо, прихватив штатную книгу, торопился в штаб бригады. Шахид же словно всю дорогу готовился оправдываться и с ходу на повышенных тонах выпалил, разве что не выкрикнул:

— Я что, вещи раненого связиста отсюда на себе попру? Вот и заехал к ним, отдал рюкзак.

Мартин, опешив, даже отступил от Шахида на пару шагов и, озадаченно пожав плечами, ответил:

— Так тебя никто ни в чем и не обвиняет. Правильно сделал, не от этого же места тяжелый рюкзак тащить.

Продолжать беседу при таком начале не было уже никакого желания, и Мартин зашагал в сторону большого шатра управления бригады. «Странные люди. Все принимают в штыки и во всем видят попытку в чем-то их обвинить. Рвут удила, кидаются, как дворовые псы на цепи, даже не пытаясь вникнуть в смысл сказанного. Мы что, все такие? Может, я тоже уже такой? Надо бы проследить за своим поведением». Мартин шел к штабу, сокращая путь. Погруженный в себя, он двигался, сосредоточив внимание на тропинке между палатками, боясь запнуться о колышек или, оступившись, провалиться в яму. Стемнело, как обычно, быстро, и едва различимые в вечернем сумраке дорожки лагеря были полны неприятных сюрпризов, можно было и серьезно повредиться, если идти без фонарика да наугад. Ближе к штабному шатру, преодолев последний невысокий ров и выйдя на укатанную дорогу, Мартин на минуту приостановился. Подняв голову, он замер, завороженный увиденным зрелищем. Впереди, где-то там над Пальмирой, в ночном небе яркими непрерывающимися всполохами темень неба разрывали молнии. Свечение переливалось и меняло силу. Огромная разноцветная панорама напоминала полярное сияние, но вместо холодного застывшего света небо озарялось подвижной игрой вспышек. Но наступило время доклада, и Мартин, с трудом оторвав взгляд от природного чуда, отвел в сторону полог и вошел внутрь слабо освещенной палатки.

Людей в главном центре планирования и управления всеми операциями легиона было на этот раз немного: штаб почти переехал, оставалось только палатку свернуть. За столом у карты сидел Блондин, судя по всему не в лучшем расположении духа. На привычное «Здравия желаю» ответил лишь кивком головы и не протянул руку для рукопожатия. Должность у Блондина была хлопотная, в этой стране даже свои армейцы пропитались духом лицемерия. Командование российской группировки, следуя указаниям свыше, всячески зажимало легионеров, ограничивая их в боеприпасах, но при этом, как и в прошлогоднюю компанию, нуждалось в них для достижения военных успехов. Недостаточно снарядов и мин – следовательно, не так эффективна система подавления противника и, значит, у врага больше возможностей сопротивляться и убивать атакующих наемников. Как опытный специалист в военном деле, Блондин это прекрасно понимал, так же как и то, что подготовка бойцов ЧВК на этот раз не соответствует должному уровню. В свою очередь, сирийцы, пригласив солдат удачи для отвоевания нефтяных полей, уже по ходу последовательного возврата месторождений не спешили выполнять предусмотренные соглашением обязательства и на разных официальных и неофициальных уровнях стремились ограничить причитающуюся легионерам долю.

Восток – дело тонкое, и выполнение договоренностей здесь не является общепринятой добродетелью и воспринимается скорее как человеческая слабость. Блондин пребывал на стыке этих проблем, и его неприветливость Мартина не сильно задела: утомился человек, понять можно. Когда Мартин завершил свой доклад по части «кто, где и в каком количестве находится» и сделал шаг к выходу, Блондин его снова окликнул. ВВ, как его называли за глаза, довольно в грубой форме потребовал от Мартина объяснений по поводу злоупотреблений в отряде. По его информации, назначение Мрака командиром взвода состоялось по протекции Мартина – именно он уговорил Ратника назначить своего бывшего подчиненного из разведывательной роты на эту должность, естественно, не за просто так, «по всей видимости, за обещанную мзду». Плюс, чтобы взять мзду побольше, Мраку еще и орден пообещали. Блондин не выяснял и не перепроверял у Мартина информацию, он рубил сплеча и обвинял. Мартин, внутренне сдерживая себя, спокойно ответил:

– Мрак принял на себя командование в критический момент боя, когда вследствие ранения выбыл командир, и показал себя с наилучшей стороны, так что он вполне достоин назначения. А по поводу наград, так нам вроде государство отказало в праве их получать, все об этом знают. Никто не поведется на пустые обещания.

Блондин, выслушав ответ, лишь отмахнулся, мол, еще разберемся, и Мартин, не видя смысла продолжать разговор, развернулся и вышел. К сожалению, в легионе слухи и доносительства тщательному расследованию не подвергались, руководство хваталось за первое услышанное и не пыталось установить, имела ли место клевета или реальное нарушение правил. Кто-то напел в уши Блондину или еще кому-то из управления ситуацию с Мраком в намеренно неприглядном виде, и эта версия стала рабочей – разбираться было некогда. К Ратнику, надо сказать, отношение всегда было особое. Для ряда «начальников» отрядов – так легионеры между собой именовали тех, кого язык не поворачивался назвать командирами, – он был как бельмо на глазу. Ратник явно выделялся на общем фоне своим военным профессионализмом и качествами настоящего боевого офицера, что неминуемо вызывало у многих зависть, завуалированную фальшивой доброжелательностью. Теперь вот и Мартин попал под замес – наверное, вспомнили его выходку с сербом Волком и неожиданное назначение. Все это было весьма и весьма противно. Вдохнув полную грудь воздуха, Мартин попытался поскорее избавиться от удушливой атмосферы шатра и успокоиться. Возмущение переполняло его, хотелось вернуться обратно внутрь и выговориться на всю катушку, но благоразумие взяло верх. Вскоре по тем же благоразумным соображениям Ратник все-таки убрал Мрака с должности – он не любил конфликтов с руководством и иногда сознательно избегал их, не желая излишне обострять отношения. Ничто человеческое было ему не чуждо.

Внимание снова привлек небосвод. Светопреставление продолжалось еще пару часов. Удивительная страна, древние города и крепости, поразительные природные явления, горы и пустыня, захватывающие своей настораживающей красотой. Обрабатываемые поля, дающие по два урожая в год, желтые сады цитрусовых, темные от спелых плодов оливковые рощи, еще есть нефть и газ, и только лишь, как в той песне, «жизни нет».

Настроение не улучшилось и по возвращении в отряд. Пока Мартин отсутствовал, все вовлеченные в переезд успели переругаться между собой. Впрочем, это была обычная суета и мелкие склоки, пребывание в базовом лагере – это как отдушина, здесь можно не сдерживаться и ругаться с товарищем сколько душа просит: утром как ни в чем не бывало пожмут друг другу руки. На переднем крае конфликты недопустимы, перебранки случаются, но общая заряженность на бой сводит ссоры на нет – не до них, когда перед тобой маячит перспектива получить пулю или осколок.

Ладно, пора на боковую, завтра собрать последние вещи и вперед, на завод. Мартин, распластавшись на кровати, быстро погрузился в состояние глубокого сна, правда ненадолго: холод ночи брал свое, а в палатке только двое – кому-нибудь неизбежно приходилось вставать и заново топить печку.

Глава 29

И снова Пальмира

И снова Пальмира. В начале марта, как и год назад, ле-гионерам предстояло выполнить немалую часть работы по освобождению города, который так трусливо и бездарно сдала игиловцам сирийская армия. Впрочем, тому, кто знал, как умеют «воевать» садыки, особенно удивляться было нечему. Пальмиру обороняли формально собранные в одну группировку разномастные части армии САР с плохо обу-ченными и не испытывающими никакого желания воевать солдатами, которыми управляли чванливые и корыстные дилетанты в погонах с большими звездами, не способные ни установить четкие рамки подчиненности, ни наладить взаимодействие, ни спланировать совместную оборону. Российские советники ничего поделать с этим толком не могли. Менять структуру сирийских вооруженных сил их никто не уполномочивал, к тому же наступление отрядов ИГИЛ[31] на Пальмиру они и сами попросту прозевали.

Боевики пошли в атаку, используя свой излюбленный прием – пустив впереди себя начиненные взрывчаткой джи-хад-мобили, что вызвало в сирийских войсках полную де-зорганизацию и панику. Вся масса обороняющихся, даже не пытаясь оказать хотя бы минимум сопротивления, бро-силась бежать. Игиловцы на своих пикапах выискивали по всей пустыне мечущиеся группы сирийских солдат и устра-

---

[31] ИГИЛ, ИГ (Исламское государство Ирака и Леванта, Исламское государство) – ор-ганизация, признанная в соответствии с законодательством Российской Федерации террористической.

ивали на них сафари. Горько признавать, но и подразделения российского контингента, стоявшие в Пальмире, повели себя не лучшим образом. Бросив склады, заполненные вооружением, даже не попытавшись уничтожить их, они недолго думая погрузились в машины и «бодро» укатили на свои тыловые базы. Позже, чтобы хоть как-то оправдать прогремевший на весь мир позорный разгром, будет придумана красивая легенда об огромной, оснащенной до зубов четырехтысячной группировке ИГИЛ, перед которой, стоически обороняясь и отдавая каждый метр земли с боями, не смогла-таки устоять доблестная сирийская армия. В действительности же игиловцы, к тому моменту теснимые со всех сторон, уже не обладали таким количеством боевиков. На Пальмиру наступали отряды общей численностью не более четырехсот-пятисот человек. Но пропаганда для того и существует, чтобы самое бесславное поражение превратить в героическую победу.

Командование российского контингента, уже не сильно полагаясь на боевые качества и способность сирийской армии самостоятельно справиться с игиловскими группировками, не стало изобретать велосипед и использовало для возвращения Пальмиры план прошлогодней операции. Суть его заключалась в следующем: легионеры снова выступают в роли основной ударной силы и берут под контроль хребет, возвышающийся к югу от дороги, а сирийская армия ведет наступление вдоль трассы и выходит к пригородам. Далее легионеры «заносят» фланг и захватывают аэропорт, угрожая отрезать духов от путей отхода. И тем, по непоколебимой убежденности российских генералов, не останется ничего другого, как быстро покинуть город и отступить в сторону Ирака и далее на север.

Смяв на подступах к пригороду слабые кордоны духов, русские наемники изготовились к финальному броску. Ждали, когда подтянутся с хребта со своими парнями Найк и Иностранец. Две противоположности, дополняющие и усиливающие друг друга, — всегда спокойный и рассудительный Найк и импульсивный Иностранец, оба опытные и неоднократно испытанные близостью смерти. Накануне они повели свои взводы по хребту, для того чтобы обеспечить прикрытие колонне садыков, наступающих по трассе. За время войны игиловцы создали в скалах и расщелинах целую систему обжитых укреплений и укрытий. Выдолбленные в скалах ниши и пещерки с печками и примитивной мебелью, вполне комфортные с точки зрения того, кому приходится ночевать на голой земле, замаскированные огневые точки с бойницами, установленные фугасы направленного действия – одним словом, это была настоящая крепость. Идти пришлось с боями, тесня духов, сбрасывая их вниз с господствующей возвышенности и оставляя позади себя десятки трупов боевиков. Надо заметить, что отлично подсобили наши российские вертолеты и артиллерия.

Переночевав под дождем и ветром на холодных камнях, злые и голодные бойцы спустились с горной гряды к пригороду Пальмиры. Перед ними оказались окруженные высоким кирпичным забором некогда жилые здания и боксы для техники, которые все еще были под контролем джихадистов. Стоило легионерам появиться, как с крыш строений по ним ударили пулеметы. Разозленные наемники, уставшие от горного перехода и изнуряющей ночевки, мечтавшие согреться под крышей и отдохнуть хотя бы часок, стали короткими перебежками быстро продвигаться к периметру занятых духами сооружений, отвечая противнику встречным огнем своих пулеметов и автоматических гранатометов. Сориентированный Найком и Иностранцем Гром добавил от себя пакет реактивных снарядов. Не в силах устоять перед яростной атакой русских солдат удачи, джихадисты предпочли бежать в сторону города, лихорадочно погрузившись в пикапы и бросив на крышах слишком тяжелые для поспешного отступления пулеметы.

К моменту, когда к отбитым у игиловцев зданиям подтянулись остальные наемники, разведчики Иностранца и штурмовики Найка успели часок передохнуть и подсушиться под греющими лучами солнца. Всевышний все же хоть на один день расщедрился на тепло для замерзших и промокших работяг войны. Но надо было поторапливаться, руководство операцией требовало немедленного выступления. Все дальнейшие решения принимались наспех, чтобы успеть к назначенному армейцами времени. Ратник, сориентировав на уже хорошо различимые пригородные постройки и сады, поставил конкретные задачи и отдал указания на выдвижение.

Нагруженные боезапасом и оружием, вытянувшись колонной и огибая с востока сады, легионеры продвигались к аэропорту. Матерясь и чертыхаясь, на ходу меняя друг друга под тяжелыми, пригибающими к земле автоматическими гранатометами и коробами с боеприпасами, напрягая мышцы ног на разъезжающемся под берцами суглинке и задыхаясь от взятого темпа, они приближались к рубежу, где им предстояло развернуться в линию и идти фронтом на позиции игиловцев. Неожиданно с правого фланга появились два автомобиля, по виду джихадки, которые на полном ходу мчались в сторону колонны. Прикрывающий движение легионеров танк громыхнул выстрелом – разрыв чуть в стороне от цели, второй выстрел – снова мимо, в движущуюся цель трудно попасть, особенно из старого вооружения, давно пережившего свои сроки эксплуатации. После второго промаха по рации пришел запрос прекратить стрельбу – мол, это перешедший недавно на сторону правительства полевой командир. Что он делал так далеко в стороне от направления действия сирийской армии и почему своевременно не предупредили о непонятном маневрировании союзника, никто не стал пояснять. Жаль, что не попали, наверняка, сволочь, вывозил по договоренности своих, чтобы русские шкуру не попортили.

При выходе на заданный рубеж произошла еще одна нежданная встреча: совсем рядом впереди, метрах в четырехстах, человек двадцать, одетых в черные и песочного цвета балахоны, резво перебирая ногами, бежали с оружием в руках в сторону аэропорта. Легионеры мгновенно среагировали залпом из стрелкового оружия, и фигурки сразу ускорили ход, утаскивая с собой упавших товарищей. И снова в эфире голос переводчика: «Это наши». Становилось совсем непонятно, откуда в этом месте садыки, которые еще и убегают. Времени, потраченного на радиообмен, убегающей группе хватило, чтобы скрыться из поля зрения, а в эфире тем временем: «Нет, это не наши, это игиловцы». Сразу стало ясно, что по просьбе разных дружественных полевых командиров сирийцы давали боевикам возможность спастись от русских солдат удачи — от тех, с кем не договоришься и кого не запугаешь последствиями, от тех, кого на этой войне вроде как бы и нет.

Сделав короткую передышку и дождавшись, пока подтянется вся группа, легионеры выдвинули на свои направления технику и развернулись в линию. До аэропорта было еще километра четыре. Шли, осматривая постройки и все то, что могло быть использовано боевиками для укрытия. Ратник, отдавая в движении уточняющие указания Найку, Мраку и Иностранцу, вдруг недоуменно произнес: «А это еще кто?» За шумом моторов, уверенные в том, что их тыл прикрыт сирийцами, легионеры не заметили, что позади, забирая в сторону их правого фланга, шла колонна из трех танков и пяти боевых машин пехоты, облепленных фигурками в форме правительственных войск. Через некоторое время благодаря Гному — радисту легионеров, отправленному для организации оперативного взаимодействия с союзниками, выяснилось следующее. Отряд садыков, двигаясь слева от русских наемников, обнаружил впереди себя духов, готовых открыть по ним огонь. Их командир тотчас принял «смелое» решение — переместиться на правый край легионеров. И вот так вот, всем табором, включая русских советников на броне, которые даже не попытались вмешаться в действия сирипутовского командира, они укатили в более безопасное для себя место. С этого момента действия солдат удачи происходили в обстановке полного отсутствия информации о том, что слева и что в тылу, поскольку не было никакой уверенности в точном выполнении сирийцами первоначального плана операции.

Углубляясь все дальше в зеленку, отряд легионеров постепенно приближался к своей цели. Оливковые деревья, разросшиеся и одичавшие без человеческого участия, своей густой кроной мешали обзору, затрудняли возможность ориентироваться и выдерживать верное направление. Добавляли трудностей каналы орошения и ямы. Помимо разбросанных тут и там домиков и хозяйственных построек совершенно случайно обнаружились и подготовленные игиловцами блиндажи и убежища, надежно скрытые в земле и незаметные за кронами густых кустарников. Одна из БМП, ставшая на время проведения операции передвижным пунктом оказания первой медицинской помощи и средством эвакуации, преодолевая невысокий ров и уже выравнивая крен, вдруг с треском рухнула левой гусеницей в пустоту жилого пространства деревянного укрытия. Осев на сторону, машина уже не могла выбраться самостоятельно. И медики под управлением Терапевта приступили к земляным работам.

Вскоре наемники достигли линии ограждения аэропорта. Как ни странно, несмотря на военную разруху, забор оказался абсолютно неповрежденным. Справа от русских обосновался и «блуждающий» отряд союзников. Недолго думая, сирийцы приступили к обстрелу территории аэропорта, наугад разбрасывая снаряды по ангарам и постройкам. В ответ им пришел выстрел из ручного гранатомета. Ракета, несколько раз кувыркнувшись, упала плашмя на землю, не долетев до головной машины. Садыки тут же попятились назад и, удалившись на безопасное расстояние, продолжили беспорядочный обстрел взлетного поля. Все это время сирийские солдаты сидели на броне машины, облепив её, как мухи, и не предпринимая никаких попыток спуститься и провести пешую атаку.

Иностранец со своими разведчиками залег возле линии ограждения, завязав перестрелку с боевиками, которые укрылись за накопанными экскаватором брустверами. Переходить за забор не было никого смысла – голое пространство до брустверов простреливалось духами со всех направлений. Ратник не спешил давать команду двигаться вперед. Обстановка никак не прояснялась, сообщения в эфире, приходящие от союзников и российского командования, лишь раздражали своей неконкретностью. Найк и Мрак к тому моменту тоже развернули свои взводы вдоль границы аэропорта. Но Ратник все еще медлил, сомневаясь, стоит ли рваться на взлетное поле и к ангарам, если даже не знаешь, что делается слева и позади тебя.

При таком раскладе подтягивать тылы ближе к себе через зеленку было делом опасным, но и идти дальше, не имея достаточного боезапаса, тоже бесперспективная затея. Разведчики продолжали прощупывать передний край, духи в ответ молотили из всего, что имели, не давая преодолеть заграждение. Неожиданно бойцы Горца из взвода Найка увидели прямо перед собой, метрах в пятидесяти, большую группу игиловцев, вынырнувших как будто из-под земли. Проворно выползая из глубокого окопа, духи вереницей по одному спешили в направлении правого фланга – туда, где завязал бой Иностранец. Горец дождался момента, когда последний джихадист покинет укрытие и вся колонна вытянется вдоль линии легионеров, и дал команду «Огонь!». Мощный залп почти в упор опрокинул на землю добрую половину боевиков, остальные, повернув в сторону небольших построек рядом с ангаром, бросились к укрытиям, петляя и периодически ныряя в ближайшие от них ямки. До ангара добежали не все: еще несколько фигур, подрубленных попаданиями, уткнулись в землю и уже не вставали.

Как только оставшиеся в живых духи скрылись в постройке, на позицию выкатился танк поддержки легионеров, ведомый Глыбой, и, замерев на момент прицеливания, изрыгнул свой осколочно-фугасный. Постройку накрыло черным дымом. Но игиловцев потеря такого количества своих единомышленников нисколько не смутила, они словно еще больше воспылали ненавистью к русским и увеличили плотность огня. В какой-то момент, казалось, они сами были готовы броситься в атаку – на бруствер выскочил пулеметчик и, изрыгая короткое и частое «Аллах акбар», очередями принялся обрабатывать линию, где залегли русские солдаты удачи. Гасконец, пулеметчик из взвода Иностранца, в этот момент менял позицию, подыскивая более удачное место для своего пулемета. Осатаневший боевик стоял на бруствере, и Гасконец тоже не стал прятаться, приняв вызов. Так они и стояли, направив стволы своих пулеметов друг на друга, разделенные совсем коротким участком открытого пространства, – джихадист-смертник и русский легионер. Секунда – и все кончено: Гасконец, контуженный оцарапавшей ему висок пулей, завалился на правый бок, обхватив ладонями голову, а враг остался чернеть на фоне высокого вала из белого известняка, свесившись вниз и вытянув мертвые руки в сторону своего оружия, скатившегося под основание бруствера. Товарищи помогли Гасконцу отползти и подняться на ноги. Расставаться со своим оружием он не захотел, медики так и приняли его – с пулеметом.

Гасконец по своей натуре был космополитом, в душе оставаясь русским парнем. К моменту вступления в ряды ЧВК он успел пройти школу иностранного легиона и принять участие в его составе в нескольких миссиях. Уже имея вид на жительство во Франции и возможность хорошего заработка на родине трех мушкетеров, он все-таки сразу после того, как до него дошла информация об очередном заходе, поспешил в ряды солдат удачи. Обладая внешностью открытого, добродушного парня, он легко располагал к себе людей и, несмотря на возраст далеко за сорок, добросовестно таскал на себе любимый пулемет, довольно увесистый и габаритный, и всегда успевал оказаться с ним в нужном месте и в нужное время.

Ратник принял решение отвести легионеров в зеленку

и дать возможность Мадриду спокойно наводить на цель минометы Бандита и ориентировать вертушки. К большой радости легионеров, утомленных тяжелым переходом и противостоянием с боевиками, командование операцией выделило для поддержки наступления авиацию. Бритый, неотступно сопровождавший Ратника в большинстве баталий этой войны, также навел свою батарею по указанным целям и начал методично обрабатывать стодвадцатимиллиметровыми минами позиции духов. Налетевшее вертолетное звено залпом ракет накрыло площадь, на которой размещались укрепления игиловцев, но, как только Иностранец попытался двинуться с места, плотный огонь со стороны рвов вновь вынудил остановиться. Духи упорствовали. Эти фанатики продолжают сражаться, даже когда на них сверху с пугающим воем падают мины и ракеты.

День угасал, ночь надвигалась быстро и неуклонно. Необходимо было принимать решение, и Ратник с досадой процедил сквозь зубы: «Все, пиздец, стягиваемся в круг, дальше не пойдем». Мартина это решение нисколько не удивило – за время тесного общения с Ратником, узнав его достаточно хорошо, он усвоил для себя одно из основных его правил: когда сомневаешься, остановись, передохни и спокойно продумай свои дальнейшие действия. Ратника, несомненно, беспокоило отсутствие внятной информации о том, что происходит на флангах и в тылу его отряда, да и духи намертво вцепились в свои укрепления, которые были только форпостом на огромной территории аэропорта, – двигаясь дальше, можно было очень просто оказаться в мешке на простреливаемой со всех сторон равнине.

Весь отряд, повинуясь воле командира, пришел в движение, перестраивая свои порядки для обеспечения безопасной ночевки в зеленке. После недолгой суеты – а без нее обойтись невозможно: кто-то не так понял или недослышал, кто-то не так выразился – отряд наконец расположился по периметру давно заброшенного подворья с большим садом и плантацией. Полуразрушенные постройки послужили укрытием только для части легионеров, большинство из них расположились на земле, выкапывая окопчики, набрасывая брустверы в готовности встретить нежелательных гостей огнем из своего оружия. Мартин готовил место для ночлега, его сознание, опустошенное физической нагрузкой долгого дня, работало урывками. «Очень опасное состояние, – отметил он про себя, – я все-таки оказался не готов к перегрузкам, тело не восстановило способность переносить многокилометровые марши и нервное напряжение боя. Как командир я был бы сейчас нулевой. Это плохо, очень плохо, необходим отдых, нужно хоть немного полежать и подремать. Впереди еще много работы, нужно выдержать».

Наступила непроглядная темень. Небо затянуло тучами, и пошла нудная, раздражающая морось. Вода была на исходе, незначительные запасы еды давно закончились. Предстояло пережить несколько долгих, изматывающих отсутствием элементарных условий для отдыха часов. Ночь провели на ногах и в постоянном движении. Не только дежурная смена, но и весь лагерь спал урывками. Когда усталость, накопившаяся за день, брала верх, глаза закрывались сами собой и сознание погружалось в полуобморочное состояние, но через короткий промежуток времени замерзшее тело возвращало его в реальность.

Парни, нагруженные боеприпасами, стремились, насколько это возможно, облегчить носимую поклажу, и поэтому теплые вещи с собой не брали – в лучшем случае в небольших по размеру рейдовых рюкзаках и сумках, приточенных к разгрузкам, лежали свитер или комплект сухого нижнего белья, которых было недостаточно для того, чтобы вынести мучительно холодную, до ломоты в костях, ночь. И дождь только прибавил проблем. Все с нетерпением ждали утра и солнца.

С рассветом к месту, где устроились легионеры, смог проехать, огибая наиболее густо разросшиеся заброшенные сады, транспорт с водой, сухими пайками и такими необходимыми боеприпасами. Солдаты удачи, подкрепившеся и немного согретые первыми лучами солнца, деловито готовились к бою. Сам факт прибытия транспорта из тылов внушал надежду на то, что противник только впереди, к тому же радиопереговоры давали понять, что вся масса войск приближается к рубежу, занятому русскими наемниками. Ратник, собрав вокруг себя группу управления и командиров взводов, обсудил со всеми детали предстоящих наступательных действий.

Отряд, вновь развернувшись в боевой порядок, ждал сигнала. Начало положили минометчики, которые по команде Мадрида и Бритого стали методично, по уже намеченным со вчерашнего дня целям, мина за миной, обрабатывать позиции, откуда накануне отстреливались духи. Перед началом артподготовки какого-либо движения замечено не было, и к утру периодические прострелы из пулеметов от валов в сторону русских прекратились. Вслед за минометчиками дали залп танки, стегая по ушам мощным «уххх». Тут же короткими очередями выстреливаемых гранат залаяли автоматические гранатометы. Между ангарами от прямого попадания загорелся и разразился множественными хлопками склад боеприпасов. В проделанные саперами проемы ограждений ринулись бойцы Найка. Танки, отстреляв по своим целям, проломили еще два прохода для разведчиков и взвода Мрака. И перекатами, прикрывая друг друга, выдерживая направления, легионеры приливной волной накатили на аэропорт, и теперь их уже ничто не могло остановить. К тому моменту в городе тоже наметился перелом. Сирийцы, наступающие со стороны дороги на Хомс, поддержанные спецами из российских ССО, наконец-то продвинулись вперед к цитадели и вышли на окраины Тадмора. Духи, боясь оказаться в окружении, поспешно отступили, не принимая бой, и вскоре вся территория аэропорта контролировались русскими легионерами. Осторожно, метр за метром, все осматривали, нащупывали мины и фугасы, проверяли колодцы и коммуникации.

Размещались на завоеванной территории по-деловому, оплатив потом и кровью право считать ее своей вотчиной. Попытка проникнуть вглубь ограждения прибывшим без спроса на больших красивых американских джипах заносчивым и чванливым мухабаратовцам была пресечена коротким и емким русским выражением: «Пошли на хуй». Ратник согласился впустить внутрь периметра только тех мудаков, которые накануне прыгали с одного фланга на другой за спиной легионеров, и то только после проникновенной просьбы сопровождавшего их российского полковника – победители милостивы.

Духи не стали откатываться далеко за хребет, они, в отличие от сирипутов, вообще привычки терять голову и бежать без оглядки не имели. И о своем присутствии напомнили очень скоро, начав обстрел аэропорта из давно подготовленных укрытий. Заработало сразу несколько орудий. Первый снаряд пришелся на большой разлапистый эвкалипт, под которым расположились разведчики. Сразу за докатившимся до слуха звуком выстрела прямо под деревом рванул облаком огня и черного дыма разрыв, накрыв своим эпицентром несколько человек. Судя по огромной скорости снаряда и малому числу осколков била корабельная пушка, установленная на платформу грузовика, – штука, коварная своей мобильностью и сложностью определения позиции. Дыма при выстреле минимум и пыль не поднимает. Выставленные легионерами по всей равнине посты наблюдения отыскивали малейшие признаки огневых позиций игиловцев. Следуя указаниям наблюдателей, парни Бритого и Бандита, развернув свои минометы, начали ответную стрельбу по духовским артиллеристам. Вскоре к русским легионерам присоединились соседи-союзники, у которых имелись в наличии более мощные стволы и реактивные установки.

Неожиданно для наемников, преодолевая на своих легких колесных бронемашинах места проломов в ограждении, выбрались на взлетку и подкатили к штабу Ратника бойцы ССО. К слову сказать, эти парни были единственными представителями вооруженных сил, которых легионеры встречали на переднем крае. Мартин поймал себя на мысли, что с каким-то добрым чувством разглядывает прибывших спецов. Ладно скроенные, энергичные, без всякого снобизма в общении (хотя демонстрировать крутость перед легионерами – дело бессмысленное), спецы из ССО служили наглядным примером того, что не перевелись еще богатыри на земле русской. Хорошо оснащенные и знающие толк в применении возможностей своего оружия, они не мешкая включились в работу. Уже через полчаса они своей ПТУР поразили грузовик, снующий на большой скорости между укромными позициями духов. Появились и закружили над головами карусель вертолеты, время от времени с ревом выпуская залпы ракет по указанным спецами целям. Вертушки заходили на цель парами, постоянно сменяя друг друга.

Примерно через три часа непрерывного шума вертолетных двигателей, залпов орудий и реактивных систем прояснилась причина всей этой демонстрации силы и огневой мощи – на взлетку выехал кортеж командующего. Под охраной все тех же спецназовцев генерал с напыщенно важным выражением лица побродил среди ангаров, которые в большинстве своем были заполнены сожженными танками. Часть из этих танков еще совсем недавно использовалась духами в боевых действиях, другая служила в качестве доноров для ремонта. Генерал записал короткое обращение-доклад на камеру и удалился. Все время своего пребывания командующий старательно не замечал присутствующих рядом легионеров, которые ни своим обмундированием, ни отсутствием знаков отличия не напоминали солдат сирийской армии и уж тем более военнослужащих армии России. Генерал всем своим видом демонстрировал, что знать ничего не знает ни про каких русских наемников и ни при каких обстоятельствах не признает, что аэропорт взяли они, а не доблестные воины САР, руководимые высокопрофессиональными российскими советниками. В дальнейшем все так и произошло. Во внутреннем докладе командующего российским контингентом своему начальству он охарактеризовал участие легионеров во взятии Пальмиры как малосущественное и особо не повлиявшее на ход операции. Легионеры в его изложении чуть ли не в тылу отсиживались, пока все остальные рисковали своими жизнями.

Сразу после отъезда командующего Ратник, попрощавшись со спецами ССО, вернулся к текущим проблемам. Ему срочно нужно было решить вопрос замены взвода Беспалого, который он оставил на подступах к городу как заслон своего не прикрытого никем тыла. Обещанный командованием отряд союзников как-то не торопился сменить их. Взяв с собой Мартина, Ратник отправился в штаб группировки.

Их путь пролегал через древний город, проехать мимо этого завораживающего зрелища и не остановиться легионеры не могли. Мартин бродил среди сохранивших признаки былого величия и красоты развалин и не переставал удивляться. Огромный архитектурный комплекс поражал воображение: как строителям прошлого удалось без экскаваторов и подъемных кранов построить такое? Как предшественники ныне живущих на этих землях арабов на это сподобились? Предшественники, но не предки. Язык как-то не поворачивается назвать наследниками тех, кто построил в пустыне лишь несколько неряшливых городков, да и те умудрился загадить мусором. К слову сказать, арабы к шедеврам античности относились довольно прохладно, установка «жизнь началась только с приходом ислама, а до этого была только грязь и невежество» являлась среди них довольно распространенной. ИГИЛ пошло еще дальше, не только принижая культурное наследие прошлого, но и активно его уничтожая.

Ратнику в прошлом году уже довелось побывать в древнем городе, и он мог определить произошедшие в нем со времен захвата игиловцами изменения. Ратник указал Мартину на вновь появившиеся разрушения в амфитеатре и на место, где ранее находилась знаменитая Триумфальная арка, символ Пальмиры. Поднять руку на это творение и уничтожить его мог только душевнобольной. Древние камни Пальмиры, плиты с нанесенной мозаикой, барельефы на стенах и колоннады вызывали неподдельное восхищение, а цитадель на вершине горы просто поражала своей мощью. Невозможно было не изумиться подходу древних зодчих к своему делу. Стены цитадели, в которой засели игиловцы, с легкостью выдержали во время штурма попадание снарядов крупных калибров. Строители во времена возведения стен крепости и представить себе не могли разрушительную силу современной артиллерии, но на многие столетия вперед заложили запас прочности комплекса и создали истинный шедевр фортификационного искусства.

Командный пункт российских советников находился на территории огромного богатейшего поместья, окруженного красивым забором. Советники с комфортом расположились в главном доме поместья, который своими интерьерами скорее напоминал санаторий, чем временное военно-полевое пристанище. Наемники о таком и мечтать не могли – им приходилось довольствоваться теми условиями, которые имелись на рубеже, достигнутом во время боя. Разговор с офицерами управления был недолгий, но содержательный. Старший, в звании полковника, развел руками и честно признался в том, что не в состоянии немедленно произвести требуемую замену, поскольку не может собрать из подотчетных ему частей отряд нужной численности, а сформированная ранее группа наполовину разбежалась. Вот вам и героическая армия, вот вам и верящий в своего президента народ. Пригласив легионеров выпить кофе, полковник, рассказывая о житье-бытье, между делом обмолвился, что попал в командировку благодаря взятке в размере денежного оклада первого месяца пребывания в горячей точке. Свою поездку в Сирию он рассматривал как удачное вложение в будущее. И деньги вернутся с наваром, и корочка участника боевых действий с причитающимися к ней льготами будет совсем не лишняя, да и такой факт в служебной биографии, конечно, станет весомым козырем в дальнейшей карьере. Вот так теперь командный состав нашей несокрушимой и легендарной относится к службе: вложил деньги – получил прибыль. Возможно, когда-нибудь этот полковник станет генералом, но о том, что давал взятки на пути продвижения к золотым погонам с большими звездами, в своих мемуарах упоминать не станет, зато напишет, что он как настоящий служака, выполняя приказ родины, брал под козырек и, не рассуждая, отправлялся выполнять свой воинский долг в самые горячие точки планеты.

Смена на следующий день все же прибыла. В кузовах изношенных грузовых автомобилей российского производства, среди сумок, матрасов и прочего хлама кое-где виднелись люди в форме и с оружием. На одном из «Уралов» была установлена палатка, из торчащей в ней трубы вырывался дымок. Когда этот табор начал выгружаться, выяснилось, что союзники, имея в наличии пару минометов, вместо боеприпасов к ним погрузили матрацы, газовые баллоны и посуду. Сопровождавший садыков российский советник разразился длинной матерной тирадой, помянув при этом всех причастных, начиная от рядовых сирипутов и заканчивая президентом этих «дебилов и уродов», – накипело у мужика. Наемники, ухмыляясь, грузились на прибывший за ними транспорт, снисходительно наблюдая за заботами советника: да уж, нелегко работать с такими подопечными.

Захват аэропорта, позволивший перерезать дорогу на Ирак через Дейр-эз-Зор, стал ключевым моментом в операции по возвращению Пальмиры, и легионеры в ней были далеко не статистами. Но в официальных военных сводках, передовицах газет и телевизионных новостях об этом не будет сказано ни слова. И хотя участие русских солдат удачи в сирийской войне давно стало секретом Полишинеля, все старательно делают вид, что это военная тайна. И конечно же, все почести и награды в очередной раз обойдут наемников стороной. Но легионерам к этому не привыкать, и это их не тяготит. У них своя мера воинской доблести, и каждый по ней получает ту долю уважения, которую он заслужил.

Еще несколько дней легионеры располагались на месте, но последовал новый приказ и за ним – поспешные сборы. Дорога прежняя – обратно, на свое основное направление, на нефтеносные районы.

Глава 30

А на премиальные не кинут?

Тела двух легионеров, прикрытые брезентом, лежали в кузове «Урала». Мартин, опустившись на колено, осторожно сдвинул полог, прикрывающий головы и плечи трупов. Лишенная жизненных красок кожа обтягивала внезапно похудевшие скулы, на лице запечатлелся оскал от боли и непонимания происходящего. Бесповоротность случившегося не укладывалась в голове – парни были мертвы, и ничто их не могло оживить. Особенно горьким было то, что их убили свои.

Все началось с того, что командир небольшого передового дозора, выдвинувшегося на пост наблюдения, полностью положился на авторитет бывалого старшего снайперской группы, который вместе со своим напарником был в составе дозора, и передал ему все бразды правления. Когда старший снайпер заявил, что дозор уже достиг назначенного пункта, командир не стал его перепроверять. Все дальнейшее оказалось следствием этой роковой ошибки. Командир дозора выставил двух бойцов с пулеметом для наблюдения за местом, откуда они могли засечь только разведчиков, находившихся в тот момент чуть впереди. В результате, не разобравшись в ситуации и руководствуясь только инстинктом самосохранения, пулеметчик, встрепенувшись от дремоты и увидев в предутренней дымке две фигуры совсем рядом, метрах в пятидесяти от себя, нажал на спусковой крючок. Остальные бойцы дозора, выскочившие на звук выстрелов, добавили от себя по упавшим телам. Победные крики в эфире, сообщившие об уничтожении группы духов, оборвались сразу, когда до окончательно проснувшегося сознания дошла мысль о неладности происходящего. Теперь и местоположение дозора казалось сомнительным, и более четко обозначились впереди какие-то позиции, на которых перемещались вооруженные люди, одеждой явно напоминавшие своих. И только сейчас стал понятен смысл радиообмена, в котором разведчики сообщали о выходе двоих своих навстречу поднимающимся штурмовикам. Победные крики в тот же миг сменились гробовым молчанием...

Мартин, спрыгнув с кузова, отвернувшись от присутствующих и отойдя в сторону, смотрел прямо перед собой, пытаясь совладать с отчаянием. В горле застрял комок, глаза заволокло слепящей влагой. Кисти рук сами собой до боли сжались в кулак, все тело охватил судорожный озноб. Так не должно быть, это какое-то наваждение – расстрелять с перепугу своих товарищей практически в упор! В голове никак не укладывалось: зачем пулеметчик, засевший за каменной кладкой, открыл огонь? Даже если бы это были духи, все равно нельзя было стрелять, чтобы не обнаружить себя раньше положенного срока. К тому же идущих было только двое, а позади пулеметчика – целая группа бойцов, готовых занять свои места на рубеже! Он стрелял бездумно, глупо, непрофессионально! И сейчас уже ничего не исправишь. Шерхан – командир группы разведчиков – неизменно спокойный и без какого-либо напряжения, вежливый и уважительный к старшим, хотя к этому моменту и сам имел немалый опыт, пройдя в спецназе школу выживания в боевых условиях. Кольт – всегда на взводе, временами чрезмерно активный, принимавший участие под командованием Ратника в большей части командировок и ни разу не давший повода усомниться в своей надежности и пользе. И вот их нет, есть только тела с лицами, сделавшимися чужими и незнакомыми, есть только обескровленные тела. Их семьи остались без кормильцев, жены – без надежной опоры, а дети – без мужского начала, столь важного в процессе воспитания и становления.

Позже, в лагере подготовки, Мартин встретил того самого старшего снайперской группы, проявившего излишнюю самоуверенность в ту злополучную ночь. Мартин был просто шокирован тем вопросом, который последовал за взаимным приветствием. Предполагая наличие душевных мук у виновника гибели разведчиков, Мартин даже сопереживал этому состоянию и никак не ожидал такое услышать. Старший без прелюдий начал интересоваться, не кинули ли его в связи с происшествием на премиальные, которые были положены участникам боевых действий. Мартин, потрясенный его вопросом, пожал плечами и отошел в сторону — переживаниями здесь и не пахло. Человек совершил военное преступление, и, будь он в армии, а не в ЧВК, стоять ему перед военным трибуналом. Но до него это, похоже, так и не дошло. Легионеры лишились двух толковых и надежных парней, а виновника их гибели больше интересовал вопрос денег — вот и весь расклад.

Что ж, в такое время живем. Деньги сегодня являются для многих не только средством оплаты товаров и услуг, но также мерилом морали, законности и человеческой жизни.

Глава 31

На перевале

Горец был из той категории людей, для которых не имело значения, к какому вероисповеданию и национальности принадлежал человек и из каких краев он прибыл. Не подверженный унынию, всегда улыбающийся во весь свой золотозубый рот чеченец сразу внушал доверие простотой и незамысловатостью своей натуры и мог легко сойтись с любым представителем большого многонационального братства, коим являлся легион. Мартин познакомился с ним во время первого захода на территорию раздираемой войной Сирии. Опытный труженик войны, с момента совершеннолетия не выпускавший из рук оружия, он без понтов и лишних показных манер был готов идти в бой, на очередное свидание со смертью. В свое время Горец после расформирования его подразделения, пришедшегося не по нутру нынешнему главе одной кавказской республики, предпочел вступить в русский легион. Начав работу с рядового, он в итоге стал в отряде Ратника командиром отделения. Подъехав на КамАЗе, он протиснулся в палатку и, как обычно, в свойственной ему манере выпалил очередной анекдот. Содержание было неважно – смеяться можно было уже над самим повествованием. Речь Горца была исковеркана сильным акцентом и вызывала безудержные приступы хохота. После вступления прибывший гость уселся у костра под одобрительные приветственные возгласы присутствующих.

Почерневший от гари чайник выплюнул из горлышка закипевшую воду, с шипением выплеснувшуюся на раскаленные камни наспех сработанной печурки, которая стояла в нише укрепления из наваленной скальной породы, сверху прикрытого палаткой. В таком укрытии можно было спокойно посидеть, схоронившись от пронизывающего горного ветра и возможного обстрела со стороны врага. Болтали обо всем, что приходило в голову, часто переходя от одной темы к другой, уже давно утратив нить спонтанно возникшей беседы. Была просто потребность поговорить, отвлечься от войны, от достававшего до нутра ледяного холода, от переживаний предшествующих дней и непрерывного нервного напряжения. Двигаться на вершину хребта приходилось с опаской, постоянно прощупывая впереди себя отрезки для коротких переходов и бросков, стараясь не попасть под перекрестный огонь засевших в скалах джихадистов. Только за вчерашний день саперы сняли или подорвали на месте порядка десяти фугасов огромной разрушительной силы, в один миг превращающих живого человека в бесформенный кусок истерзанной плоти. Холод и дождь усиливали желание отдохнуть и расслабиться, посидеть, а еще лучше – полежать в тепле и подумать о чем угодно, но только не об этих голых скалах и перспективе подорваться на мине или получить пулю. Так вот и сидели вокруг костра, наслаждаясь его жаром и горячим кофе, встречая мартовский рассвет на вершине полностью взятой под контроль горной гряды.

К моменту появления Горца минометчик Дикий закончил длинный рассказ о своей бытности в должности командира артиллерийской батареи в одной из частей на территории Дагестана. Собравшиеся в палатке наемники обсуждали услышанное: проблемы армии продолжали волновать всех легионеров, которые хотя и сменили по разным причинам военную службу на беспокойную жизнь солдат удачи, но остались по своей сути все теми же служаками. Наемники не понаслышке знали о сложившейся в армии ситуации и были прекрасно осведомлены о том, что в ней происходит. Солдаты удачи едко прошлись по высшему командному управлению, превратившему вооруженные силы страны в бесконечный балаган. Танковые биатлоны, форумы, парадные учения при полном отсутствии настоящего понимания военного ремесла – сплошная показуха. Дикий поведал о том, как джигиты из окрестных селений и городков обратили службу в удобную форму тунеядства, получая хорошие деньги за мнимое выполнение своих обязанностей и появляясь на службе только за причитающимся им денежным содержанием, из которого, понятно, отстегивали часть вышестоящим командирам. В результате и уровень подготовки рядового состава низкий, и авторитет у командиров никакой, да и офицеры привыкли мириться с подобными обстоятельствами, находясь под гнетом своих корыстных начальников, или, принимая правила игры, сами включались в этот денежный круговорот.

– Каждый крутится, как может, – процедил, сплюнув, Бандит.

– А ты, Дикий, что же не боролся с этим позорным явлением?

– На хуй мне надо было в героя в одиночку играть. Ты сам бы двинул против системы?

– Против системы все равно что против своего же народа переть. При любом раскладе виноватый останешься. Местным такой расклад по кайфу был. И офицеров, которые на лапу получали, и местных это устраивало, и командование довольно, ему и отчеты шлют нормальные, и подарочками не обходят. Так что пойдешь против – кучу врагов наживешь, – последовал чей-то ответ из дальнего угла палатки.

– Чинуши – твари продажные, ничего святого, для них ни родина не важна, ни флаг, лишь бы копейку выхватить.

– Да такая хрень по всей России-матушке, не только на Кавказе. Договариваются и покупают все подряд: возможность только числиться, или в наряды не ходить, или еще чего-то там, что по службе положено. Представления на ордена покупают у начальников, должностями торгуют. Армия давно уже стала большим базаром, где все продается и покупается. – Мартин произнес свою тираду спокойным тоном, устало оседая на низенький раскладной табурет, который по-дружески уступил ему Дикий. – И ни чести, ни долга, ничего.

– На том месте, где долг и честь, давно выросло кое-что, – поздоровавшись с Мартином, выпалил Татарин, втискиваясь в укрытие. – Им квартиры вроде без проблем дают, зарплаты повышают, престиж подымают, – сделав ладонью вертикальное движение, продолжил Татарин. – Они по-честному служить не начнут, пока пару сотен к стенке не поставят, что ли?

– Они другие теперь. Такие же больные, как и все общество. Я тогда в пятнадцатом перед командировкой спланировал занятие в тире, хотел из пистолета упражнение пострелять. Прихожу, а там спецназ из бригады, солдатики какие-то передвижения бестолковые отрабатывают, а офицеры колбаску порезали и бутеры пережевывают. Спрашиваю: «Надолго?», они мне в ответ: «К сожалению, надолго. У нас проверка из Москвы, вот выгнали на занятия, скоро появятся, будут видеофиксацию производить». Вот тебе и весь хрен до копейки. Офицеру спецназа занятие по боевой подготовке – это обуза, он так и говорит – «к сожалению», и солдатики его совершенно без всякого смысла перемещаются, перебегают, для чего – непонятно. Что отрабатывают, тоже неясно, пустая трата времени и сил. Вот тебе и армия, избавившаяся от Сердюкова и ставшая на путь возрождения. Им что ни дай – все мало, всегда жаловаться будут, а вот о том, что есть профессионализм и что такое уметь воевать, даже не задумываются.

Мартин сплюнул и отпил кофе… Беседа у импровизированного очага, греющего тела и души, прервалась, как это и бывает зачастую на войне, напоминанием близкого присутствия врага. Снаряд, выпущенный из орудия, запрятанного где-то на севере в потаенных предгорных нишах, с перелетом врезался в скальный выступ за позициями легионеров. Моментально перейдя из разговора о наболевшем в состояние боевой готовности, солдаты удачи, повинуясь законам войны, бросились выполнять свои обязанности.

Горец без лишней суеты, прихватив заряженные батарейки от радиостанций и вскочив на подножку КамАЗа, дал водителю команду переместить машину ниже позиций минометчиков. Расчеты кинулись к своим орудиям, наблюдатели, прильнув к окулярам, каждый в своем секторе вглядывались в раскинувшуюся перед ними холмистую равнину, выискивая позицию духовского орудия. Вскоре второй снаряд, снова с перелетом, обозначил свое падение разрывом, и тут же в ответ, по замеченной наблюдателями вспышке, выпустило свой снаряд орудие легионеров. Минометчикам в силу удаленности цели оставалось только укрыться в каменных кладках и не маячить на позициях. Дуэль продолжалась недолго, обстрел со стороны противника вскоре прекратился, не причинив вреда легионерам.

Между тем день стал набирать обороты, выглянуло солнце, пригрев камни; ветер, сменив направление, сбавил свой напор. С высоты хребта примыкающая к нему равнина казалась неким мистическим живым организмом, лишенным кожного покрова. Особенно сильным это впечатление было, когда солнце лишь обозначало свое присутствие где-то там, за горными вершинами, и близлежащие скалы своими очертаниями еще не обрели четкого контура с выступами и каменными кладками воздвигнутых укреплений. Меняющаяся цветовая гамма поверхности напоминала мышечные ткани, а линии высохших рек и излучин – артерии и вены. Пустыня была словно живой и дышащей. Горы, которые при подходе к подножию хребта казались гладкими каменистыми образованиями, при движении вверх по высотам вдруг обнаруживали множество пещер, углублений и плато, спрятанных между скальными выступами. Все в этих местах имело ни с чем не сравнимое, завораживающее взгляд очарование.

С вершин гор, занятых легионерами, далеко впереди просматривалась гряда такого же высокого хребта – последнего, который должны были взять солдаты удачи, прежде чем выйти к бескрайней пустыне Аш-Шаир с обширными нефтяными полями, которые они должны были отбить у игиловцев. Враг ждал наступления русских наемников и готовился к нему. За просто так отдавать территорию, которую они уже считали своей, джихадисты не собирались. Бои предстояли тяжелые и жертвенные.

Легионеры поднимались на хребет с подножия, осторожно прощупывая местность впереди себя. Удавалось преодолеть не более километра в день, занимали высоту за высотой, готовясь вступить в бой с засевшими за выступами скал духами. Приходилось постоянно расчищать подходы к рубежам и обезвреживать или подрывать на месте фугасы и мины. Продвигались по нескольким направлениям и, заняв господствующие высоты, вышли на обратную сторону хребта. Духи отступили, не принимая боя. На завершающем этапе, уже заканчивая совместно с соседним отрядом наемников блокировать дорогу через перевал, бойцы Ратника сцепились-таки с группой наиболее отчаянных джихадистов-фанатов, не пожелавших оставить свой укреп. После короткого боя игиловцы, бросив тяжелое оружие, но забрав раненых и убитых, оставили высоту. Обстоятельства боестолкновения поначалу как-то всех удивили: почему вдруг взвод солдат удачи, будучи в близком огневом контакте, все же позволил врагу эвакуироваться? Причина стала понятна позднее – крылась она в нерешительности командира взвода, Зятя, который продемонстрирует свои не лучшие качества в следующем бою, допустив неорганизованное отступление в некритичной обстановке.

Картина, представшая глазам легионеров на обратной стороне хребта, наглядно демонстрировала неспособность сирийской армии воевать. Вдоль всего нагорья были подготовлены и развернуты в сторону ИГИЛ[32] нарытые бульдозерами укрепления с оборудованными местами для тяжелого

---

[32] ИГИЛ, ИГ (Исламское государство Ирака и Леванта, Исламское государство) – организация, признанная в соответствии с законодательством Российской Федерации террористической.

вооружения. Теперь в этих укрытиях находились остовы сгоревших американских пикапов, на которых, очевидно, крепились крупнокалиберные пулеметы. Такие позиции можно удерживать годами, но, судя по небольшому количеству стреляных гильз, бой здесь был недолгий. Несколько обглоданных шакалами скелетов лишь подтверждали версию о скоропостижном бегстве их защитников с занимаемых позиций, иначе садыки не бросили бы своих товарищей помирать в горах. Достаточно хорошо узнав арабов за время командировок, Мартин перестал удивляться тому, что Израиль умудрился за шесть дней разгромить армии трех арабских государств.

Наемники использовали брошенные сирийской армией позиции для закрепления на отрогах хребта. Располагались основательно: совсем недалеко, внизу, там, где начиналась долина Аш-Шаир, в расщелинах и залитых бетоном укрытиях засели духи, озлобленные появлением русских солдат удачи. Ратник, убедившись, что всё под контролем, решил вернуться в исходный лагерь пешком и, не говоря ни слова, развернулся и двинулся вниз по склону. Мартин и Мадрид — единственные из группы управления, кто находился рядом, — восприняли это как молчаливый приказ и отправились следом за ним. Их путь пролегал по узкому ущелью, временами в ширину плеч, между высокими, гладкими скальными монолитами. Иногда тропа выходила на пересечение с расщелинами и стоками от близлежащих вершин — отсюда можно было разглядеть каменные козырьки у подножия, пустоты под которыми могли вместить в себя целое племя кочевников. В одном месте, где ущелье расширялось, на крутых склонах были созданы природой и доработаны человеком ниши во много этажей, похожие на пчелиные соты. В подобных углублениях духам были не страшны обстрелы артиллерии любой мощности — снаряды и мины, как известно, в силу законов баллистики не могут летать по кривым загогулинам. Воздух был словно пропитан опасностью, руки сами собой произвели отработанную манипуляцию – сняли с предохранителя автомат и перевели его в горизонтальную плоскость.

После долгого скитания по расщелине вышли к месту, где стояли резервуары, напоминавшие по форме то ли емкости с водой, то ли примитивные нефтеперегонные кубы для получения низкокачественного топлива. Выяснять не стали – чрезмерное любопытство на войне не приветствуется, пусть сначала саперы проверят. Во время короткого отдыха, делясь впечатлениями, пришли к общему выводу: красота может быть грубой и от этого еще более величественной. Вскоре вышли на равнину, которая не уступала горам своей способностью преподносить сюрпризы. Обходя по ней невысокие холмы, очень даже просто можно было сорваться с вертикального обрыва в русло реки, высохшей еще до начала времен. В лагерь вернулись уже затемно, полные впечатлений от этой, получившейся вполне мирной, словно туристической, прогулки, столь непохожей на все то, с чем им приходилось сталкиваться на этой войне.

Глава 32

Аш-Шаир

Бои за нефтяные поля Аш-Шаир начались тотчас после того, как легионеры приступили к спуску с отвоеванного у игиловцев хребта в долину. На рассвете к позициям разведчиков, которые накануне вышли на дорогу с целью заблокировать сообщение через автотрассу, прорвался обшитый по кругу стальными листами джихад-мобиль. Разведчики, к тому моменту еще не успевшие толком окопаться, получили по рации тревожное сообщение от соседей о том, что к ним на большой скорости приближается начиненный взрывчаткой бронированный автомобиль. Как только тот показался в зоне видимости, Чимкент выстрелил по нему из гранатомета. Но выстрел, громко прошелестев в направлении цели, врезался в землю перед кабиной джихадки, не причинив ей вреда. По снижающему скорость пикапу, подъехавшему уже совсем близко к позициям, начал работать из пулемета Тува. Короткими очередями он старался нащупать брешь в стальном панцире, окружающем кабину и двигатель, но и это не принесло должного результата. Осознав угрозу, исходящую от заминированного автомобиля, который к тому моменту уже практически остановился, разведчики постарались как можно быстрее покинуть опасную зону. Но на почти плоской каменистой поверхности пустыни, в месте, к которому прорвался смертник, не было подходящих укрытий.

Взрыв огромной разрушительной силы, разбрасывая в разные стороны части бронезащиты и корпуса и поражая взрывной волной все живое в радиусе двухсот метров, поднял исполинское облако глиняной пыли, которая, оседая, накрыла позиции легионеров. Пыль еще не улеглась, как раздались первые выстрелы из крупнокалиберных пулеметов и зениток, и все предгорье, до того молчавшее, терпеливо выжидая момента подрыва, вдруг заурчало глухими разрывами мин и снарядов. В небе на небольшой высоте засверкали вспышки осколочно-фугасных начинок от ЗУ-23. Духи били из всего, что у них имелось, стремясь подавить любую активность и не позволить солдатам удачи перегруппироваться и прийти на помощь своим товарищам.

Легионеры на ходу перестраивали свои порядки, готовясь дать отпор навалившимся духам. Все силы эвакуационной команды были брошены к месту взрыва. Как только ситуация разъяснилась, стало понятно, что в помощи в той или иной степени нуждаются все. Получившие легкие ранения помогали тяжелым добираться до своих. Медики тащили тех, кто уже не мог двигаться. После того как к месту погрузки на транспорт доставили последнего, кто был на позициях рядом с эпицентром взрыва, выяснилось, что убило троих, все остальные были ранены.

Тем временем бой вступал в стадию наивысшего напряжения. Между высотками, хорошо ориентируясь на знакомой местности, замелькали подвижные пулеметные установки духов. Под их прикрытием из скальных расщелин, которых в этом месте было предостаточно, к полной неожиданности для русских нарисовалось два танка. Двигаясь в параллельных направлениях и маневрируя между высотами, они начали методично выбрасывать снаряды в сторону легионеров, быстро меняя при этом свои позиции и не подставляясь под ответные удары управляемых ракет. За ними бежали небольшие группы пеших духов, вооруженных пулеметами. Минометчики и артиллеристы еле успевали отработать по одной цели, как в эфире звучали призывы перенести огонь на другую, причем все равно били с запозданием, не в силах накрыть юркие японские пикапы. Духи приближались, придавливая огнем, используя в полной мере свое преимущество в мобильности. И вот уже дана команда минометчикам сниматься с места и откатываться назад, для того чтобы прикрывать возможный отход штурмовых подразделений.

Во время перебазирования артиллерии игиловцы воспользовались ослаблением огня и подошли еще ближе, угрожая зайти взводу Найка во фланг. Но в критический момент легионеры все-таки смогли затормозить продвижение духов – Халиф со своими парнями, снявшись с места, уже поджидал наступающего врага. Танки продолжали стрелять, но приближаться к позициям легионеров опасались – хоть и безрезультатно, но расчеты ПТУР продолжали вести охоту, к тому же у штурмовиков были еще и гранатометы. Но через некоторое время взводу Найка все же пришлось отступить, уж очень неудобные позиции для такого разворота событий он занимал, да и разведчики были не в состоянии его поддержать – почти всех вывезли на базу в госпиталь. Как только Найк отошел, на его место заскочили духи, но их сразу же накрыли огнем минометчики Бритого, успевшие к тому времени сменить свои позиции. На правом фланге завопил в эфире Зять, взывая о помощи. К его позициям, прикрываясь мощным огнем трех зенитных установок, вплотную подошли джихадисты. Взвод Зятя выдвинулся на этот рубеж лишь несколькими часами ранее и, нацелившись на бросок вперед, к оборонительному бою оказался не готов.

Командир артиллеристов Шипка в этот момент изучал на мониторе картинку, полученную с беспилотника, зависшего как раз над районом, где располагался Зять. Шипке ясно были видны вражеские зенитные установки, которые поливали огнем взвод Зятя. Но судя по всему, эти зушки находились далеко и вести эффективный огонь не могли. Поэтому, дав команду «Стоп стрельба!», командир артели переключился на поиск зениток противника, на которые так истошно ссылался в эфире Зять. Шипка, конечно, мог бы распорядиться выпустить серию ракет по обнаруженной технике и параллельно продолжить поиск других целей — одно другому не мешало, но разбрасываться боеприпасами он позволить себе не мог, их было слишком мало.

Зять, не поспевая за стремительным развитием событий, не заметил, как оказался в положении загнанного зверя. Пехота духов подошла близко и теперь плотным огнем прижимала солдат удачи к камням, не давая поднять голову. Прорвавшись в эфир, Зять снова и снова запрашивал разрешение на отход, напирая на уязвимость своих позиций. Ратник, ориентируясь на сообщения командира взвода, посчитал его запросы обоснованными и дал команду на отход. Решение одобрил и Вагнер, не видя большой проблемы в потере в малозначимой для общего плана действий высоты. Духи, увидев, что легионеры попятились назад, попытались их отрезать, проскочив между высотками на своих машинах. Но этот маневр врага вовремя засекли, и ему навстречу вышли соседи справа от отряда Ратника. Игиловцы, заприметив группу легионеров, которая под прикрытием минометного огня и расчетов автоматических гранатометов перемещалась в их сторону, предпочли избежать контактного боя и откатились обратно.

Вытащив двух раненых, но при этом бросив свой АГС, взвод Зятя, к изумлению Ратника, не отступал, как полагалось, от рубежа к рубежу, прикрывая друг друга, а неуправляемой толпой поспешно вернулся к позициям, с которых выдвигался накануне. Но еще больший гнев вызвал у командира отряда тот факт, что сам Зять появился на исходном рубеже раньше своих людей. Все стало на свои места: зенитки, обнаруженные с беспилотника, были теми самыми, о которых вопил Зять, но выпущенные из них снаряды, разрываясь на излете, только создавали видимость угрозы. Шипка имел полную возможность эти зушки превратить в груду металлолома, но вместо этого усиленно искал другие, которых, как оказалось, и не существовало. И что в итоге: командир взвода, поддавшись панике, первым покинул рубеж обороны, даже не организовав толком отход остальных бойцов, которые, последовав за ним, в суете бросили автоматический гранатомет. Хорошо хоть раненых вынесли.

Но настоящую ярость вызвало у Ратника полученное через беспилотник известие о том, что недалеко от высоты, оставленной легионерами, стоит брошенный КамАЗ. Потерявший от страха голову Зять забыл о том, что дал команду водителю переместить машину ближе к новым позициям, и тот, загнав ее в укрытие, даже не знал об отходе взвода. Оператор беспилотника сообщил, что у машины уже копошатся духи. Решение напрашивалось само собой: нельзя допустить захвата противником транспорта, нагруженного боеприпасами и снаряжением. Где в это время находился водитель, было неизвестно, но духи уже ходили вокруг машины, так что если он не сбежал, то наверняка был убит. Шипка дал команду на поражение, и вскоре от попадания мины, выпущенной батареей Бритого, кузов КамАЗа задымился. Духам ничего не оставалось, кроме как отбежать от машины на приличное расстояние и наблюдать за процессом выгорания и подрыва боеприпасов, сложенных в кузове.

Ратник продолжал бушевать, да и как могло быть иначе. Он воспитал плеяду думающих и самостоятельных командиров, готовых выполнять любую задачу: Найк, Иностранец, Беспалый, Соболь, Халиф, Чёрный. И только рекомендованный со стороны Зять не был его прямым воспитанником. Но именно он своими действиями в бою подвел командира отряда, человека, взявшего Пальмиру, чей авторитет до сей поры никто не мог поставить под сомнение. Трусливо покинул занятые позиции, бросил машину с боеприпасами и единицу тяжелого вооружения. Зятю в отряде Ратника не быть — все это отчетливо понимали. Хорошо хоть, к всеобщей радости, к утру следующего дня к своим выбрался водитель КамАЗа, измотанный и голодный, но главное — живой. Завидев недалеко духов, он, отстреливаясь, смог убежать в нужном направлении, не успев поджечь машину. Ну что поделаешь, как складывалась обстановка, так и действовал.

Мартин, находясь на значительном удалении от района боя, слушал переговоры в эфире и, когда со всей очевидностью осознал результат дня, в полном смятении вышел из штаба бригады и направился в сторону госпиталя, куда уже доставили первую партию раненых разведчиков, пострадавших при взрыве джихад-мобиля. Настроение было поганым: редко, очень редко такое случается с легионерами — отступить под натиском духов. Многое сегодня пошло не так, как надо, где-то, конечно, и сами недоработали, особенно если учесть то, что произошло со взводом Зятя. Но были, на взгляд Мартина, и другие, более веские причины поражения.

Крылись они в состоянии вооружения, которое было в распоряжении легионеров. Танки солдат удачи — старые изношенные машины, исчерпавшие свой ресурс еще во времена безалаберной и некомпетентной эксплуатации сирийской армией, — были не способны вести бой на равных с танками ИГИЛ[33]. Артиллерия легионеров вынужденно экономила имеющиеся у нее крохи боеприпасов и не могла позволить себе интенсивно давить огнем противника, довольствуясь лишь поражением отдельных целей. Выстрелы ПТУР, давно списанных со складов, из-за ветхости проводки комплекса не долетали до игиловцев. Духи без особой острастки били по русским из зениток и танков, и гибли русские солдаты. Да, легионеры в первую очередь считали себя солдатами и только потом «наемниками». Преимущество духов заключалось и в мобильности их японских пикапов с крупнокалиберными пулеметами и зенитными установками. У бойцов ЧВК такой техники в распоряжении практически не было, и им приходилось устанавливать зушки на старые, изношенные «Уралы». Таковы были без-

---

[33] ИГИЛ, ИГ (Исламское государство Ирака и Леванта, Исламское государство) — организация, признанная в соответствии с законодательством Российской Федерации террористической.

радостные причины разгрома, по крайней мере сознание легионеров так их и воспринимало.

Духи сменили тактику, они больше не сидят на укрепленных позициях, пытаясь безуспешно обороняться от атак штурмующих. Они в полной мере осознали разницу между сирийской армией, готовой геройствовать только там, где перед этим российские ВКС превратили укрепления врага в груды развалин, и русскими солдатами удачи, способными брать штурмом любые укрепления. Теперь духи оборонялись, наступая и маневрируя по знакомой им до мелочей местности, используя свои преимущества на все сто процентов. Легионеры к такому развитию событий оказались не готовы, но если бы в их распоряжении были боеприпасы и техника нужного качества, то и это новаторство со стороны врага было бы пусть и неприятной, но вполне разрешимой проблемой.

Отряд потерял троих убитыми, в их числе был и русский солдат Гасконец. На этот раз дуэль была не в его пользу. Вечная им память и пухом земля. Пройдет еще совсем немного времени, и бойцы ЧВК все же выйдут на заданный рубеж, отвоюют намеченное пространство, отрезав духов от нефти, а значит, и от источника поступления средств на войну. Солдаты удачи выполняют свою часть договора, чего бы им это ни стоило.

Глава 33

База Хмеймим

Библиотека второй день была закрыта. И судя по всему, дверь модуля, в котором хранился скромный запас книг, имеющихся на базе, не открывалась уже давно. Мартин, дернув ручку скорее от досады — положение запирающих ригелей можно было легко разглядеть через щель между косяком и дверью, — какое-то время неподвижно стоял, осматриваясь вокруг. Из двери одного из модулей напротив, составленных в один большой блок без внутренних стен, вышел, шелестя просторной рясой, православный батюшка, ведающий делами храма на территории военной базы. Священник, по виду довольно молодой, приветливо улыбаясь встречным, направился к переговорному пункту, в ту же сторону последовал и Мартин. Разгуливать особого желания не было, поэтому он решил вернуться к себе, в модуль, который стал для него временным пристанищем.

Вторую неделю Мартин находился на базе Хмеймим — основной базе российского военного контингента в Сирии. Он оказался здесь благодаря подвернувшейся возможности восстановить протезный ряд зубов. Крепкими, здоровыми зубами Мартин и раньше не мог похвастаться, а в полевых условиях и вовсе покрошил остатки резцов. Когда же передний мост поломался от неудачного падения во время боевой операции, проблема с зубами стала просто удручающей. Алгоритм действий подсказал Немец, который с нескрываемой радостью и бахвальством как-то продемонстрировал свой новенький белозубый протез. Блондин, приняв рапорт с просьбой выделить для цели протезирования необходимую сумму, сравнительно небольшую по российским меркам, отсчитал нужное количество долларов и дал добро на отбытие на военную базу и проживание там в модуле, принадлежащем ЧВК.

Мартин был честен с собой и признавал, что ему крайне необходима эта отлучка из действующего отряда. Организм быстро терял запасы энергии, сил хватало только на несколько часов активной деятельности, а дальше наступала усталость с вялыми движениями и ленивым мышлением. Пищеварительная система взбунтовалась – нутро выворачивало по три-четыре раза на дню. Врач из команды медиков бригады выразился просто: «Период реабилитации после такого, как у тебя, ранения длится от полутора до двух лет. Не прошло и года, как ты снова в полевых условиях, вот твой организм и дал сбой и сам собой не восстановится». Тогда и возникла идея краткосрочного отпуска без выезда на родину. Мартин надеялся, что проживание в комфорте и хорошая кормежка позволят поправить пошатнувшееся здоровье и отойти от стресса. Способствовало осуществлению задуманного и установившееся на фронте затишье. Когда состоялась беседа с Немцем, отряд находился в покое и поговаривали, что в ближайшие три недели боев не предвидится.

Все, что он наблюдал на базе Хмеймим, никак не вписывалось в ту картинку войны, к которой он привык за время своих командировок в Сирию. Для легионеров обработанная лопаткой ниша, прикрытая от ветра, пыли и дождя пленкой или брезентом, уже являлась уютным пристанищем, а если в наличии имелась еще и печурка, неважно какой конструкции – лишь бы грела и давала возможность вскипятить воду, – то можно было считать, что жизнь удалась. Здесь же, на базе, модули с кондиционерами, площадки для занятия спортом, оборудованные тренажерами, душевые, кафе и магазины – все для военнослужащих, которые, в отличие от легионеров, не были загружены боевой работой. Чистые и ухоженные армейцы ничем не походили на бородатых наемников, ходивших в засаленных горках и камуфляжах, давно потерявших свой первоначальный цвет от грязи и въевшейся пыли пустыни. Даже если солдат удачи отмыть, отстирать и побрить, а затем поместить в подобные условия, все равно по манере поведения, походке и способу ношения оружия можно было бы без особого труда отличить их от кадровых военных.

На территории базы вовсю господствовали правила Устава гарнизонной и караульной службы. На постах солдатики, как с картинки: автоматы стволом вверх на ремне через плечо, и это в горячей точке, где нападения можно ожидать в любой момент, – пока будут с плеча оружие сдергивать, несколько раз подстрелят. До столовой, даже если надо пройти всего-то метров пятнадцать, служивых в каре строят. Воинский порядок у российских генералов, как и в прежние времена, ассоциируется прежде всего со строем. Удивило Мартина и то, что офицеры управления при получении сигнала тревоги должны были собраться во дворе штаба и только потом распределиться по местам согласно плану обороны. Мартин так и представил: летят бомбы и снаряды вражеские, а штабисты, чтобы выказывать полное презрение к противнику, выстраиваются на маленьком плацу, ну и погибают героически от прямого попадания мины.

В отличие от армейцев, солдаты удачи не ходили строем, но постоянно отрабатывали действия группами, приучаясь чувствовать друг друга в бою. Оружие всегда имели при себе и в охранении носили его по-боевому, готовые в случае опасности сразу открыть огонь. На базе оружие хранилось под замком и выдавалось военнослужащим только в особых случаях. «Хотя бы держали стволы в жилых помещениях – забор базы же вплотную к жилому сектору примыкает, большая часть даже вооружиться не успеет, когда враг от построек через ограждение попрет. Вы что, бойцам оружие не доверяете даже в стране, где война идет?» – недоумевал Мартин. Когда спадала жара, служащие базы, облачившись в тренировочные шорты и майки, выходили на пробежку, а затем качались на тренажерах или играли в волейбол. Все это больше напоминало пляжный фитнес, чем подготовку организма к военной работе. Наемники же, если не участвовали в боях, а, к примеру, вставали на охрану объектов, бегали с нагрузками и перетаскивали тяжести, помня о необходимости тренировать определенные группы мышц.

Снаряжение выезжающих на сопровождение колонн было сплошь штатное, а значит, непрактичное и неудобное, это ведь только для непонимающих наша армия вроде как решила вопрос укомплектованности бойцов качественной амуницией. Но, правда, и сами бойцы, похоже, не понимали, чем им приходится пользоваться, ведь в реальных боях они не участвовали, а для прогулки на броне бэтээра при охране колонны и это годилось. Как-то раз Мартин обратил внимание на десантников, сопровождавших очередной транспорт с боеприпасами в район боевых действий, на лицах которых красовались очки-капельки, прямо как в Афгане. Только в те времена еще не ведали о существовании легких, удобных, обеспечивающих сохранность глаз тактических очков, а нынешние бойцы ВДВ о них прекрасно знают и непонятно зачем рискуют, используя на войне бесполезные игрушки.

Что по-настоящему поразило Мартина, так это обилие разнообразной современной техники, присутствовавшей на базе. Пропускные пункты на выезд и въезд постоянно пересекали бэтээры, «тайфуны», «тигры», бронированные «Уралы» и КамАЗы. Всего этого великолепия бойцы ЧВК не имели. Если в прошлом году армия еще расщедрилось на выделение бронетранспортеров с автоматическими пушками, то в этом легионерам пришлось довольствоваться полученными от сирийцев старыми танками и БРДМами. Помимо выполнения обязательств перед сирийским правительством по возврату захваченных игиловцами нефтяных полей, легионеры сыграют важную роль в выполнении общей стратегической задачи разгрома врага, став главной ударной силой союзных войск под Пальмирой, а в дальнейшем и под Акерабатом и Дейр-эз-Зором, но все равно будут получать от Министерства обороны всякий хлам. Армейцы не участвуют в боевых действиях на переднем крае, но передвигаются на современных машинах. Сирийская армия стабильно огребает от духов, бросая при отступлении оружие и технику, но у них даже Т-90 на вооружении числятся. Танки Т-72, которые имелись в наличии у солдат удачи, на тот момент большей частью были трофейными, отбитыми у игиловцев, – прекрасная демонстрация профессионального уровня наемников и бездарности союзников: эти танки тоже попали к духам как военная добыча от сирипутов.

Сама военная база постепенно превращалась из форпоста военной мощи в какой-то аттракцион. Беспрерывная установка обелисков и памятников, создание аллей и беседок – на всю эту возню выделялись время и средства, и, надо полагать, значительные. Организовали экспозицию трофейного оружия, подобрав на местах боев минометы и пушки, в основном кустарного производства. Большого интереса самодельные орудия собой не представляли, разве только как пример смышлености и искусности бойцов оппозиции. А вот демонстрационных стендов о системах и способах минирования, применяемых духами, Мартин на территории базы так и не обнаружил. В библиотеке, в которую Мартин после долгих попыток все-таки попал, он не нашел ни одного письменного или видеоисточника, рассказывающего о том, как воюет ИГИЛ[34] в Сирии, о его тактике боя и практике применения взрывных устройств. Расписывать плакаты, подстригать травку, строить памятники, принимать артистов в клубе, иногда выезжать на сопровождение колонн – вот и весь набор занятий, которым занималась та часть персонала базы, которая не относилась к авиации или ПВО.

---

[34] ИГИЛ, ИГ (Исламское государство Ирака и Леванта, Исламское государство) – организация, признанная в соответствии с законодательством Российской Федерации террористической.

Авиация жила своей жизнью, заполненной боевой работой. Полеты не прекращались круглые сутки: штурмовики, взлетая с оглушающим ревом, ныряли в небо и быстро исчезали из виду, устремляясь к назначенным для бомбометания целям. Посадка сопровождалась звуком более умеренного тона, словно боевая машина чувствовала усталость от выполненного задания. Мартину и его товарищам по ЧВК доводилось видеть результаты действий российских ВКС. Разрушенные постройки, остовы сгоревших автомобилей, развороченные танки – польза для воюющих на земле неоспоримая. Бывало и другое: легионерам случалось наталкиваться на огромные воронки в пустынных полях и на разбросанные на большой площади боевые части кассетных авиабомб, не разорвавшиеся своевременно и теперь представлявшие опасность для своих. Но все это можно было списать на издержки войны. Особняком стоял вопиющий случай, когда в шестнадцатом под Пальмирой российский штурмовик атаковал легионеров и положил массу народа. Жаль, тогда наемники так и не смогли добраться до этого летуна.

Мартин, оказавшись на базе в роли стороннего наблюдателя, находился не в лучшем расположении духа. Все получалось как-то неказисто: напросился в командировку – но организм не выдержал, главная работа, судя по всему, только начиналась, а потенциала уже и нет. Раздражение только накапливалось, раздергивая психику. С многим увиденным на базе его естество легионера не могло мириться. Но и свои в последнее время тоже не радовали.

Мартин с недавних пор начал обращать внимание на вещи, которым раньше не придавал значения, – возможно, просто появилось больше поводов присмотреться к некоторым моментам бытия наемников, и они его настораживали. У него возникали вопросы, на которые он не находил ответов. К чему нужна была такая спешка при освобождении нефтяных полей? В бой шли наспех собранные, неслаженные подразделения с дрянным оружием. Что, нельзя было подождать до прибытия основной массы отрядов и получения нужного вооружения? Духи никуда бы не делись, никто другой все равно не смог бы согнать их с полей и сесть на трубу. Ни иранский Корпус стражей Исламской революции, необъяснимо почему считавшийся элитным, ни Хезболла, ни тем более армия САР отбить нефть у духов были не в состоянии, так что беспокоиться на их счет необходимости не было. Почему воевали без должного количества боеприпасов для тяжелого вооружения, да так, что минометчики не могли обеспечить полноценную огневую поддержку? Да и сами боеприпасы были старые и списанные, так что выстрел из противотанковой пусковой установки чаще всего заканчивался падением ракеты, не долетевшей до цели. Недостаточность огневой мощи приводила к потерям, гибли свои, соотечественники. Никакие объяснения не могли оправдать такого подхода к обеспечению вооружением — это было подло по отношению к людям. ПОДЛО. И все, кто прямо или косвенно виновен в этом, должны быть названы и понести заслуженную кару.

Не меньшее неприятие вызывали и внутренние порядки в легионе. Командиры все больше превращались в начальников, которым уже вовсе необязательно было вести своих людей в бой и управлять ими непосредственно в боевых порядках. Мансру Ратника сопровождать свои подразделения и находиться с ними в постоянном контакте принимали очень немногие, а со временем стало в порядке вещей, когда командиры отрядов, отдав распоряжение, отстранялись от контроля за действиями своих подчиненных. И даже Вагнер закрывал глаза на эти нарушения. Обычным делом становилось назначать на командные должности исходя из личных приятельских отношений, не считаясь с профессиональным уровнем. Все реже отделениями, взводами и отрядами командовали кадровые офицеры, все чаще во главе оказывались лихие бесшабашные неучи. В легионе напрочь исчезло такое понятие, как «разбор ошибок», и никто не стремился провести хотя бы поверхностный анализ неудач и просчетов в боях.

Доходило и до смешного. Мартин, как-то получая на вещевом складе теплую куртку, прихватил и наколенники. Вскрыв упаковку, он обнаружил, что в ней лежала пара подушечек на ремнях, очевидно для огородных занятий – для полевых тактических нужд они совершенно не годились. И этой дрянью были доверху забиты стеллажи на складе. Это, конечно, мелочь, хуже обстояло дело с техникой. Кому-то пришла в голову мысль переоснастить старые БРДМы и, довооружив, использовать их в бою для поддержки пехоты. Слишком высокие и медленные «бардаки» годились только для сторожевых застав, их система наведения постоянно сбивалась с регулировок, и пользы в боевом отношении от них было ноль. Мартин не понимал, почему никто из командиров отрядов не высказался против этой нелепой затеи. Вместо того чтобы добиваться от армейцев качественных современных машин, постоянно тратились силы и средства на кустарное производство всяких БАГИ и прочих самодвижущихся средств, сварные швы которых не выдерживали тряски, и все эти примитивно собранные конструкции моментально разваливались, не доезжая до передовой.

Невеселые раздумья не отпускали Мартина. В то же время он отдавал себе отчет, что его отношение ко всему, с чем ему пришлось столкнуться в этой командировке, не в последнюю очередь объясняется тем дисбалансом, который испытывал его организм. Он находился в состоянии полного душевного опустошения и физической немощи, и пара недель, проведенных на базе Хмеймим, ситуацию сильно не выправили. Приходилось признать очевидное: оставаться в командировке далее не имело смысла. Надо идти к начальству и подавать рапорт. Быть обузой или вечно всем недовольным занудой Мартин не собирался.

Рапорт подписан, и борт на Россию. До встречи, Сирия. До встречи, легион.

Глава 34

Легион. Уже без Мартина

Тяжелые бои осенью семнадцатого Мартин уже не застал, и о многих ярких эпизодах той кампании он узнал из рассказов своих товарищей по легиону. Услышанное вставало перед его глазами настолько явственно, будто он сам был участником происходивших сражений и стоял бок о бок со своими собратьями. Легион продолжал жить в его сердце, и Мартин понимал, что это уже навсегда.

Освободив нефтеносные районы в окрестностях Пальмиры, легионеры не отправились на покой – вскоре их снова задействовали для помощи союзникам и российскому контингенту в серии операций против ИГИЛ[35] под Акерабатом и Дейр-эз-Зором.

Небольшой провинциальный городок Акерабат, с первых дней своего основания живший неприхотливой сельской жизнью, к лету семнадцатого неожиданно превратился в мощный укрепрайон ИГИЛ, где сосредоточилась крупная группировка боевиков. Удачное стратегическое положение городка позволяло джихадистам бросать свои взоры как на запад, в сторону Алеппо, так и на юго-восток в надежде вернуть утраченное под Пальмирой. Мириться с таким «кулаком», способным нанести сокрушительный удар по только-только начавшему восстанавливать свои силы си-

---

[35] ИГИЛ, ИГ (Исламское государство Ирака и Леванта, Исламское государство) – организация, признанная в соответствии с законодательством Российской Федерации террористической.

рийскому государству, было нельзя, и командование союзных войск приняло решение об уничтожении игиловских формирований. Основная роль в операции отводилась Пятому добровольческому корпусу Сухейла, который при поддержке русской авиации должен был окружить, расчленить и уничтожить группировку ИГ. Но, как это не раз бывало, сирийцы оказались неспособны самостоятельно выполнить поставленную задачу. Вот тогда и вспомнили снова про легионеров.

К операции по уничтожению акерабатского котла были привлечены два штурмовых отряда ЧВК. Замысел операции включал в себя фронтальное наступление силами одного отряда с одновременным глубоким охватом района боевых действий другим. Корпус Сухейла поддерживал наступление русских солдат удачи на второстепенных направлениях.

На Акерабат легионеры вышли, преодолевая с боями горную гряду. Продвигались медленно – сказывалась недостаточность информации о противнике. По укоренившейся в легионе практике разведданные получали в основном с беспилотников. Создать представление о переднем крае противника таким образом было можно, впрочем, его укрепления просматривались и невооруженным взглядом, а вот что дальше, за ними, – неизвестно. Что ждет отряды за пределами передней линии обороны врага, никто не представлял – действовали обычно по сложившимся обстоятельствам. Неудивительно, что при таком раскладе при спуске с горного хребта в долину, к разрушенным предместьям Акерабата, штурмовые отряды сразу попали под плотный перекрестный огонь хорошо замаскированных позиций игиловцев.

Когда один из командиров, взвод которого попал под фланговый удар, запросил помощь, Самураю со своими бойцами пришлось выдвинуться ему навстречу. Ориентируясь на довольно путаные объяснения по рации, штурмовики осторожно продвигались вперед, отвечая наседавшим духам огнем из пулеметов и гранатометов. Джихадисты, перейдя в оборону, засели в развалинах небольшого селения и выжидали, пока русские подойдут достаточно близко. Как только легионеры начали перестраиваться в боевую линию, из засады выскочили два гранатометчика врага и, сработав как хорошо отлаженные механизмы, произвели по солдатам удачи шесть выстрелов осколочными гранатами. Одна из гранат, разорвавшись, серьезно ранила Самурая. Затянув жгутом рану на бедре, он продолжал все же руководить своими людьми, пытаясь выправить ситуацию. Выполняя распоряжение командира, расчет автоматического гранатомета обстрелял то место, где прятались духи. Как оказалось, за развалинами здания стоял танк, и гранаты, выпущенные легионерами, не только посекли осколками пехоту, но и, попав в открытые крышки силового отсека, заглушили моторную установку. Игиловцы отступили, бросив танк. Легионеры с помощью несложного ремонта восстановили маслопровод, и захваченный трофей стал посылать снаряды в сторону бывших владельцев.

Вскоре к взводу Самурая подоспела группа Алтына. Подведя своих людей и указав им укрытие, Алтын склонился над раненым Самураем: «Братан, обрисуй обстановку». В краткой форме, как мог, раненый командир дал необходимые пояснения и, назвав Алтына по имени, пожелал удачи. Алтын, двинувшись было к своим, резко развернулся: «Мы знакомы?» Лицо давнишнего приятеля, с которым он не виделся лет десять, было покрыто копотью вперемешку с разводами запекшейся крови, голос искажен хрипотой. Узнать его было почти невозможно. Так встречаются солдаты. Кому-то доводится свидеться со старым приятелем после долгой разлуки, случайно оказавшись с ним в одной компании, другому – мимоходом столкнувшись на улице. Солдаты встречаются во время боя. Пожав руку собрату, Самурай убедился, что все раненые уже размещены в кузове «Урала», отправляющегося в госпиталь, и только после этого, опираясь на шест, с помощью товарищей забрался туда и сам.

Взвод, в котором действовал Хава, в горячке боя оказался далеко впереди от остальных подразделений легионеров. Духи отреагировали мгновенно: сообразив, что передовой отряд русских стал уязвим, они, перегруппировавшись, пошли в контратаку, предвкушая легкую добычу. Когда серьезно ранило командира взвода, Хава, оказавшийся самым решительным и способным к действию, взял командование на себя, зычными криками взбадривая бойцов. Духи насели на русских солдат удачи с трех сторон, заперев их в небольшом по площади подворье с полуразрушенным домом посередине и атакуя уже с расстояния кинжального огня. Когда угроза полного окружения стала неминуемой, парни по распоряжению Хавы начали спешную эвакуацию раненых сквозь пролом в стене, преодолевая простреливаемый, но еще свободный от духов участок. Имевшиеся при себе патроны и гранаты стремительно заканчивались, и в наступившей темноте по вспышкам очередей духов солдаты удачи били одиночными, без дублирования, стараясь максимально экономить оставшийся боезапас.

Духи прижимали огнем из дыр в ограде и окон соседних домов, пытаясь подобраться вплотную, на бросок гранаты. Враг давил на психику, то и дело прекращая обстрел и возглашая протяжными криками: «Аллаху акбар», давая понять русским, что они уже практически окружены. В какой-то момент к прославлениям Аллаха добавился призыв «Сдавайтесь!», произнесенный на русском с явным акцентом жителя Кавказа. Хава срывающимся от постоянного напряжения голосом выкрикнул: «Русские не сдаются!» — и выпустил очередную гранату из подствольника в сторону крикуна. Затем, спрятавшись за укрытие, добавил с выдохом: «Буряты тоже!»

Боеприпасы были на исходе. Во дворе стоял разбитый при захвате подворья пикап противника, в нем лежали ящики с патронами калибра 7.62, для «калашей». У большинства легионеров было оружие другого калибра, те же немногие, у кого были АКМ, метались по всему периметру подворья, расстреливая захваченные патроны и стремясь сбить волну духовской атаки. В разваленной взрывом постройке были видны тела игиловцев с оружием. Автоматы повреждены, дослать патрон в патронник можно только уперев ствол в бетон пола и надавив ногой на ручку затворной рамы. Но ствол целый, затвор двигается, и ударно-спусковой механизм тоже. Слава тебе, Михаил Тимофеевич, никто в мире не смог изобрести ничего подобного, из любой другой модели оружия выстрел при перекошенной коробке – дело безнадежное, но только не для автомата Калашникова.

Оружие убитых духов добавило обороняющимся легионерам два ствола, которые хоть и стреляли одиночными, да и то после требующего усилия перезаряжания, но все равно стали каким-никаким подспорьем. В один из моментов боя в помещение, где держали оборону Хава и еще несколько солдат удачи, через проем окна влетела реактивная граната, подняв в воздух удушающую смесь пыли и сгоревшего тротила. Враг продолжал наседать. Ситуация становилась критической, и сознание Хавы мучительно искало выход. Есть! Хава выдернул из подсумка радиостанцию и вызвал командира взвода, пытавшегося прорваться к нему на поддержку: «Братан, видишь самый высокий дом? Я людей из него выведу, и по моей команде – из зушки осколочным, четко по дому». Замысел был прост: очередь из зенитки разнесет обмазанный глиной дом и в образовавшемся облаке пыли, в сумерках, возможно, удастся вырваться из западни в сторону своих. Быстро собрав парней у пролома, оставив несколько человек на прежних местах для прикрытия, Хава крикнул по рации: «Давай!» Короткая очередь из зенитки, точное попадание – расстояние до цели не больше километра – и дом вздыбился мощным пыльным облаком. Первой в пролом ринулась четверка с носилками: одного раненого еще не успели переправить, за ними все остальные и последними – те, кто оставался для прикрытия.

Духи не сразу сообразили, что произошло, а когда увидели, что русские вырвались из ловушки и уже, преодолев приличное расстояние, уходят в сторону своих, бросились им вслед, стреляя на ходу. Легионеры бежали, выкладывая остатки сил. Спасение рядом, надо только суметь выдержать и добраться до своих, донести раненого и не бросить оружие. Ноги ватные, едва держат, но спасительная линия развалин, за которыми укрылись собратья, уже рядом. Добежав, просто падали, последним усилием перекидывая тело через нагромождения камней. Духи, увлекшись погоней, слишком поздно осознали, что они уже не охотники, а жертвы. Когда преследователи выскочили на открытое пространство, зенитка, обеспечивавшая отход Хавы и его группы, буквально смела их потоком мощного огня, не оставив шансов на спасение... Едва отдышавшись, Хава кинулся проверять, все ли парни добрались до своих, все ли на месте. Да, все живые! И только убедившись в этом, он в изнеможении, почти теряя сознание, рухнул на землю.

На следующий день солдаты удачи снова пошли в атаку, захватывая последовательно квартал за кварталом, линию за линией, и больше уже не были слышны ни возгласы «Во славу Аллаха», ни призывы сдаваться.

Во время реализации общего плана боевых действий в очередной раз проявилась неспособность садыков управлять собственными подразделениями. На одном из участков наступления легионеры подверглись обстрелу танковой группы Сухейла, но, несмотря на все усилия командования операцией прекратить воздействие дружественного огня[36], добиться этого не удалось. Пришлось солдатам удачи для успокоения не в меру ретивых сухейловцев уничтожить у них два танка.

Перестраиваясь по ходу, легионеры вышли на Акерабат и взяли его. Но, как и ранее, об их решающей роли в разгроме игиловцев не будет сказано ни слова. Более того, на

---

[36] Дружественный огонь, или огонь по своим (воен.) – ошибочный обстрел или атака, произведенная военнослужащим или подразделением на подразделение своих войск или сил союзников.

этот раз для придания правдоподобия официальным сводкам было разыграно целое представление – настоящий театр абсурда. Легионеры получили команду оставить город и отойти на исходные рубежи, откуда они, не сдерживая хохота, наблюдали, как подразделения союзников под прицелом телекамер храбро штурмовали город, к этому моменту полностью зачищенный от врага. Более нелепой картины наемникам на этой войне видеть еще не доводилось.

После Акерабата легионеры двинулись на Дейр-эз-Зор, гарнизон которого уже третий год находился в блокаде – в окружении отрядов ИГ, пришедших из Ирака. Конечно, называть блокадой то, что происходило вокруг города, было бы некоторым преувеличением: учитывая маневренность и мобильность духов, которые на своих быстрых пикапах могли легко перерезать любую дорогу к городу, его гарнизону не хватило бы ни боеприпасов, ни топлива, какой бы щедрой ни оказалась поддержка с воздуха. Блокада была относительной, с множеством прорех в кольце игиловских отрядов, окружавших город, иначе гарнизон ни за что не смог бы так долго продержаться.

И все же стойкости сирийского гарнизона стоило отдать должное: в этой войне не так часто встречались подобные примеры дееспособности сирийских войск и силы духа их командиров. Сирийский генерал, в отличие от многих других местных военачальников, все-таки разбирался в том, что такое война и как нужно командовать войсками. Хотя и вариант взаимной договоренности между духами и представителями армии САР тоже был не исключен – информации о такого рода прецедентах у легионеров было в избытке. Уж очень часто доставляемые в сирийскую армию и гарнизоны военные грузы оказывались у игиловцев.

Солдаты удачи шли на помощь осажденному гарнизону вдоль магистрали от Пальмиры, следуя в фарватере всей массы войск, нацеленных на Дейр-эз-Зор. Дорога до Евфрата пролегала в основном по равнине, и легионеры, отжав у духов изрядное количество пикапов, были теперь такими же маневренными, как враг. Вот только старые тихоходные танки наемников все еще были их ахиллесовой пятой. Новые танки Т-72, чья конструкция хорошо защищала от воздействия кумулятивных зарядов, армия берегла. Их держали на блокпостах вооруженных сил России и легионерам не выделяли, предоставляя взамен них старые, исчерпавшие свои ресурсы Т-62. Без подвижной мощной пушки, поддерживающей пехоту, воевать было сложно, а потому даже такие старожилы в бою были все-таки необходимы. Перемещать их приходилось очень осторожно, от одного укрытия к другому, чтобы вовсе не остаться без тяжелого вооружения.

На подходе к аэродрому рядом с городом один танк все-таки не уберегли. Выпущенная из замаскированной позиции ракета, врезавшись в башню танка, прожгла металл и достала до боеукладки. В ту же секунду мощная боевая машина превратилась в груду искореженного металла, похоронив в своем чреве одноплеменника Мартина – татарина Ильдара.

Легионеры, несмотря на плохую оснащенность, шли вперед и буквально гнали перед собой духов, растерянных и не понимающих, как можно так воевать. В отряде Ратника на одном из трофейных пикапов теперь сражался Счетовод. Крепко обхватив ладонями рукояти ДШК, Счетовод нацеливал пулемет и бил выверенно, выпуская короткие очереди по тем, кто сделал его инвалидом. Он упирал протез в борт пикапа, регулируя положение тела здоровой ногой – по уровню своей трудоспособности в бою Счетовод оставался тем же штурмовиком. Потеряв еще в прошлом году ногу при подрыве на мине, он даже в мыслях не допускал возможности становиться просителем, обивающим пороги собеса. Наличие крепких рук, способных держать оружие, и протеза вместо потерянной ноги было для него достаточным основанием считать себя пригодным к непростой военной работе. Убедив в конце концов Ратника в готовности по-настоящему воевать на передовой, он занял свое место стрелка в кузове японского джипа и продолжил путь солдата удачи на равных со всеми. Среди саперов, разработав развороченное осколочным снарядом от зушки плечо, тянул лямку на общих началах и не требуя поблажек Родя. Вот и Мирный, освоившись с протезом, снова убыл в командировку. Мартин не без основания считал всех этих парней героями.

Расчистив дорогу на город, легионеры встали на берегу Евфрата, готовясь к броску через водный рубеж на противоположную сторону. Солдаты удачи, ясно сознавая, что ни при каких условиях сирийское войско первым форсировать реку не будет, готовили лодки для переправы. Сентябрьской ночью первые группы штурмовиков высадились на восточный берег Евфрата и сразу пошли в атаку. За несколько дней постоянного, не прекращающегося даже ночью боя наемники сумели отодвинуть игиловцев на достаточное удаление от берега, после чего садыки посчитали переправу вполне безопасной и начали строить понтонный мост.

Бои были трудные, очень трудные для уставших от постоянного риска, недосыпания и недоедания легионеров. Духи бились отчаянно, то и дело направляя на штурмовиков смертников. В одном из столкновений под заваленной взрывом стеной погиб друг Мартина Сэм, его ровесник, с которым они еще лейтенантами взводничали в воздушно-десантных войсках. Перед самой отправкой в Сирию после отпуска Сэм заходил к нему, выпили водки, порассуждали о разных мелочах, и вот теперь в Россию вернулся цинковый гроб — на войне все может случиться быстро и бесповоротно.

Тела четверых погибших легионеров в тот роковой день не смогли эвакуировать: духи ринулись в контратаку, выждав удачный момент, когда одно из подразделений солдат удачи слишком сильно оторвалось от основной линии. Джихадисты всей своей огневой мощью отсекли оказавшуюся впереди группу, не давая продвигаться всем остальным: с флангов — зенитками, с фронта — пулеметами. Беспрерывные разрывы мин не оставляли сомнений – включилась вся артиллерия игиловцев. Легионеры все же сумели оттянуть свое подразделение назад, но забрать тела погибших не представлялось возможным. Духи утащили мертвых бойцов к себе: хорошо зная о существовании среди русских наемников такого понятия, как «боевое братство», которое не позволяло оставлять врагу даже останки своих товарищей, они рассчитывали сыграть на этом.

На следующий день, когда легионеры двинулись вперед, выбивая игиловцев с позиций, не взятых накануне, Солнце заприметил неподвижное истерзанное тело в робе знакомой раскраски и рванулся к нему, забыв в запале об элементарной предосторожности. Тело оказалось приманкой, под которой была спрятана мина. Подорвавшегося Солнца, уже бездыханного, эвакуировали вместе с найденными останками.

Ратник, наступая на восток от переправы со своим передовым отрядом, сумел быстро преодолеть рубеж укреплений противника при подходе к городку Хшам. Сообразив, что духи их здесь не ждали и толком выстроить оборону не успели, Ратник решил применить старый испытанный прием: пустить вперед танк, за которым, прикрываясь его броней, по колее двигались легионеры. При этом, будучи опытным профессионалом войны, он себе не изменил и подстраховался: два бэтээра беспокоящим огнем своих пулеметов подавляли у духов всякое желание остановить движение танка, выскочив на удобную позицию с установкой ПТУР или гранатометами. Легионеры достигли окраины городка так стремительно, что духи на общем фоне стрельбы и повсеместно поднятой пыли не сразу сообразили, что русские совсем рядом. Один из отрядов боевиков, прикрываясь железнодорожной насыпью, вышел прямиком на позиции солдат удачи. Уничтожение игиловцев было беспощадно хладнокровным, легионеры не жалели никого, ликвидировав за раз более сотни духов.

Можно было наращивать давление на врага, но невразумительные действия соседа затормозили ход. Взвод отряда, наступающего слева от Ратника, заблудился и неожиданно оказался в тылу у своих. Приняв взвод Найка за игиловцев, заплутавшее подразделение успело с перепугу его обстрелять, к счастью без последствий. Когда Ратник по рации связался с командиром другого отряда и потребовал от того разобраться с действиями своих подчиненных, оказалось, что он в этот момент направляется вместе с ранеными в тыл. Как впоследствии выяснилось, командир отряда, не являясь кадровым офицером, повел себя в бою как обыкновенный рядовой, решив вместе с одним из своих подразделений поучаствовать в зачистке построек, в результате чего получил пулю в живот от раненого игиловца. Ратнику пришлось самому выводить заблудившееся подразделение на те позиции, где оно было обязано находиться.

На восточном берегу реки сирийцы, наступающие от позиций, захваченных отрядом Ратника, ежедневно рапортуя о продвижении вперед, так и не смогли продвинуться далее ста метров на юг. На севере от переправы союзники тоже не сдвинулись с места, пока в центр боевых порядков не встали легионеры, которые пошли вперед тараном, опрокидывая духов и прижимая их к наступающим от Ракки курдам.

Союзники, как и прежде, своими действиями в ходе боев умудрялись напрочь запутать ситуацию, что нередко приводило к трагическим последствиям. Одной из жертв творящейся неразберихи стал руководитель всей войсковой операции под Дейр-эз-Зором старший группы российских советников Валерий Асапов, который вместе с офицерами сопровождения оказался на участке, не контролируемом наступающими, и, попав под огонь противника, погиб со всем своим окружением.

Хлебнули горя с садыками и легионеры. Их гаубицы, казалось бы, стояли в безопасном месте, окруженные со всех сторон укрепрайонами сирийских отрядов. Но духи в самое темное, предрассветное время суток сумели беспрепятственно просочиться между позициями садыков и, пустив впереди себя смертников, напасть на артиллеристов. Охранение батареи, по-видимому уверившись в надежности стоящих неподалеку союзников, проглядело приближающихся шахидов. Смертники с истошным криком кинулись к сложенным боеприпасам, и, как только раздался мощный взрыв, в атаку пошли основные силы джихадистов. Артиллеристы все же смогли с помощью подоспевших штурмовиков отбиться, но цена за потерю бдительности и излишнюю доверчивость сирийцам была, как всегда, высокой – жизни людей.

Безответственное отношение союзников к предоставлению оперативной информации стало причиной и вовсе исключительного случая – захвата духами в плен живых легионеров. Когда игиловцы внезапно атаковали на своих пикапах сирийское охранение блокпостов вдоль трассы и взяли ее под контроль, полностью прекратив по ней движение войск, садыки никого не поставили об этом в известность. Легионеры, ничего не подозревая, на двух машинах подъехали к одному из блокпостов, к тому моменту уже занятому джихадистами. Расстрел цели из зенитки и крупнокалиберных пулеметов почти в упор – дело несложное, но солдаты удачи все же смогли принять бой. Пятерых впоследствии не досчитались, двоих, как потом оказалось, игиловцы взяли в плен, преподнеся всему миру живое доказательство своей непобедимости. Один из пленных, бородатый старшина, сразу же начал торг за свою жизнь, торопясь выложить всю имевшуюся у него информацию. Второй был молчалив, он мужественно готовился к смерти, честь ему и слава.

Духи выискивали слабые места во взаимодействии союзных войск и безжалостно били по ним. В самый разгар боев за город к КПП аэродрома подкатил японский пикап и после четко произнесенной фразы на русском языке, на которую купилась охрана, беспрепятственно проехал к стоянке штурмовой авиации. Дальше все происходило как в американском боевике. Пассажиры пикапа разделились на две группы: одна принялась уничтожать из гранатометов самолеты, а другая перестреляла диспетчеров пункта управления полетами. Боевики не спешили и не собирались, как выяснилось, скрываться. По прибытии оперативной группы реагирования духи вступили с ними в бой, засев в здании ПУ, и, когда израсходовали все патроны, подорвали себя. После этой вылазки союзная группировка осталась без поддержки с воздуха: пять боевых самолетов догорали на площадке, обслуживающий персонал и диспетчеры были убиты, аппаратура повреждена взрывами.

К середине октября основная фаза операции по зачистке от боевиков населенных пунктов на восточном берегу Евфрата с выходом на линию соприкосновения с курдскими формированиями была завершена. Командиры игиловцев, понимая, что счет идет уже на часы, оставив небольшой заслон, ускорили переброску своих сил на противоположный берег, где уже находились курды. Курды принимали духов и тут же уводили их к себе в тылы на переформирование. Заслон игиловцев, прикрывая отход основной группировки, в конце концов сосредоточился на острове Сакр, образованном двумя рукавами реки. Духи создали на острове, густо поросшем садами, с многочисленными строениями и каналами, мощную оборону, усилив имеющуюся инфраструктуру вырытыми траншеями и перекрытыми щелями. Без окончательного уничтожения довольно крупного отряда боевиков заявить во всеуслышание о полном освобождении города не представлялось возможным. И хотя игиловцы, по сути, оказались в полном окружении и взять их измором без напрасных потерь было бы самым верным решением, руководство операцией торопилось отчитаться об окончательном разгроме врага, рассчитывая на желанные многочисленные награды и повышения. И вновь ликвидация последнего оплота джихадистов в Дейр-эз-Зоре была поручена бойцам ЧВК. Боевики, вооруженные уже только стрелковым оружием и гранатометами, сопротивлялись отчаянно, но солдаты удачи планомерно, от линии к линии зачищая ходы, сообщения и блиндажи, продвигались вперед, прижимая отходящих духов к восточному берегу. Появились пленные, и их число с каждым днем возрастало. Наученные опытом, легионеры не подпускали к себе сдававшихся, не убедившись в отсутствии у них на теле взрывчатки. Тех же, кто бросался им навстречу, расстреливали не задумываясь, – таких было много, и почти все они, уже сраженные пулями, взрывались от сдетонировавшего на теле заряда. За несколько дней боев все было кончено, и взятые в плен боевики хоронили убитых под присмотром конвоя.

В ходе боев за Дейр-эз-Зор солдаты удачи отбили находящийся недалеко от города, в предместье Эш-Шола, небольшой комплекс из трех разрушенных нефтяных заводов. Совместно с легионерами атаковать опорный пункт игиловцев на заводах должен был отряд Катарджи, который с первых же минут начавшегося боестолкновения залег и до самого завершения сражения не поднимался. Братья Катарджи, входящие в ближний круг Башара Асада, одновременно поддерживали тесные связи с руководством ИГИЛ, участвуя в совместной с ними торговле нефтью с захваченных сирийских месторождений. По-видимому, имея определенные обязательства перед игиловцами, катарджисты всякий раз избегали прямого участия в боях против них. Но это никак не помешало катарджистам заявить легионерам о своих правах на распоряжение комплексом. Русские, не заморачиваясь, ограничились матом и отправили сирийских наемников восвояси.

Затаившие обиду катарджисты, разместившись на ближайших холмах, ночью, якобы случайно, открыли огонь по заводу – к счастью, без последствий. На следующие сутки с наступлением темноты русские солдаты удачи бесшумно подошли к лагерю лжесоюзников и, обезоружив ничего не соображающих спросонья бойцов, которые к тому же не выставили охранение, слегка намяли им бока в воспитательных целях. Когда командир катарджистов вместе с небольшой группой самых крутых парней попытался прийти на помощь своим, они тоже сполна получили от русских «щедрот». Отстоять свою честь и применить оружие против солдат удачи катарджисты так и не решились, откровенно побаиваясь русских.

Сражения за Дейр-эз-Зор постепенно подходили к концу. Игиловская группировка была разбита и отброшена за пределы нефтяных полей. С этого момента надежды ИГИЛ на создание всемирного халифата окончательно рухнули. Джихадисты уже не смогли вернуть себе былую силу, превратившись из мощного идеологического движения в мелкие разрозненные террористические группы.

Во всех крупных сражениях с игиловцами: дважды под Пальмирой, под Акерабатом и Дейр-эз-Зором — русские наемники принимали самое непосредственное участие и практически всегда становились основной ударной наземной силой. Этот факт так и не стал достоянием гласности ни в одной из стран мира — слишком двусмысленная репутация сложилась у русского легиона. В России после нашумевшего мятежа тему ЧВК лишний раз стараются не поднимать, а на Западе ЧВК «Вагнер» связывают напрямую с российским политическим режимом, и ставить тому в заслугу победу над террористическим государством никто не спешит. Но хотелось бы верить, что наступит момент, когда в истории уничтожения ИГИЛ появятся и страницы, посвященные русским легионерам — они своей кровью заплатили за право на это.

Мартину не довелось участвовать в окончательном разгроме ИГИЛ, в тот момент он уже находился в России. Но всей своей душой он был вместе со своими боевыми товарищами. Иначе и быть не могло. Именно здесь, в легионе, он снова почувствовал себя значимой личностью, человеком, который делает для Родины опасную и нужную работу. Ему все-таки удалось второй раз войти в бурную реку боевой жизни, о которой он мечтал, будучи еще курсантом военного училища. И Мартин всегда будет благодарен легиону за то, что он предоставил ему этот шанс.

Советник

Глава 1

Первый

Моя третья командировка в Сирию закончилась преждевременно – я подал рапорт о невозможности продолжать свою боевую работу. Причиной тому стали обострившиеся последствия тяжелого ранения, случившегося годом ранее на одном из хребтов под Пальмирой. Медики рекомендовали мне двухгодичный срок реабилитации, но я напросился в командировку уже через полгода после того, как покинул клинику. Естественно, мой организм не выдержал и дал сбой. Пищеварительная система функционировала лишь на малую толику возможностей, существенно урезанных ранением. Восполняемый едой запас энергии расходовался стремительно – я быстро уставал, постоянное ощущение упадка сил угнетало. Пришлось признать очевидное и отказаться от продолжения командировки.

По возвращении в Россию я был направлен на обследование в клинику СОГАЗа в Санкт-Петербурге – туда же, где я заканчивал свое предыдущее лечение. Клиника СОГАЗ – элитный медицинский центр, обычным людям не по карману, но, чтобы вернуть своих людей в строй, Первый никогда не скупился. Нас там было порядка двадцати наемников, восстанавливающих здоровье после полученных боевых травм.

Домой я вернулся с уложенным в дорожную сумку пакетом, наполненным лекарственными препаратами, которыми меня снабдили в клинике в качестве дополнительного бесплатного бонуса. Я был списан в кадровый резерв ЧВК. О заключении новых контрактов на участие в боевых операциях вагнеровцев я в тот момент не задумывался, и, возможно, эта яркая и насыщенная часть моей жизни, проведенная в братстве наемников, так и осталось бы в прошлом. Судьба распорядилась иначе.

Неожиданно у моей жены Наташи диагностировали рак. Я бросился задействовать все свои связи и среди прочего позвонил одному знакомому — он тогда ведал вопросами распределения раненных бойцов ЧВК по лечебным заведениям. Буквально через несколько часов мне сообщили о том, что мою жену определили в один из онкоцентров Санкт-Петербурга. Наташе назначили курс химиотерапии. В один из этих беспокойных дней мне позвонил начальник отдела кадров ЧВК, он подбирал кандидатуру на должность помощника Первого по оперативно-тактической обстановке в зонах действий ЧВК «Вагнер» в Сирии. Указание Первого пристроить меня на зарплату по причине сложных жизненных обстоятельств удачно совпало с появившейся вакантной должностью — так я оказался в самом сердце многоохватной и разнообразной, но малопонятной простому обывателю бизнес-империи Евгения Пригожина. Организации, поставляющие продукты питания министерству обороны и в школьные столовые, торговые центры, рестораны, объекты недвижимости, информационные издания и другие компании, функционирующие как вполне легальные формы зарабатывания денег, — и наряду с ними «фабрика троллей» и ЧВК «Вагнер», окутанные ореолом тайны и секретности и предназначенные для решения задач, выходящих далеко за рамки чисто коммерческих интересов.

Головной офис, где теперь находилось мое рабочее место, располагался в комплексе из нескольких исторических зданий, образующих каре, на одной из набережных Васильевского острова. Центральный вход, выходивший на набережную, предназначался только для Первого и его высокопоставленных посетителей. Все остальные сотрудники попадали в здания с противоположной стороны, проходя через арку и внутренний дворик.

В многочисленных небольших помещениях, ничем не

напоминающих ультрасовременные деловые офисы, располагались бухгалтерия, группы IT-специалистов, технические отделы и кабинеты службы безопасности корпорации. Отдел ЧВК занимал один этаж дома, примыкающего к главному зданию комплекса, и состоял из четырех кабинетов, санузла и небольшой подсобки со шкафом для посуды, электрическим чайником и микроволновкой. В нашем отделе числилось семь человек, из которых постоянно на месте присутствовали трое, остальные находились в беспрерывных разъездах и появлялись в офисе время от времени.

Знакомство с Первым состоялось в одной из совещательных комнат, которые находились рядом с приемной и просторным кабинетом Пригожина. Рядовые наемники до недавнего времени не знали лица человека, находящегося на самой вершине иерархической пирамиды ЧВК. Он представлялся им могущественным мифическим существом, парящим в недосягаемых заоблачных далях верховной власти. Даже старшие командиры, упоминая Первого, говорили о нем с ярко выраженной почтительной интонацией, признавая за ним неоспоримое право распоряжаться их жизнями по своему усмотрению.

Когда Пригожин вошел в кабинет, я, повинуясь давно забытому, но внезапно прорвавшемуся из глубины сознания порыву, выпрямился и опустил руки по швам. Первый поздоровался, пожал мне руку и заговорил. Я сразу же обратил внимание на его отличительную манеру разглядывать собеседника исподлобья, слегка наклонив голову вперед, словно готовясь к схватке. Пригожин начал ознакомительную беседу с того, что сообщил о своем намерении отправить Наташу на операцию в Гамбург и, как будто пресекая мои возражения, заявил: «Ты не волнуйся, там все сделают по высшему разряду». Думаю, нет необходимости говорить о том, насколько меня воодушевили его слова.

В последующие четыре месяца, когда я ежедневно являлся к нему на доклад, я смог ближе узнать этого человека. Определяющей чертой Пригожина была его непоколебимая вера в то, что любое его решение в любой ситуации – самое верное и правильное. Даже сталкиваясь с негативными последствиями своих поступков и действий он умудрялся подать произошедшее как свою очередную победу и результат тщательно продуманных действий. Чего у Первого было не отнять, так это креативности в разрешении самых неожиданных и запутанных ситуаций: он умудрялся разглядеть в них тот малозаметный поворотный пункт, за который мог ухватиться, чтобы использовать его в своих интересах. Не получив фундаментального образования, он тем не менее обладал широким кругозором. Он был убежден сам и постоянно убеждал окружающих в том, что рожден вершить великие дела.

Пригожин не отличался изысканными манерами и в общении с подчиненными легко переходил на площадную брань. В своих требованиях он опирался на единственно понятный ему прием – суровая выволочка вплоть до прямых оскорблений и унижения провинившегося, позволившего себе проявить нерадивость к порученному делу. Создавалось впечатление, что сотрудники офиса постоянно пребывают в ожидании барской порки за еще не совершенные проступки. Как только Первый переступал порог главного здания, нервное возбуждение охватывало весь персонал офиса.

Мои коллеги, ожидая вызова на доклад к шефу, суетливо перебирали бумаги или вышагивали взад и вперед по узкому коридору помещения нашего отдела, пытаясь унять волнение и плохо скрываемый мандраж. Каждая встреча с Первым становилась для них тяжким испытанием, и даже Блондин, обладавший почти равным с Вагнером статусом, во время пребывания в головном офисе с трудом и не всегда успешно пытался скрыть от присутствующих свое предстрессовое состояние.

Пригожина боялись, но с услужливой готовностью подражали ему. Ассистентки, молоденькие девушки, в стремлении походить на шефа время от времени высказывались отборным матом, что выглядело совершенно неестественно и наигранно. Что уж говорить о мужчинах. Громогласные ругательства и оскорбления в адрес подчиненных считались устоявшейся нормой, хотя внешне больше походили на показную демонстрацию служебного рвения.

Я начинал свой рабочий день с изучения доклада начальника штаба группировки ЧВК в Сирии, который приходил на электронный адрес нашего отдела. В нем содержались свежие сводки боевых действий, сведения о достигнутых рубежах и освобожденных населенных пунктах, количество потерь в рядах ЧВК, число уничтоженных врагов и захваченного оружия. Подразделения ЧВК в тот момент двигались в авангарде наступающих на Дейр-эз-Зор правительственных войск Башара Асада. Парни дошли до Евфрата, форсировали реку и завязали бои на восточном берегу, отвоевывая плацдарм.

Нанеся на топографическую карту обстановку в районе боевых действий, набросав на бумаге сводные отчеты на основе анализа информации, полученной за последние двадцать четыре часа, я отправлялся через внутренний дворик в главное офисное здание на прием к шефу. Первый выслушивал мой доклад, разглядывая карту, задавал вопросы по интересующим его деталям и отпускал. Иногда он давал кое-какие поручения, касающиеся ЧВК, но чаще мой рабочий день заполнялся рутинными и скучными делами. Я формировал файлы докладов, готовил к транспортировке на основную базу наемников в Молькино комплекты корпоративных наград, просматривал англоязычные публикации о деятельности ЧВК «Вагнер», консультировал по военным вопросам новостные агентства, принадлежащие Первому. Когда операция по освобождению Дейр-эз-Зора была завершена, принимал, изучал, систематизировал и раскладывал по папкам протоколы допросов захваченных бойцов ИГИЛ. Пленных опрашивали, составляли на них досье, фотографировали и затем передавали в руки сирийской службы безопасности.

В попытках как-то компенсировать монотонную работу в свободное время я стал вспоминать и записывать события, которые происходили со мной и вокруг меня во время командировок в Сирию. Постепенно это занятие увлекло меня, и записи стали превращаться в полноценную рукопись. Все эти события хоть и были живы в моей памяти, но воспринимались как нечто произошедшее в другой жизни. Поразмыслив, я решил вести повествование от условного героя, которому присвоил свой боевой позывной «Мартин».

Пригожин первым прочитал мою рукопись о боевой работе ЧВК «Вагнер» в Сирии. Текст ему понравился. По его указанию даже были скомпонованы несколько рабочих экземпляров в твердой обложке. Первый сказал мне, что намерен подарить один из экземпляров книги Пескову, пресс-секретарю президента страны: «Для прочтения книги у Главного времени нет, Песков прочитает и ему перескажет».

Пригожин предложил сопроводить предназначенный президенту вариант книги короткими высказываниями реальных героев повествования, в которых они могли бы продемонстрировать свою готовность служить интересам страны. Для этого на борту частного самолета Первого я был отправлен в Сирию. В Дейр-эз-Зоре я отыскал бойцов роты Ратника, которые являлись главными персонажами моей первой книги, и получил от них требуемый материал.

Наташе сделали операцию, ее жизнь была вне опасности. Я устал от скучного однообразия офисного времяпрепровождения. Однажды, совершенно случайно, я узнал, что русского советника сирийского батальона «Охотники за ИГИЛ» собираются перевести на другую должность. Образовалось вакантное место, и я предложил свою кандидатуру.

Как оказалось, я был первым из помощников Пригожина, кто выразил желание покинуть офис и вернуться в действующий состав ЧВК – мои предшественники сменяли друг друга по личному указанию Первого, должность считалась «расстрельной». Вызвав меня к себе в кабинет, он пожелал мне удачи и вручил высшую награду ЧВК «Вагнер» – орден «Победа над ИГИЛ».

В январе 2018 года я вернулся в Сирию, чтобы приступить к исполнению обязанностей на новой должности.

Глава 2

Знакомство с батальоном

В Сирию мы прилетели вместе с Хабибом, одним из соучредителей батальона Охотники за ИГИЛ.

Охотники за ИГИЛ не входили в состав правительственных вооруженных сил – это была частная военная компания, укомплектованная местными добровольцами и полностью подконтрольная ЧВК «Вагнер». Первый, заинтересованный в увеличении числа наемников, задействованных в захвате нефтяных полей и их дальнейшей охране, договорился с высшим сирийским руководством о создании еще одного частного воинского подразделения, благо законы страны это не воспрещали. Но в Сирии создавать негосударственные организации могут только лица с сирийским гражданством. Пригожин, дабы недопустить в будущем ненужных эксцессов, подобрал в состав учредителей сирийцев, чья жизнь тем или иным образом была связана с Россией. У того же Хабиба помимо сирийского было сще гражданство Российской Федерации. Также в состав учредителей – но это уже была дань местной власти – вошел один из генералов Мухабарата.

Планы Первого в отношении сирийских наемников, вероятно, не ограничивались использованием их исключительно в Сирии. В перспективе он планировал при необходимости перебрасывать их и в другие горячие точки, где по тем или иным причинам оказывались вагнеровцы, тем более что сирийцы, естественно, обходились ему значительно дешевле.

На авиабазе Хмеймим нас с Хабибом уже поджидала специально присланная за нами машина, которая доставила нас в Скальбию.

Скальбия, небольшое христианское поселение, приютилась в предгорье плодородной долины аль-Габ на северо-западе Сирии. Западная окраина населенного пункта пологим спуском упиралась в заболоченную низину, обрамлявшую плотными камышовыми зарослями реку Эль-Аси. Город, застроенный примыкающими друг к другу невысокими домами в три и пять этажей в центральной части и добротными коттеджами по окраинам, имел свою достопримечательность – красивый белокаменный христианский храм. Скальбию миновал разрушительный ураган гражданской войны: в пределах городской черты функционировали многочисленные магазины, рестораны, кафе и даже детский парк аттракционов. На северной окраине города располагался крупный больничный комплекс. Одно из его двухэтажных зданий в свое время использовалось в качестве госпиталя для лечения раненных в боях русских наемников и впоследствии оказалось в распоряжении Охотников за ИГИЛ.

Штаб-квартира батальона находилась в городе, вне основного места расположения сирийской ЧВК, в которой мне предстояло работать советником. Там я познакомился с командиром батальона Ахедом – в молодости он учился в Одесском строительном институте и свободно говорил по-русски. Ахед принадлежал к категории людей, сразу вызывающих доверие и симпатию. Помимо него в офисе находились бухгалтер, секретарь и юрист – все из местных, а также ассистентка Ахеда очаровательная украинка Люба, оптимистка, обладающая обезоруживающим чувством юмора. Она одна воспитывала двух дочерей, ее муж-араб исчез в хаосе гражданской войны. Я также познакомился с двумя командирами роты, Алямом и Мухаммадом, и заместителем командира Аба Юшей, которые специально подъехали в офис, чтобы встретиться с новым советником. Третья рота в тот момент находилась на охране нефтяных полей, и с ее командиром я увиделся позже.

Должностные обязанности советника ЧВК Охотники за ИГИЛ по сути означали управление всем батальоном. Ахед переходил в мое полное подчинение. Задачи батальона включали охрану нефтяных месторождений и объектов инфраструктуры, а также вспомогательные действия вторым эшелоном в боевых операциях. Но ИГИЛ был уже разбит и военные действия большей частью прекратились. Комфортное жилье, служебный автомобиль, свободный график и достаточно большая управленческая автономность – все это выглядело синекурой по сравнению с обычной работой наемника.

Для оформления своего вступления в должность я приехал в штаб российских наемников в Сирии, находившийся на заводе Хаян, примерно в тридцати километрах от Пальмиры. Производственная зона нефтеперерабатывающего комплекса и прилегающие территории сильно изменились с семнадцатого года, когда мы отвоевали это предприятие у ИГИЛ. Тогда перед нами предстала гнетущая картина разрушений и упадка, которую дополнял ужасающий рев огромного огненного смерча – результат попадания снаряда в насосную станцию. Пламя теперь было усмирено до предусмотренного технологическим процессом факела, территория очищена от металлических обломков, корпуса частично восстановлены. Завод приобрел облик укрепленного и благоустроенного военного лагеря.

Как выяснилось на месте, должность советника батальона Охотники за ИГИЛ не значилась в штатном расписании. Мой предшественник был сотрудником службы безопасности ЧВК и, исполняя обязанности советника, в ней же и числился. Меня же озадаченное руководство после недолгого коллегиального обсуждения не мудрствуя лукаво записало рядовым в роту охраны. Поиронизировав над тем, что, управляя хозяйством в триста сирийских наемников, я буду получать зарплату рядового бойца, я направился к месту временного размещения двух неполных рот вверенного мне батальона в Дейр-эз-Зор.

Дейр-эз-Зор выглядел удручающе: куда ни кинь взгляд, повсюду последствия многомесячных ожесточенных боев.

Разрушенные жилые кварталы, воронки от разрывов снарядов и бомб, угольно-черные остовы сгоревших танков и БМП, нагромождения изрешеченных осколками и пулями автомобильных кузовов — вот что теперь представлял из себя город, до войны носивший гордое название Жемчужина пустыни.

Жители той части города, которую война обошла стороной, суетились в стремлении быстрее обустроиться и наладить подобие мирного быта. Бросалось в глаза большое количество вооруженных мужчин, но в людных местах толпа поглощала их, выводя на первый план женщин, спешащих по каким-то своим неотложным делам, детей, в веселой беззаботности снующих там и тут, и других лиц вполне гражданской наружности, озабоченных проблемами чисто житейского толка. Вдоль дороги с уличных лотков торговали продуктами и всякой хозяйственной мелочью. Здесь же, в условиях полной антисанитарии, лавочники готовили и предлагали примитивный фастфуд. Несмотря на полученные раны, город постепенно возвращался к привычной жизни.

Прибыли на место под вечер, определившись на постой в просторном подворье, где располагалось одно из подразделений моего батальона, неподалеку от штаба находившейся здесь группировки вагнеровцев.

Вечернее совещание проходило в армейском штабном фургоне: в пространство, рассчитанное в лучшем случае на экипаж из трех человек, набилось не менее десяти. Всем присутствующим хотелось побыстрее покончить с рутинным вечерним мероприятием и выйти на свежий воздух, но Днепр, начальник штаба группировки, как будто не замечал ни духоты, ни тесноты.

Днепр доводил указания, часто сбиваясь на выяснения незначительных мелочей или переключаясь на препирательства с кем-то из присутствующих. Хаотичная и непоследовательная манера изъяснения вкупе с нечеткой дикцией сбивали с толку, выступление Днепра превращалось в сумбур из непоследовательных распоряжений, претензий к подчиненным и рассуждений на отвлеченные темы. Но уточняющих вопросов никто не задавал – импровизация была коньком руководителей всех звеньев легиона: нет четких указаний – нет и конкретного спроса.

Обращаясь ко мне, Днепр ограничился короткой фразой: «Готовьтесь. Скоро пойдете в бой. Охотники будут участвовать в штурме опорного пункта. Обучайтесь. Срок не больше недели». Распоряжение оказалось для меня неожиданным: еще не прошло и двух недель, как я принял батальон, и толком освоиться на новом месте еще не успел. К тому же работа в офисе в Петербурге и первые дни в Сирии расслабили, отучив от постоянной готовности в любой момент оказаться в гуще боевых событий. Но возникшее напряжение и чувство тревоги быстро сменились азартом, предвкушением возвращения к настоящей военной работе, без которой я, по-видимому, в глубине души себя не мыслил.

Готовились к бою на одном из нефтеперегонных заводов, таких объектов под Дейр-эз-Зором множество, самые насыщенные нефтью месторождения в Сирии размещаются в этой провинции.

Некогда ухоженная, теперь территория завода была в полном запустении. Груды обгорелого кирпича, остовы сгоревших машин, застывшие в корчах боли металлические конструкции. На засохших газонах кое-где проглядывали клочки пожухлой травы, тут и там стояли сиротливо одинокие, выгоревшие на солнце невысокие пальмы и эвкалипты, между которыми ветер гонял мелкий мусор. Война пощадила только два одноэтажных здания, все помещения в них были заняты под жилые комнаты и склады. Рядом с одним из уцелевших строений громоздились развалины двухэтажного дома. Дом осел в сторону подломившихся опор так, что можно было от самого основания постройки подняться, как по трамплину, на сохранившуюся часть крыши.

Обучали сирийских бойцов инструкторы ЧВК, им помогали два переводчика, Ясеф и Талиб. Наблюдая за тренировками, я поймал себя на мысли, что занятия больше походили на репетицию батальной сцены из какого-нибудь военного блокбастера, чем на подготовку к реальному бою. Инструкторы объясняли переводчикам, как должны действовать бойцы при штурме позиций противника, а те, в свою очередь, пытались в силу своих способностей растолковать услышанное рядовому составу. Далее инструктор давал отмашку, и переводчики, подобно ассистентам режиссера, начинали выкрикивать команды: «Пошла первая группа! Пошла вторая!» Пришлось вмешаться в процесс: настоящий бой – не эффектно снятое кино, бойцами должны управлять командиры, находящиеся внутри своих подразделений, рядовым же следует исполнять команды тех, кто рядом с ними, а не тех, кто расположился в стороне за «режиссерским пультом».

Большинство моих подчиненных, как выяснилось, не имели боевого опыта, и это открытие меня совсем не обрадовало. В дополнение к этому взвод, собранный полностью из представителей религиозной секты мооршидов, отказался участвовать в боевых действиях, и мой отряд, и так состоящий из двух неполных рот, сразу сократился почти на четверть. Оказалось, мой предшественник позволил формировать подразделения батальона из представителей одной конфессии. Раздосадованный, я приказал разоружить взвод мооршидов и отправить их по домам, а от Ахеда потребовал впредь составлять подразделения по смешанному принципу, не комплектуя их по отдельности как христианские, мусульманские, мооршидские и прочие.

Накануне предстоящей операции меня вызвали в штаб для ознакомления с боевой задачей. Совещание, как и в прошлый раз, проводил Днепр, но проходило оно в просторном помещении здания штаба и на этот раз в присутствии самого Вагнера. Вагнер всегда находился в качестве старшего командира там, где были сосредоточены основные силы наемников, – сейчас это были окрестности Дейр-эз-Зора. С момента нашей последней встречи почти девять месяцев назад Вагнер явно преобразился. За столом перед собравшимися восседал победитель, командующий небольшой, но славной армией наемников, разгромивших ИГИЛ. Складывалось впечатление, что Вагнер пребывал в постоянном состоянии эйфории от той роли, которая была ему уготована в сирийской войне.

Вопреки принятому порядку, когда старший командир доводит до подчиненных замысел предстоящей войсковой операции, на этом совещании Вагнер в силу каких-то своих собственных соображений переуступил эту роль начальнику штаба, и лишь время от времени бесцеремонно прерывал его своими репликами. Днепр огласил указание Первого произвести силовой захват нефтеперерабатывающего завода Коноко, который в тот момент находился под контролем курдских отрядов СДС. После описания общего плана штурма завода, не останавливаясь на его обсуждении, он стал отдавать распоряжения, каким подразделениям, что и когда нужно атаковать и захватить. В ЧВК это была обычная практика: к людям, даже к командирам отрядов, относились без лишних церемоний, воинские знания и умения в расчет не принимались, приказали – иди выполняй. По задумке штаба, в бой первым вступал отряд наемников «Карпаты», который должен был пойти на штурм позиций курдов у границ завода. Одновременно с ним мой отряд Охотников за ИГИЛ атаковал укрепленный пост курдов рядом с дорогой, ведущей на завод, на левом фланге боевых порядков отряда «Карпаты». Еще один отряд на автомобилях, выстроенных в колонну, поджидал своего часа в поселке Хашам западнее завода и в нужный момент, получив команду, устремлялся к линии, достигнутой «Карпатами», для развития успеха. Из состава артиллерийского дивизиона выделили небольшую артиллерийскую батарею из нескольких орудий, которая своим огнем с тыла должна была поддерживать общее наступление.

Присутствие в данном районе сил специальных операций США как союзников курдов по какой-то причине нашими командирами во внимание не принималось. Днепр упомянул о них короткой фразой: «Американцы в наши разборки вмешиваться не будут». На чем основывалось это убеждение, начальник штаба пояснять не стал, лишь добавив – наверное, чтобы приободрить всех присутствующих:

– В небе над Евфратом будут барражировать самолеты ВКС России для устрашения вероятного противника.

Под выражением «вероятный противник», судя по всему, подразумевались те же американцы.

Закончил свое выступление Днепр заявлением о готовности арабских племен поддержать атаку на завод восстанием в тылу курдов.

Примечательным своей циничностью стал короткий диалог между Вагнером и командиром саперной роты Шахтером:

– У меня вызывает сомнения целесообразность установки зарядов рядом с сирийским постом охраны переправы: при подрыве их наверняка накроет.

– Да и хуй с ними, не жалко. Злее на курдов будут. Они же будут считать, что это артиллерийский обстрел с территории курдов, – не смущаясь отреагировал Вагнер, совершенно не беспокоясь о возможных последствиях.

Я покинул совещание, исполненный недобрых предчувствий. Провокация по отношению к собственным союзникам под видом артиллерийского обстрела, ничем не подкрепленное заявление о том, что американцы останутся сторонними наблюдателями, убежденность в арабском восстании в тылу курдов – весь дерзкий план рейдерского захвата завода выглядел полнейшей авантюрой. Да и указание Днепра для моего отряда захватить атакой с фронта передовой укрепленный пункт курдов не вызвало во мне ни малейшей радости. В отличие от начальника штаба, уверенного в успешных наступательных действиях сирийских наемников, я испытывал большие сомнения в боеспособности подопечных. Ночь я провел в напряженном ожидании предстоящих событий.

Глава 3

Разгром под Коноко

Газоперерабатывающий завод Коноко, получавший сырье с крупнейшего в Сирии месторождения Ат-Табия и имевший важное стратегическое значение, располагался на восточном берегу Евфрата недалеко от линии разграничения между курдскими и проправительственными формированиями. С передовых позиций вагнеровцев отлично просматривалась панорама западных границ предприятия.

Для того чтобы выйти на рубеж атаки опорного пункта курдов, моей группе предстояло из лагеря базирования на западном берегу реки доехать до паромной переправы, перебраться на противоположный берег и затем в сопровождении представителей отряда «Карпаты» проследовать на место временного размещения, где и ожидать команды к выступлению.

Для перевозки моего отряда выделили два КамАЗа — пришлось станковые гранатометы, крупнокалиберные пулеметы и боеприпасы укладывать на пол, накрывать их рюкзаками и размещать людей поверх этого слоеного пирога. Все, что не удалось впихнуть вКамАЗы, побросали в небольшой грузовичок инструкторов, которые оставались закрепленными за батальоном. После чего наша колонна из четырех машин, включая мою служебную, направилась к паромной переправе. На левом берегу Евфрата нас, как и договаривались, встретили бойцы «Карпат» и сопроводили до заброшенного подворья неподалеку от проходившей здесь железной дороги. Выгрузив содержимое кузовов, КамАЗы сразу же удалились.

Неожиданно от Днепра поступило указание передать один из взводов моей группы пятому отряду. Вместе с ним отбыл командир роты Мухаммед. Таким образом, в моем распоряжении осталось порядка пятидесяти бойцов. Оставив своих людей отдыхать в преддверии непростой ночной операции, мы с Алямом, командирами его взводов и инструкторами направились в штаб «Карпат», откуда во время боя я должен был управлять своим батальоном. Пробыв там некоторое время, мы выдвинулись на переднюю линию провести рекогносцировку и определить боевые задачи.

По возвращении к своему отряду занялись подготовкой к предстоящему бою: проверяли снаряжение, исправность оружия и наличие боеприпасов у бойцов, состояние ранцев у санитаров, техническую исправность средств связи. Завершив положенные дела, я вышел во двор покурить и вдруг осознал, что давно нигде не вижу инструкторов. Не видно было и их грузовичка. Мои непосредственные помощники, в обязанности которых входило сопровождение Охотников в процессе боя, непонятным образом куда-то испарились.

Как и всегда в этих краях, минуя сумерки, резко наступила непроглядная тьма. Звездное небо угрожающе нависало над головой, как бы предупреждая нас о надвигающейся опасности. Время от времени сгустившуюся мглу прорезали трассы пуль и снарядов. До операции, которая должна была начаться ровно в полночь, оставалось еще несколько часов. Внутреннее напряжение нарастало: к обычному волнению перед боем добавилось предчувствие беды.

Тяжелое вооружение мы выставили перед крыльцом дома, рядом уложили боеприпасы. С собой решили взять только автоматические гранатометы и крупнокалиберный пулемет — остальное оружие можно было подвезти позже. Алям выделил для охраны двух пожилых бойцов: в изнурительном темпе штурма от них было бы мало толку.

Тягостное ожидание прервалось самым непостижимым образом. Внезапно во внутреннее пространство двора въехали два УРАЛа и, резко остановившись, замерли. Я подумал, что это прибыли машины, предназначенные для перевозки моего отряда, и направился к ним. Вдруг головная машина сорвалась с места – я едва успел отскочить в сторону, чтобы не попасть под колеса. Ревущая громадина, лишь по чистой случайности не раздавив оружие, выставленное во дворе, проломила дыру в заборе, и обе машины устремились в направлении завода. В растерянности я проводил их взглядом, так потом никогда и не узнав, что это были за машины и в чем был смысл их появления на моем участке.

Я простоял у ворот минут десять, прежде чем мой слух уловил новое завывание двигателей, еще через пару минут сквозь тьму проступили размытые силуэты грузовиков, движущихся в мою сторону со стороны железнодорожного полотна. Два ГАЗа-66 и УАЗ въехали во двор. Я не двигался, выжидая. Дверь УАЗика распахнулась, знакомый боец отряда «Карпаты» выскочил из кабины, подбежал ко мне и выпалил:

– За вами. Грузитесь быстрее, опаздываем, с машинами была проблема. – Он явно был на взводе.

Машины были среднего тоннажа, всех бойцов, одетых в броню, невозможно было уместить в небольшие кузова – закреплялись на бамперах и за кабиной на запасном колесе.

Преодолевая ямы и ухабы бездорожья, доехали до передового пункта наблюдения, который был определен для нас как отправная точка для наступления на позиции курдов. Толкотня и неразбериха выгрузки была недолгой. Алям, к моему удовлетворению, сумел быстро взять ситуацию под контроль. Короткими командами, произнесенными громким шепотом, Алям добился от бойцов нужного порядка: все были готовы к бою и ждали команды. Один взвод имитирует атаку с фронта, второй как штурмовая группа обходит позиции курдов справа – задумка простая и отработанная на практике.

Передовой пункт наблюдения оказался пуст. Не выполнив общепринятые правила, «карпатовцы», которые обязаны были здесь нас дождаться, уже покинули его и находились где-то справа от меня, изготовившись к атаке. Инструкторы так до сих пор и не объявились, и я оказался один в окружении сирийских бойцов. Теперь перемещаться в штаб «Карпат» для управления боем смысла уже не было. Я принял решение остаться со своим отрядом.

Неожиданно ночное небо с юга осветилось вспышками, и до слуха донеслось отдаленное эхо разрывов. И тут же артиллеристы выдали в эфир сообщение о прямом попадании в их орудия и боекомплект. Позиции курдов продолжали безмолвствовать.

Я вышел на связь с командиром «Карпат». Ответ был четким: «На штурм». Неподалеку от нас затюкали минометы. Я скомандовал: «Вперед».

Вопреки моим опасениям, Охотников не пришлось подталкивать на движение: сирийцы тронулись с места без замешательства и суеты, быстро растворяясь в густой тьме. Чтобы окончательно убедиться в этом, я вышел за пределы защитного земляного вала и вгляделся в темноту. Группа продвигалась в сторону курдов, не обращая внимания на завывание мин над головой, стремясь как можно быстрее подойти вплотную к укреплениям врага.

Вдруг минометка «Карпат» смолкла, я уловил в эфире: «В укрытие». Мои бойцы еще не вышли на рубеж атаки, и подавляющий противодействие противника огонь был жизненно необходим. Я запросил поддержку, но ответа не последовало.

Неожиданно справа от меня совсем близко громыхнула танковая пушка. Я машинально оглянулся в сторону прозвучавшего выстрела. Танк поддерживал огнем атаку Охотников, но я даже не знал о его присутствии рядом с моим отрядом. Командир «Карпат» не удосужился предупредить меня об этом.

Выстрел танка запомнился мне как тот поворотный момент, после которого события полностью вышли из-под нашего контроля, все более и более приобретая катастрофический характер. Еле уловимый в шуме боя низкочастотный звук подлета ракеты, разрыв – и танк, успевший сделать только один выстрел, превратился в факел. Его корпус объяли языки пламени, из командирского люка вырвалась мощный огненный сноп. Замерев, я наблюдал, как башня танка, поднятая в воздух реактивной тягой сдетонировавшего боекомплекта, отлетела в сторону и ударилась о землю.

Гулкий удар танковой башни вывел меня из ступора. В попытке хоть как-то разобраться в происходящем я решил подняться на крышу дома. Откинув полог из верблюжьей шерсти, прикрывавший вход в здание, и проникнув внутрь, я столкнулся там с двумя противотанкистами из отряда «Карпат», отправленных, как выяснилось, для моего усиления, но все это время никак себя не проявлявших.

На крыше я огляделся: позиции противника и завод по-прежнему едва просматривались, но наш тыл был охвачен заревом пожарищ. Я ничего не понимал и не сразу осознал смертельную опасность, в которой я и мои люди оказались в тот момент.

Нажав на тангенту радиостанции, я запросил обстановку – в ответ услышал срывающийся крик:

– Авиация! Нас накрывают с воздуха! Всем в укрытие!

И тут же включился командир «Карпат»:

– Отход. Все в тыл, за железную дорогу.

По всему выходило, что американцы, вопреки необоснованным заявлениям Днепра, не остались в стороне и нанесли по расположению наших отрядов сокрушительные удары с использованием авиации и беспилотников. Мощное свечение зависло над Хашамом. Горели склады боеприпасов, вздрагивая от разрывов снарядов и гранат, горели штабы, горели автомобили в колоннах и техника, оказавшаяся на поле боя.

Теперь главной задачей стало спасти как можно больше людей, уведя их в безопасное место за разграничительную линию. Первый взвод быстро отошел за защитный вал пункта наблюдения, но командир штурмовой группы сообщил, что не может двигаться: курды прижали их к земле своим огнем. К тому моменту, когда я спустился обратно во двор, Алям, не дожидаясь моего приказа, уже скомандовал: «Огонь!» – все, кто успел отойти, открыли стрельбу по противнику. Это позволило выбраться из опасной зоны и застрявшему отряду. Когда рота собралась воедино, Алям дал команду на отход, и бойцы первой группы, не раздумывая, бросились бежать в сторону тыла.

Пытаясь ослабить внутреннее напряжение, я присел на скат защитного вала и достал сигареты. Внезапно по всему телу пробежал озноб, в сознании сформировалась отчетливая до непреложности мысль: мы следующие. Страх смерти овладел всем моим существом и парализовал волю. С трудом преодолевая оцепенение, заставил себя встать. Вдох, выдох, вдох и снова выдох – неимоверным усилием воли я напрягал и расслаблял мышцы тела. Страх постепенно отступил, не успев перейти в панику, я снова был в состоянии двигаться и бороться за жизнь.

Крикнул переводчику Язефу:

– Забирайте свою броню, и в тыл.

Я двинулся к дому, чтобы взять свой рюкзак. Переводчик, тяжело дыша, последовал за мной. Рюкзак поджидал меня у входа на крыльце. Стоило мне наклониться, как слух уловил характерное шипение. Раздался оглушающий скрежет разрыва, ударивший в спину мощный толчок швырнул меня в дверной проем, ногу обожгло в районе коленного сустава. Тяжелый полог во входном проеме погасил энергию толчка, и, продавив телом материю, я ввалился в помещение. Резко осев на левое колено, я по инерции подался вперед, теряя равновесие, но сгруппировался в падении, кувыркнулся и снова встал на ноги: где Язеф? Переводчик лежал справа от входа, пытаясь приподняться. Обхватив Язефа под мышки, помог ему встать. Спросил:

– Целый? Идти сможешь? – и, получив утвердительный ответ, добавил: – Бросай все, забирай только автомат и давай в тыл, за железную дорогу.

Подхватив рюкзак, я быстрым шагом, насколько позволяла рана, подошел к командиру роты. Алям живой и даже не раненый сидел около перевернутого и ощетинившегося клешнями треноги автоматического гранатомета. Буквально в метре от него на валу, ухватившись за ногу, стонал боец, лицо черное от копоти, белки глаз светятся в темноте, во взгляде мука. Убедившись, что кость цела и осколки задели лишь мякоть, я указал ему на индивидуальный пакет: давай, мол, шевелись, не все потеряно. Затем повернулся к командиру роты:

— Алям, братан, надо уходить.

В ответ:

— Я останусь здесь, с ранеными, еще есть живые.

Не знаю, каким-то образом до меня дошел смысл сказанного Алямом. Язефа рядом уже не было, переводить некому, но и теперь я по-прежнему убежден в том, что именно эти слова произнес командир роты.

Присев на одно колено, Алям, словно бы пытаясь обрести дополнительную точку опоры, ухватился рукой за ствол автомата, упирающегося прикладом в землю. Я положил ему руку на плечо, наклонился и заглянул в лицо: глаза Аляма выражали боль, отчаяние и одновременно злое упрямство. Когда, при каких обстоятельствах этот парень из самой обычной бедной алавитской семьи смог не только впитать в себя понятия о командирской чести и достоинстве, но и выработать способность следовать им в момент смертельной опасности, для меня так и осталось загадкой. Наверное, я уже догадывался, что вижу его в последний раз. Я вдруг поймал себя на мысли, что впервые за время своих командировок в Сирию я испытал к местному воину не ставшее уже привычным чувство легкого презрения и насмешки, а глубокое и неподдельное уважение.

Я осмотрелся. Сейчас где-то там, в темной пустоте неба, ударные беспилотники повторно заходили на боевой курс, против них пехота бессильна. Первый удар ракетами по тылам — это только начало, за ним последует второй, по передней линии, по нам. Я не стал терзать себя бессмысленными сомнениями. Алям принял решение остаться со своими людьми, и ему и им я более ничем уже помочь не в состоянии. Теперь я мог заняться собой. Сдвинув автомат на грудь так, чтобы можно было быстро вскинуть оружие и стрелять, я зашагал в сторону железнодорожного полотна.

Сначала я двигался по прямой на запад. Левую ногу слегка жгло в районе коленного сустава, но боль не сковывала движения. Пройдя примерно пятьдесят шагов, на бетонированной площадке у маленького строения наткнулся на неподвижное тело. Перевернул. Труп. На лице гримаса боли и страдания. Мертвый боец был облачен в полный комплект снаряжения: каска, бронежилет, разгрузочная система; я не разглядел ни следов крови, ни приметных глазу повреждений амуниции. Такая смерть тоже случается, на войне погибают не только от ран, иногда сердце не выдерживает бешеного темпа сокращения мышц,человек падает и умирает.

Справа ночную тьму прорезали трассы крупнокалиберного пулемета, светящиеся строчки пуль прошлись по пустырю, рассыпаясь искрами при соприкосновении с твердым грунтом. Открытый участок местности – прямой путь к железнодорожной насыпи – обстреливался со стороны противника, позиции курдов ожили, пришлось повернуть влево, в сторону жилых построек вдоль дороги.

Пересек дорогу, добежал до первого дома. С обратной стороны двухэтажного здания стоял КамАЗ. Между корпусом грузовика и стеной дома как-то обыденно, словно укрываясь в тени от палящего солнца, сидели уже знакомые мне противотанкисты и трое Охотников. Прорваться на грузовике к своим никто даже не пытался: проскочить на скорости изборожденный ямами пустырь между домом и дорогой было нереально, КамАЗ сразу заприметили бы и уничтожили.

Над нами с едва уловимым шипением пролетела ракета и, вспыхнув синеватым пламенем, разорвалась впереди.

Быстрым шагом с переходом на бег переместился к следующему дому, присел отдышаться, извлек из кармана штанов сигареты и зажигалку и тут услышал голос Язефа. Несколько сирийских бойцов прятались внутри строения. Я окликнул переводчика, и железная дверь, скрипнув несмазанными шарнирами, отворилась, Язеф выглянул и, узнав меня, вышел на крыльцо. Лицо переводчика даже во мраке отливало бледностью, в стеклах очков отсвечивали огни пожарищ.

— Язеф, уходите, не сидите в постройке, вас это не спасет. — Я потянул его за руку и добавил: — Уходите дальше в тыл. Объясните всем, кто с вами, пусть разобьются по парам, и в тыл, ни в коем случае не сбивайтесь в большую группу.

Ухватив одного из бойцов за рукав куртки, вытянул его в наружу, затем повторил то же самое со вторым. Взмахом руки предложил им следовать за мной. Пройдя несколько шагов до саманного забора, подпрыгнул, попытавшись перелезть через него. Забор рухнул под тяжестью тела, и я вывалился за пределы периметра ограждения, съехав по обрушившимся блокам. Встал и сразу же бросился в сторону полосы находящихся поблизости низкорослых деревьев. Добежав, буквально рухнул в неглубокую канаву – справа раздался оглушительный грохот разрыва, и меня окатило волной горячего воздуха. Поднял голову, оглянулся назад: сирийцы за мной не побежали, остались в доме.

Неподалеку от меня залегли двое русских парней. Опытные бойцы сообразили, что дом, где скопились люди, стал притягательной целью, участь находившихся в нем была предрешена. Раздался громкий шорох летящей ракеты, сноп густого пламени накрыл весь дом, где прятались сирийцы, послышались истошные вопли сгорающих заживо людей.

Один из парней предупредил:

— По станции передают, снова вертушки заходят. Притаились, лежим, не дергаемся.

Раздался рев автоматической пушки. Место недавнего

разрыва ракеты покрылось фонтанами разлетающейся земли: вертолеты начали методично расстреливать нас.

Мы встали и, пробежав с десяток метров, снова залегли под деревьями. Снаряды пушки прошли почти вплотную ко мне, каждой клеткой своего тела я ощутил момент столкновения с землей разрывающейся металлической болванки, по куртке ударили брызги песка и мельчайшие раскаленные осколки. Поднял голову – все целы. Короткая перебежка, гул приближающегося вертолета, вновь заработавшая пушка – все повторяется. Снова все целы!

Дошли до последнего в этом небольшом поселении дома, дальше – голая поверхность пустыря. Я залег вдоль забора, парни спрятались в колодце внутри двора. Чувство самосохранения подсказывало не сбиваться в группу – мощные приборы новейших боевых летательных устройств все видят. Неожиданно сквозь вертолетный рокот пробился звук работающего двигателя. Что это? Танк? Если да, то не наш. Может быть, курды начали зачищать территорию, обработанную авиацией? Надо уходить. Организовывать оборону маленькой группой, не имеющей противотанковых средств, означает только одно – погибнуть.

Один из парней, укрывшихся в колодце, выбрался на поверхность сам, второму пришлось помочь, у него была повреждена нога. Совещались недолго. Парни решили двигаться в сторону дороги и идти к своим вдоль асфальта, чтобы не сбиться с пути. Я же посчитал, что лучше держаться прежнего направления, местность в районе дороги – это голое пространство, ни ям, ни канав. Не успел сделать и пары шагов, я услышал за спиной крик:

– Братан, вернись, здесь машина!

Действительно, метрах в пятидесяти от дома на дороге стоял ГАЗ-66. Гудение его двигателя мы и приняли за вражеский танк. Броском, окончательно выбившись из сил, преодолел расстояние до спасительного автомобиля. Подсадив парня с поврежденной ногой, пробрался почти до кабины, распластавшись на полу кузова. Газик рванулся с места, увозя нас в сторону разделительной линии.

Остановка... Еще двое взобрались в кузов, и газик снова рванул вперед, набирая скорость. Снова знакомое шипение – и два разрыва совсем рядом. Армейский вездеход каким-то чудом увернулся от ракет и, ревя натруженным двигателем, продолжил свое движение.

Нашим спасителем оказался простой русский парень Леха Назар, водитель старенького, но не потерявшего способности к резвому движению грузовика. Даже если Леха Назар оказался на переднем крае за рулем своего автомобиля не по собственной инициативе, а выполняя приказ, то и в этом случае его можно без всякого сомнения причислить к лику святых. Исполняют приказание по-разному: кто-то бы встал на разделительной линии, поджидая выбирающихся из зоны поражения бедолаг, и это тоже бы засчитали за дисциплинированность и добросовестность. Леха же направил автомобиль в самое пекло, туда, где вздымались клубами сгорающего термитного вещества вспышки разрывов и черноту ночи прошивали строчки трассирующих снарядов. Достигнув передней линии, Леха развернулся и, сбавив скорость, поехал в обратном направлении. Делая короткие остановки, он сигналом и криками созывал людей. К моменту, когда я влез в кузов, внутри было уже человек десять.

Машина, не разбирая дороги, через ухабы и ямы уходила из смертельной зоны. Проскочили железку, потом населенный пункт, через него – на переправу. Нервное напряжение потихоньку отступало, я почувствовал, как нарастает жжение в ноге.

Знакомый медик опытным взглядом сразу определил по моей неуклюжей походке характер ранения и, взяв ножницы, двинулся ко мне. Предугадав его намерение располосовать ножницами мои тактические брюки за сто евро, я остановил его и разделся сам. Рана оказалась пустяковой, перевязка длилась недолго, и, поблагодарив врача, я, прихрамывая, направился к выходу из двора.

Глава 4

Горестные итоги

Рассвело. Озираясь, я стоял у ворот двора, занятого лазаретом. Все пережитое накануне казалось ночным кошмаром, не имеющим отношения к реальности. Я пытался собраться с мыслями и прийти в себя. Пребывал я в состоянии растерянной отрешенности недолго. К действительности меня вернули сваленные у ворот в кучу окровавленные обрезки одежды, фрагменты снаряжения, разорванные ботинки, грязно-бурые бинты – материальные свидетельства человеческих страданий и смерти.

Вагнер выслушал мой доклад не перебивая и, когда я закончил, сквозь зубы процедил:

– Собери своих, подсчитай потери, передай данные начальнику штаба.

В его глазах затаились горечь и злость. Сокрушительный провал операции и бессмысленная гибель значительного числа наемников, несомненно, стали для него большим потрясением. Нелегко низвергаться с пьедестала, на который сам себя вознес. К тому же Вагнер, будучи неглупым человеком, вероятно, просчитывал и возможные последствия своего фиаско, допуская, что его могут сделать крайним и повесить на него всю ответственность за авантюру, все более обретающую черты масштабного военного столкновения двух крупных ядерных держав.

Прихрамывая, я доковылял до дома, занятого рабочей командой Охотников. Толкнув входную дверь, перешагнул через порог и обнаружил в одной из комнат инструкторов, живых и невредимых. Оказалось, что эти горе-соотечественники, как только американцы нанесли первый удар по штабу «Карпат», не медля ни секунды, забрались в мою служебную машину, припаркованную недалеко от штаба, и заставили водителя-сирийца вывезти их из опасного района, в панической спешке позабыв о своем собственном грузовичке.

Известие о том, что водитель жив и автомобиль не поврежден, меня обрадовало, что касается инструкторов, то до их торопливых и неуклюжих попыток объяснить свое отсутствие в составе отряда мне не было никакого дела. Не прислушиваясь и не вникая в суть сбивчивых оправданий, я прошел в комнату, сбросил на кушетку автомат и боевой пояс и вызвал переводчика. Мне предстояло заняться решением непростой проблемы. Выжившие Охотники не знали, где находится место расположения рабочей команды, это означало, что рассеянных по окрестностям сирийцев придется разыскивать и собирать воедино.

Примерно через полчаса меня вызвал в штаб Днепр и сообщил, что американцы дали разрешение вывести раненых и убитых и собрать брошенное оружие. К моменту начала спасательной операции в живых на поле боя наверняка оставалось очень мало, большая часть из тех, кого не сумели эвакуировать в разгар бойни, умерли от ран. Никто не сомневался, что мешков для транспортировки трупов понадобится много, очень много.

Мне выделили два КамАЗа, машины ожидали представителей батальона на восточном берегу реки у паромной переправы. Я отправил к ним инструкторов, отдав им в помощники отделение из состава рабочей команды, сам же продолжил поиски бойцов в предместьях Дэйр-эз-Зора. Охотники, не находя своих, прибивались к русским отрядам, и большую часть из тех, кто выжил, я обнаружил рядом с расположением подразделений вагнеровцев.

Весть о разгроме распространялась быстро. Ахед, узнав о трагедии, отправил из Скальбии экипаж санинструкторов. Приехал и Аба Юша.

Вскоре вернулись инструкторы на своем грузовичке. Удивительно, но их автомобиль совершенно не пострадал ни от ракетных ударов, ни от вспыхнувших пожаров. Инструкторы наперебой стали докладывать о том, как много трупов находятся под развалинами домов и что им было не под силу разгрести руины и извлечь тела погибших бойцов.

— Что мы могли сделать? Нас только трое, да и в грузовичок все трупы не сложишь.

Вот так. Должны были находиться во время боя в отряде Охотников, но остались в штабе «Карпат». Должны были направиться вместе с отделением сирийцев к КамАЗам, поджидавшим их у переправы, но вместо этого перемещались самостоятельно, а большегрузные автомобили все еще простаивали у береговой линии. Не ускользнула от моего внимания и плохо скрываемая радость от вновь приобретенного грузовичка. Общаться с ними далее смысла не было.

С улицы окликнули голоса. Я вышел и увидел стоявший на дороге «Урал» с открытым кузовом. Русский парень, выкрикнувший мой позывной, указал головой в сторону машины и произнес:

— Посмотри, вроде ваши. Там собрали.

В кузове находились сложенные по поверхности настила трупы бойцов батальона. Изломанные, изогнутые в предсмертных корчах, тела были словно присыпаны серой пудрой. Взгляд мой остановился на мертвом переводчике: Язеф лежал на спине, лицо было покрыто налетом пыли. Он не послушал меня и не ушел из того дома, погибнув под его развалинами.

— Разгружайте, складывайте там под навесом, мешки возьмите на перевязочном пункте, если не хватит, заворачивайте в одеяла. — Я механически отдавал распоряжения, не в состоянии принять и примириться с увиденным. Нестерпимо хотелось пить.

После чашки крепкого чая и выкуренной сигареты, сделав над собой усилие, сбросил оцепенение охватившего меня равнодушия. После того как всех привезенных погибших выложили и опознали, выяснилось, что Аляма среди них не было. В любом случае нужно было возвращаться обратно.

Во время повторных поисков неподалеку от места, где я оставил командира роты, нашли части его развороченной взрывом радиостанции, а также несколько фрагментов человеческого тела с остатками выгоревшей униформы пустынной окраски – именно такая, отличная от цвета камуфляжа остальных бойцов, была у Аляма. Его можно было признать погибшим.

Когда вторая поисковая экспедиция вернулась, я уже был на ногах после короткого сна, больше похожего на бред с обморочными падениями в забытье. На поле боя подобрали не очень много. Основную часть погибших, а также брошенного и поврежденного оружия мне передали спасательные команды вагнеровцев, которые вели поиск более планомерно и организованно.

Живыми вернулись почти все Охотники, отправленные перед началом боя на другой участок. Мухаммед получил легкое ранение, но крепко держался на ногах. Переводчику Талибу тоже слегка перепало: осколок по касательной задел палец руки.

Итоги разгрома были неутешительны. Погибла треть отряда Охотников, почти все, кто вышел из боя, имели осколочные ранения и ожоги. Погиб командир роты Алям, мужественный алавитский парень. Нашел свою смерть отставной полковник Язеф, умница и порядочный офицер, скромно проживавший на пенсию в маленькой квартире в Хомсе.

Впервые за время своего существования вагнеровцы потерпели столь сокрушительное поражение. Никогда прежде в одном сражении не погибало столько русских наемников. Их тела – или то, что от них осталось, – были помещены в холодильный контейнер на заводе Хаян. Мешки складывали друг на друга: огромный холодильник был заполнен до отказа.

Глава 5

Что случилось?

Первое в ядерной эре боевое столкновение между американскими и российскими военными формированиями закончилось полным разгромом последних. Что стало причиной этого серьезного международного инцидента, и почему его итоги оказались столь плачевными для русских наемников?

Пригожин планировал захватить завод Коноко еще осенью две тысячи семнадцатого года, но вагнеровцев перебросили на завершение операции по разгрому группировки ИГИЛ под Дейр-эз-Зором, где сирийские правительственные войска не в состоянии были решить эту задачу самостоятельно. Курды, которые подходили к Дейр-эз-Зору с востока и северо-востока, успели занять завод и прилегающие месторождения. Первый вступил в переговоры с лидерами курдской общины, но скоро ситуация изменилась, власть перешла в руки демократической партии курдов, и вожди племен потеряли право решать, кому будет принадлежать нефть.

Еще в ходе операции по освобождению Дейр-эз-Зора между курдскими силами и сирийскими войсками была установлена разграничительная линия, проходившая по Евфрату. Американские военные, курировавшие курдов, и командование российского контингента, руководившее сирийской армией, организовали между собой устойчивый канал связи, понимая, что после разгрома общего для обеих сторон врага в лице ИГИЛ вероятность стычек между курдами и американцами, с одной стороны, и сирийцами и русскими – с другой, значительно возрастает. Когда же проправительственные формирования переправились и захватили плацдарм на левом берегу Евфрата, боевое столкновение не питающих друг к другу любви союзников стало делом времени. Уж слишком лакомым для всех сторон было расположенное в этих местах крупнейшее в Сирии нефтегазовое месторождение Ат-Табия.

Пригожин, одержимый желанием завладеть заводом, убедил командующего русским контингентом в Сирии, что все пройдет как по маслу, легко и быстро. Российское командование, оставаясь в тени, надеялось в случае успеха приписать все заслуги себе. Верхушка сирийской власти тем более была в восторге от перспективы вернуть себе столь значимый актив. Слишком много интересов сошлось воедино, и вагнеровцы неминуемо стали заложниками чужих амбиций.

За несколько дней до начала операции американцы обнаружили наращивание числа воинских подразделений на сирийской стороне и выразили российскому командованию свое беспокойство по этому поводу. Но российские генералы открестились от какого-либо участия своих соотечественников в этой активности, чем окончательно обрекли русских наемников на верную смерть. Штурмовики ВКС России, барражировавшие в небе над Евфратом, испарились, как только в воздухе обозначилась авиация американцев. Легионеры, находящиеся на земле, не могли ничего противопоставить высокоточному авиационному оружию. Катастрофа была неизбежной.

Говоря по правде, я не испытывал ненависти к американцам, убивавшим моих товарищей. Пытался заставить себя ненавидеть, но не смог. Нас предали те, за кого мы, рискуя жизнями, воевали.

Ночью я возвращался в Скальбию. За моим пикапом следовал КамАЗ с останками бойцов и машина скорой помощи с ранеными. В окрестностях Пальмиры на мой служебный телефон поступил звонок. Я посмотрел на экран: это был Первый. Выслушав мой отчет о потерях, он тоном человека, уверенного в чьих угодно, только не своих грехах, потребовал:

— Опиши все как можно более подробно. Особое внимание удели описанию действия боеприпасов, использованных против вас. Пусть эти ублюдки из министерства обороны поймут, кто вас убивал. Они до сих пор не хотят признать, что там были американцы.

Утром следующего дня мы узнали, что родина в лице официально уполномоченных лиц отказалась от нас. Пресс-атташе министерства иностранных дел Захарова, не отрицая сам факт боя под Коноко, на голубом глазу утверждала, что россиян среди убитых нет. Пресс-секретарь президента также отрекся от русских наемников, заявив, что нет никаких оснований полагать, что среди погибших есть граждане России. «Сколько правды в глазах государственных шлюх!»

Что ж, в очередной раз статус ЧВК «Вагнер» как несуществующего военного формирования сыграл на руку власть предержащих. Впрочем, для этого оно и создавалось.

Глава 6

Батальон Охотники за ИГИЛ

Катастрофа под Коноко стала тем отправным моментом, когда я начал все больше и больше задумываться о происходящем в ЧВК «Вагнер». Трудно было объяснить себе основания, руководствуясь которыми Первый и командиры отправили нас, по сути, на верную смерть. Умом я понимал, что правила устанавливал Пригожин, но в тот момент еще не мог преодолеть чувство благодарности к нему за столь весомое участие в моей жизни. Осознание того, что я ему уже ничего не должен, придет позднее. Пока же я воспринимал все случившееся как сбой в процессе роста еще молодой организации. Должность советника давала возможность сформировать батальон Охотников в соответствии с собственными представлениями о добре и зле. Я с головой окунулся в работу по подбору и подготовке думающих и ответственных военных профессионалов.

Изначально батальон Охотников за ИГИЛ создавался с целью увеличения общего количества военных подразделений, которые можно было задействовать для выполнения соглашения между Пригожиным и сирийскими властями об отвоевывании захваченных игиловцами и бандформированиями нефтяных месторождений и дальнейшей их охране. Но ЧВК «Вагнер» также активно использовалась в боевых операциях против мятежников. К участию в таких операциях стали привлекать и Охотников.

ЧВК «Охотники за ИГИЛ» была сформирована при участии старейшин и других уважаемых лиц скальбийской общины, впрочем, это не сильно отразилось на качестве личного состава. Сирийцы не особо были расположены к участию в боевых действиях и шли в батальон по большей части ради денег и в надежде оказаться подальше от армии. В свою очередь, должностные лица вагнеровцев не видели смысла в бесплодных, как им казалось, попытках создать из сирийцев настоящее боевое подразделение. Назначенные от русских наемников инструкторы ограничивались обучением рядовых набору элементарных навыков и не заморачивались подготовкой командирского состава батальона. Поступок Аляма стал для меня примером того, что и сирийские парни могут сражаться до конца. Вывод напрашивался сам собой: могут, но нужно потрудиться, чтобы они и сами это поняли.

Батальон условно можно было разделить на гражданскую часть с офисом в Скальбии, которой управлял командир батальона Ахед, и военную – со штабом в учебном центре, которую возглавлял заместитель командира батальона Аба Юша. Ахед отслеживал бухгалтерию и ведал набором новобранцев, но слабо представлял себе все, что касалось боевой деятельности. Аба Юша, обделенный интеллектуальными способностями, свои задачи по боевому руководству видел в простом поддакивании указаниям русского командира. Обладая внешностью типичного абрека, Аба Юша примерил на себя роль героя-патриота, воюющего за родину и президента, и большую часть сил тратил на ее поддержание.

Аба Юшу я уволил. Заместитель командира батальона не согласился стать рядовым бойцом, и я без всякого сожаления указал ему на выход. Скальбийский актив порекомендовал мне на освободившуюся вакансию местного жителя, Назима. Назим харизмой Аба Юши не обладал, но имел опыт управления армейским подразделением во время боевых операций, и это вселяло надежду, что он хотя бы в общих чертах знаком с работой руководителя военного формирования.

Учебный центр Охотников располагался на территории

стандартного для Сирии военного городка неподалеку от Хомса. Многочисленные объекты военной инфраструктуры сирийской армии по стилю и планировке напоминают исправительно-трудовые лагеря. Серые параллелепипеды казарм из армированного бетона с узкими окнами в металлических рамах, квадраты уборных, напоминающие трансформаторные будки, отдельное здание душевой, похожей на карцер, – и все это по периметру охвачено ограждением из колючей проволоки. Невзрачный комплект зданий городка дополняли складские помещения и столовая, внешне не отличимые друг от друга. Россиянину подобный комплекс своей аскетичной примитивностью напоминает тюрьму, местных жителей серая угрюмость военных городков нисколько не смущает. Учебный центр обладал, однако, двумя серьезными достоинствами: первое – это тактическое поле и второе – это стрельбище. После пары ночевок в учебном центре на правах гостя в общежитии инструкторского отдела я решил обосноваться на постоянной основе в пустующем крыле одного из зданий.

Старший инструктор Смольный закрепил за Охотниками двух сотрудников своего отдела, но предупредил:

– Пока что Алмаз и Блокада будут помогать тебе, но очень скоро будешь справляться сам. Штат сокращают, а у меня и свое направление работы заполнить некем. Мне твои сирийцы вообще лишняя обуза, они не моя забота. Я и так уже заебался возиться с твоими бойцами.

Такое отношение вагнеровцев к сирийским подопечным в целом было объяснимо. Примечателен в этом смысле следующий эпизод. Как-то раз настало время отправлять очередную группу Охотников на позиции охранения нефтяных полей. Бойцы выстроились у казармы, и я обратил внимание, что большинство из них, несмотря на утреннюю прохладу, были довольно легко одеты и явно мерзли.

– Почему не оденутся потеплее? – спросил я тогда у Назима. – У них есть теплые куртки, им выдали. Нет смысла мерзнуть.

Назим, недоуменно пожимая плечами, сообщил мне, что задавал подобный вопрос солдатам, они ответили, что теплых курток у них нет. Позвонил Ахеду и задал ему тот же вопрос.

— Им все выдали, просто они припрятали дома или уже продали, такая вот с ними проблема, регулярная нервотрепка, — посетовал командир батальона. — Вечно приходится искать возможность одеть их заново, чтобы не отправлять на посты без теплой куртки. Перед уходом в отпуск говорят, что у них с собой нет теплых вещей, и просят куртку оставить им, иначе замерзнут по дороге. Замучился с ними, пользуются тем, что у нас в холодные ночи без курток их не отправят в пустыню. В армии бы вообще никого не интересовало, есть у них теплые вещи или нет, а здесь они почувствовали к себе заботливое отношение и начали наглеть. Такой вот у нас народ.

Недолго поразмышляв, я объявил:

— Всем вам выдавали куртки, я об этом знаю точно. Вы их либо потеряли, либо оставили дома. По ночам еще довольно прохладно, и я не могу отправить вас в пустыню раздетыми, простудитесь и будете не в состоянии выполнять свои обязанности. — Выждал паузу, наблюдая за реакцией бойцов, радостно кивающих головами в знак согласия, и завершил: — Будем покупать для вас новые куртки, но за ваш счет, стоимость покупки вычтем из вашей зарплаты.

К вечеру того же дня все прибывшие из отпуска бойцы продемонстрировали наличие курток и заявили об отсутствии необходимости покупать для них новые, тем более в счет зарплаты. Убедившись в том, что теплая одежда есть в наличии у всех, я со спокойной душой отправил смену в пустыню.

Большие надежды я возлагал на подразделение переводчиков батальона, но, как выяснилось, напрасные. Как назло, они все обучались в военно-инженерных вузах Советского Союза и были специалистами по системам ПВО и артиллерийскому вооружению, среди них не оказалось ни одного пехотного командира.

В общем, мои первые представления о работе советником как о синекуре быстро развеялись.

Началось и мое окончательное отрезвление от того состояния энтузиазма, в котором я находился на протяжении нескольких лет, пребывая в действующем военном формировании. И снова это имело непосредственное отношение к последствиям боя за завод Коноко.

Модуль, начальник службы вооружения ЧВК «Вагнер», предъявил мне акт о списании поврежденного в бою вооружения батальона Охотников. Как член комиссии я должен был заверить своей подписью этот документ, но засомневался в его правдоподобности: никто не производил ревизию оружия батальона, я еще только собирался этим заняться. После завершения пересчета оружия и сверки с данными службы вооружения я пришел к выводу, что Модуль сфальсифицировал акт, не заморачиваясь выполнением положенной процедуры. Пять автоматов, списанных решительным росчерком пера в утиль, оказались целыми и вполне пригодными для боя.

Начальник службы вооружения, обязанный не только обеспечивать наемников боеприпасами, но и заботиться о сохранности оружия, отказался признавать свою ошибку и принимать результаты моей ревизии. Не захотев по-нормальному разрешить проблему, Модуль прервал выяснения и, оставив меня в компании со своим помощником, который ничего не решал, удалился из кабинета. У меня не было ни желания, ни времени переубеждать Модуля, и я, не откладывая дело в долгий ящик, написал рапорт на имя Вагнера.

Примерно через неделю Модуль заявился в учебный центр и с порога яростно набросился на меня с обвинениями в том, что я повел себя не по понятиям. Не стерпев такой наглости с его стороны, я уже настроился было кулаками разъяснить Модулю верную интерпретацию событий, но сопровождающий его начальник ремонтной базы бригады от греха подальше вывел его из помещения.

Конфликт с начальником службы вооружения ознаменовал собой череду изматывающих душу разбирательств с разного рода выскочками, непонятно каким образом затесавшимися в командные структуры ЧВК «Вагнер». Все худшее ожидало меня еще впереди.

Глава 7

В семье Аляма

– Родители Аляма ждут. Для них это будет большая честь, что русский командир посетит их дом, им будет приятно. Это хотя бы немного смягчит их горе. Еще если ты побудешь в их доме среди других гостей, все в округе будут знать, что их сына уважали русские солдаты, и, возможно, им это как-то поможет. Им теперь тяжело придется: родители уже престарелые, да еще вдова Аляма с двумя маленькими детьми на руках. Компенсация денежная поможет, но проблем всех не решит. Алям даже дом не достроил для своей семьи, они все в родительском живут. – Ахед выжидательно смотрел на меня.

Меня тревожила мысль о предстоящей встрече с семьей Аляма. Умом я понимал, что поступил в той ситуации во время боя так, как должен был поступить, но ощущение собственной причастности к гибели Аляма терзало меня. Однако бесконечно ссылаться на занятость и откладывать поездку становилось неудобным.

Дорога, обогнув древнюю крепость Масиаф и перейдя в замысловатые зигзаги горного серпантина, привела в маленький городок, расположенный в узком ущелье, со всех сторон окруженном лесистыми вершинами. Моросящий дождь и клочья тумана дополняли общую унылость нескольких неказистых строений семейного подворья, разместившегося на узких горных террасах.

Поездку обговорили накануне, нас уже ждали. Семья Аляма – отец, мать и вдова – встретила нас со сдержанным почтением: горцы во всех странах отличаются особой манерой выказывать уважение гостю, достойно и без лишней суеты. Мухаммед на правах друга Аляма встретил гостей несколькими автоматными очередями в воздух, выполняя ритуал приветствия тех, кто прошел через войну. Отец Аляма пригласил гостей в дом – одноэтажное здание с незаконченной надстройкой для семьи погибшего сына. Комната, в которой мы оказались, была обставлена по периметру стульями и скамьями, и в ней сразу стало тесно, как только все гости вошли внутрь. Маленькие столики со скромным угощением: горячий кофе, сладости и печенье – расставили в центре комнаты.

Нас с Ахедом как почетных гостей усадили рядом с отопительным котлом на жидком топливе, которые повсеместно используются в Сирии. В горах Латакии в зимний период довольно низкие температуры, и тонкие стены жилища не спасают от внешнего холода, но рядом с котлом было тепло, и можно было даже расстегнуть куртку.

Осмотрелся: простая мебель, неброское оформление стен, металлические рамы окон – образ жизни жителей горной глубинки на всем носил отпечаток аскетичности. Гости, родственники и друзья, такие же, как отец Аляма, труженики, не избалованные материальным достатком, усевшись по местам, переговаривались, сложив на коленях ладонями вниз морщинистые и мозолистые руки.

Мулла и христианский священник, расположившись на одной двухместной скамье, вели друг с другом неторопливую беседу. В Сирии не приживаются религиозные распри, здесь христиане спокойно сосуществуют бок о бок с мусульманами, а сунниты – с шиитами. Женщины подносили подогретый чай и свежесваренный кофе, затем незаметно удалялись в соседнюю комнату. В дверном проеме время от времени появлялись дети Аляма, с любопытством разглядывая нас с Ахедом. Я обратил внимание на то, что мать Аляма сильно западала при ходьбе на одну ногу, было заметно, что каждый шаг давался ей с трудом. Основную часть хлопот по приему гостей взяла на себя сноха, ей помогали еще несколько женщин.

Общий разговор большей частью шел о войне и о тяготах, с нею связанных. Я слушал высказывания друзей семьи Аляма и, разглядывая их, пытался понять. Лица, изрезанные глубокими морщинами, поношенные пиджаки с оттянутыми карманами, одетые поверх вылинявших свитеров. Почему эти бедные, не обласканные властью люди, поддерживают ее? Что заставляет их жертвовать ради нее своими братьями, сыновьями, отцами? Из беседы с этими, вызывающими у меня сочувствие и симпатию простыми тружениками я уяснил немногое. Никто из присутствующих не задавался вопросом, почему страна оказалась в таком состоянии, и кто виноват в разворачивающейся народной трагедии. Подобного рода рассуждения были им недоступны. Они явно боялись перемен и давно уже смирились с существующим положением вещей. Власть требовала от них встать на ее защиту, и они воспринимали это как должное.

Я рассказал всем о последнем разговоре с Алямом. И словно снял с души камень, открыто заявив о том, что в тот момент я выполнил все от меня зависящее и занялся спасением собственной жизни, а Алям остался, потому что так понимал свое предназначение.

В доме родителей Аляма пробыли недолго и распрощались с чувством взаимной благодарности. Отец — за прилюдное признание его сына героем, а не просто еще одним не вернувшимся с войны. Я — за предоставленную возможность выговориться.

— Мать Аляма нуждается в замене коленного сустава, — поведал Ахед, после того как мы выехали за пределы городка. — Я уже все узнал. Операцию ей сделают бесплатно, у нас так положено, но за искусственный сустав нужно заплатить полторы тысячи долларов. Они вон дом не достроили — у них вся компенсация за Аляма уйдет на строительство.

— Вот объясни мне, Ахед. Медикаменты в больнице вам выдают бесплатно, операции тоже делают бесплатно, образование за счет государства, живете в нормальных домах и квартирах, урожаи по два раза в год собираете. Чтоб здесь у вас голодным остаться, особый талант иметь надо. Почему воюете между собой, почему гражданская война, чем недовольны?

— Каждый по-своему недоволен, — парировал Ахед и снова вернулся к проблеме. Копаться в причинах внутренней междоусобицы у командира батальона не было никакого желания. — Может, попросить у самого главного выделить деньги в качестве дополнительной помощи семье? Алям все-таки был командир роты и погиб в бою.

— Хорошо. Письмо можно сегодня составить и отправить в штаб на имя Вагнера, он распорядился, чтобы вся наша переписка с головным офисом осуществлялась через него. А завтра я на заводе буду, спрошу. — Выйдя из состояния усталой задумчивости, я оживился, ухватившись за появившуюся возможность отдать последнюю дань памяти Аляму.

Выслушав мою просьбу, Вагнер усомнился:

— И что нам с этой благотворительности? Мы честно рассчитались, выдали компенсацию?

— Мы поможем родителям погибшего сирийского парня, который с русскими бок о бок воевал. Пойдут разговоры, это нам зачтется в плюс и добавит авторитета у местного населения.

— Нормальная идея, только это надо еще дополнительно пропиарить. Вон смотри сколько шуму вояки из министерства обороны по каждому конвою с гуманитаркой умудряются поднять.

— Сделаем. Можно в местной газете статейку тиснуть, ролик снять и выложить в интернет. — Я понял по тону старшего командира, что затея удалась, а как все будет обставлено, уже не имеет значения, — главное, операция состоится и мать Аляма получит новый сустав.

— Ладно, пиши рапорт. Я там ходатайство и от себя черкну, — подытожил разговор Вагнер.

Через месяц мать Аляма начала привыкать к новому коленному суставу. И мои внутренние терзания, связанные с Алямом, стали утихать.

Глава 8

Восточная Гута

После разгрома крупной группировки исламских джихадистов под Дейр-эз-Зором осенью семнадцатого года силы ИГИЛ оказались существенно подорваны. По сути, с этого момента игиловцы перестали быть основным противником для всех, кто так или иначе оказался втянутым в гражданскую войну в Сирии. Правительственные войска могли теперь переключиться на ликвидацию многочисленных повстанческих формирований, воюющих против режима Башара Асада в самых разных районах страны.

Гута и Дума – два города-спутника Дамаска – на протяжении нескольких лет находились под контролем оппозиционных боевых отрядов, которые оставались серьезной угрозой для древней столицы и ее жителей. Боевики проводили постоянные обстрелы города, в том числе с использованием ракетных установок, и совершали неоднократные попытки прорваться в центральные районы Дамаска. Мириться с таким соседством далее было невозможно. Было принято решение о проведении войсковой операции и освобождении прилегающих к Дамаску территорий от находящихся там бандформирований.

Операция по зачистке Гуты и Думы от боевиков была поручена Пятому добровольческому корпусу генерала Сухейла. Это военное образование можно с полным основанием назвать детищем российского генералитета. Россия не только финансово и материально обеспечивала корпус – во главе ее руководства, при этом оставаясь в тени, работали русские офицеры. Идея его создания возникла не в последнюю очередь по причине общей слабости Сирийской арабской армии. Собственно, по этой же причине и Россия была вынуждена отправить в Сирию свой военный контингент, без присутствия которого Башар Асад явно бы не удержался у власти. Впрочем, и Пятый добровольческий корпус особых успехов в военных действиях тоже не продемонстрировал. Хоть сухейловцы и зарплату получали большую, чем военные САА, и обеспечение у них было на порядок лучше, воевали они столь же непродуктивно, как и остальные сирийские проправительственные соединения. Когда стало ясно, что от вояк Сухейла большого толка в проводимой операции не будет, российское командование в очередной раз вынуждено было обратиться к помощи вагнеровцев. Вместе с русскими наемниками привлекли и мой батальон Охотников.

Охотники прибыли в пригород Гуты через неделю после начала боев. К этому моменту сухейловцы, уткнувшись в районы плотной городской застройки, остановились. Вагнеровцы, которым был определен свой участок действий, зачистили подконтрольную территорию, завалив подрывами обнаруженные тоннели, дабы не допустить внезапных ночных контратак мятежников, и, не собираясь за сирийцев выполнять их работу, перешли к обороне.

На перевалочной базе русских наемников нас поджидал Пионер, который был назначен старшим над всеми подразделениями ЧВК, принимавшими участие в этой войсковой операции. Я познакомился с ним еще в семнадцатом году, сразу после того, как он, вступив в ряды вагнеровцев, с ходу получил должность помощника начальника штаба. Пионер прогуливался между полуразрушенными ангарами, облаченный в тяжелую разгрузочную систему и каску: количество автоматных магазинов и гранат в карманах снаряжения соответствовало предполагаемому расходу боеприпасов штурмовика, изготовившегося к длительной перестрелке на расстоянии кинжального огня. Совершенно неуместный в тылу и не соответствующий статусу вид старшего начальника вызывал саркастическую улыбку.

Командир отряда Якут, к которому прикомандировали Охотников, не проявил никакого интереса к нашему подразделению. Якут опрашивал захваченного в городских развалинах пленного, предположительно боевика. Тщедушный, маленького роста, обросший густой бородой араб смотрелся рядом с высоким мускулистым командиром отряда как лилипут рядом с великаном. Допрос длился недолго. Якут быстро утратил интерес к исхудалому оборванцу и, высказав предположение, что тот может помочь в розыске тоннелей, приказал подчиненным вернуть его на передний край. После чего, так и не обращая на нас внимания, подчеркнуто усталой походкой направился к бронированному джипу и, плюхнувшись на переднее сиденье, укатил в сторону тыла.

Позиции русских наемников располагались в центральной урбанизированной части Гуты. Нам предстояло преодолеть расстояние в несколько километров по дороге через предместья городка – районы проживания земледельцев и скотоводов. Несколько раз мы останавливались возле разрушенных и наскоро восстановленных мостов, пропуская встречные колонны автобусов, эвакуирующих женщин, детей и стариков. Вперемешку с автобусами шли большегрузные тралы, под завязку забитые разграбленным имуществом местного населения: мародерствовать сухейловцы умели, чего не скажешь об их способности воевать.

Примерно в километре справа от дороги над низкими крышами домов то и дело возникали огромные столбообразные облака дыма, авиация и артиллерия превращали непокорные города в руины.

Командный пункт вагнеровцев располагался в пятиэтажном здании, в котором в более-менее сносном состоянии остались только два первых этажа. Находившимся по соседству зданиям повезло меньше, почти все они были полностью разрушены. Исключения составляли лишь одноэтажные дома, которые непонятно каким образом уцелели посреди общей разрухи.

Осматривая место временного размещения Охотников, я обнаружил в просторных подвалах дома большой склад отделочных материалов, гончарной глины и разнообразных красителей. На деревянных поддонах штабелями были сложены мешки с сухими смесями, пол заставлен объемными цилиндрическими контейнерами с жидкими красителями и ровными кубами белого кирпича, а на полках стеллажей, стоящих вдоль стен, расположились вазы различной формы и объема, даже в сумеречном освещении подвала поблескивающие яркой росписью и позолотой.

Меня сопровождал переводчик, принятый на работу перед самым выходом на боевую задачу. Осматриваясь, переводчик, очарованный не столько видом керамики, сколько количеством брошенного хозяином имущества на десятки миллионов сирийских лир, не удержался и задал вопрос:

— Можно, я что-нибудь из этого возьму?

— Да забирайте, все равно хозяин ничего не вернет, все достанется сухейловцам. А наше руководство, думаю, возражать не будет.

Себе я тоже кое-что присмотрел. Листы баннерной бумаги послужат отличным материалом для плакатов и наглядных учебных пособий, краска пойдет на обновление покрытия конструкций в учебном центре, вазы сгодятся для презентов — став командиром батальона, я открыл в себе несвойственный мне ранее прагматизм.

Ночь прошла неспокойно. На узел связи то и дело поступали сообщения об атаках боевиков. За время длительного контроля над пригородами Дамаска мятежники нарыли километры траншей и тоннелей, что позволяло им скрытно перемещаться и подбираться вплотную к оборонительным позициям проправительственных отрядов. Тут и там были слышны короткие перестрелки. Но, судя по всему, противник, совершая вылазки, пока не собирался переходить к серьезным действиям.

Утром в штабе отряда объявился Талиб. Совсем не воинственный вид добродушного толстяка с автоматом на ремне вызывал улыбку. Хотя внешность Талиба и его манеры больше подходили сугубо гражданскому лицу, он уже успел побывать в нескольких серьезных переделках, и я считал его человеком надежным, готовым без лишних слов идти на смертельный риск. Талиб был бодр и словоохотлив — новый переводчик сник и подавленно молчал: ночь, наполненная звуками стрельбы, возымела на него удручающее впечатление, он явно был не в духе.

Позавтракав, я, прихватив с собой нового переводчика, решил заглянуть в гости к Вахе, командиру одного из взводов отряда вагнеровцев. Ваха встретил нас радушно, напоил чаем и угостил сладостями. Улыбчивый и словоохотливый бурят в бою под Акерабатом практически сам себя назначил командиром взвода. Когда окруженный игиловцами взвод наемников потерял командира, Ваха, взяв управление в свои руки, вывел бойцов к своим — люди были спасены смекалкой и неиссякаемой энергией испытанного войной и тюрьмой бурята. Рецидивист, отсидевший три срока, Ваха относился к войне как к приключению, как к азартной игре, не задумываясь о высоких материях и не пытаясь вникнуть в смысл происходящего. До вступления в ЧВК «Вагнера» он успел побывать в составе донбасского ополчения. С Украины он начал, Украиной и закончил: Ваха погиб там в двадцать втором году, по-видимому, исчерпав ресурс отпущенного ему везения.

Главным рубежом обороны взвода Вахи была линия промышленных построек на границе оливкового сада. Вагнеровцы обосновались на крыше строения за стенками пандуса, усиленного подручным материалом, из которого были изготовлены замаскированные позиции для пулеметов и АГС, бойницы открывались лишь в момент стрельбы. Вокруг здания копошились союзники, набивая грузовик имуществом, прихваченным из находящегося внутри большого склада.

Бойцы взвода продемонстрировали еще теплую пулю крупного калибра, ее вид внушал почтение и удерживал от желания выглянуть за пределы защиты. Работали снайперы с мощными винтовками, не давая расслабиться ни днем ни ночью.

На обратном пути проходили мимо полуразрушенных зданий, в которых, судя по всему, находились оружейные мастерские мятежников. Разбросанные части оружия различного типа, готовые половинки магазинов от АК-47 рядом с гидравлическим прессом, в патроне токарного станка заготовка корпуса минометного снаряда. Станки посечены осколками и покрыты гарью. Вспомнил о складе с керамической продукцией. «Производство оружия тоже освоили, способные ребята».

Вернувшись в здание штаба и выслушав доклад командиров, я прилег на брошенный на пол толстый матрац немного передохнуть. Перебирая в голове все увиденное за день, я в том числе вспомнил и об оружейных мастерских, где боевики кустарным образом изготавливали вооружение, с которым шли против правительственной армии. Мысли приняли неожиданный оборот.

«Солдаты армии Асада воюют с оружием, бурым от нагара и ржавчины, через раз стреляющим. Снаряжение у армейских вояк драное, и приводить его в порядок никто их не заставляет, да и сами они не делают попыток, считая это не своей вещью, а государственной. Даже наши Охотники самостоятельно снаряжение не в состоянии подогнать под себя, не догадаются подшить растрепавшийся ремень на автомате или лямку на разгрузке, пока носом не ткнешь, да еще и самому приходится показывать, как это делается. Ботинки покрывать сапожным кремом принуждал, чтобы на ходу обувка не развалилась. И вообще привить союзникам-сирийцам привычку почтительного отношения ко всему, что обеспечит им выживание на войне, очень сложно. Им в охотку только чужое имущество расхищать.

Мятежники же производство собственное наладили, автоматные магазины штампуют, оружие восстанавливают своими силами, боеприпасы изготавливают, укрепления, траншеи и тоннели нарыли. Против кого мы воюем здесь? Против смышленых и рукастых парней. На чьей стороне? На стороне ленивых и вороватых, которыми управляют беспринципные бездари. Кто мне объяснит, почему мы защищаем одних и уничтожаем других?»

Пытаясь разобраться в одолевавших меня вопросах, я обратился к переводчику, который находился здесь же, в комнате.

— Вот объясните мне, против кого мы здесь воюем? Имеют они отношение к ИГИЛ? Что вообще они из себя представляют?

— Нет, они не ИГИЛ. Игиловцев они давно прогнали, не захотели иметь с ними ничего общего. Здесь разные группы мятежников, они иногда и между собой враждуют. Но в основном это сунниты, которые пошли против алавитов и Башара Асада. Многие из них так-то жили неплохо, но стать богаче им мешало то, что вся власть была в руках у алавитского клана.

— Вы хотите сказать, что восстание подняли предприниматели средней руки, владельцы магазинов и мастерских, которым мешали всяческие ограничения и злоупотребления со стороны власти?

— Не только. Много студентов и… — Переводчик осекся и прервал фразу, не договорив: в комнату вошел Талиб.

Увидев реакцию переводчика, я прекратил расспросы. Но упомянутые им в разговоре предприниматели, ремесленники и студенты, объединившие свои силы в борьбе против общего врага, всколыхнули нечто полузабытое. Где-то я уже с чем-то подобным сталкивался. Протоколы допросов пленных игиловцев, с которыми я знакомился, работая в центральном офисе, — вот где я заприметил эту связку между представителями не самых бедных слоев общества. Активные и деятельные, они искали любую возможность нанести удар режиму, увлекаясь подчас и безумными идеями радикализма.

Я поднялся. Пойду проверю наших парней. Против нас воюет опасный противник. Лучше при любом раскладе быть героем, чем мучеником. Мятежники – ребята толковые и нас жалеть не станут, мы для них на данном этапе враги, надо исходить из этого печального факта.

С приходом темноты обстановка резко изменилась. Скоротечные контратаки с различных направлений мелких групп боевиков вдруг преобразовались в согласованное общее наступление. Используя тоннели и глубокие траншеи, мятежники атаковали с нескольких направлений одновременно, внеся сумятицу в ряды сухейловцев. Огонь с близкого расстояния из автоматов и пулеметов поверг их в состояние паники. Неготовые к бою на расстоянии кинжального огня, союзники, даже не пытаясь оказать сопротивление, обратились в бегство, бросая оружие и технику, враз превратившись в неуправляемую массу перепуганных людей. Вскоре после начала атаки противника на своих позициях остались только русские наемники, встретившие наступающих организованным огнем.

Всю ночь исполняя указания заместителя командира отряда, группы вагнеровцев перемещались вдоль оборонительной линии, перегруппировываясь и контратакуя. В этом бою не ударили в грязь лицом и мои подопечные – русские парни их даже сдержанно похвалили.

К утру мятежники, так и не достигнув решающего перевеса, отошли на свои прежние позиции, в кварталы плотной застройки. Обстановка прояснилась, подгоняемые командирами и заградительными отрядами Мухабарата сухейловцы возвращались на покинутые позиции. Дорога на перевалочную базу вагнеровцев снова перешла под контроль правительственных сил.

Меня вызвал по рации представитель службы безопасности ЧВК, назначив встречу на выезде на магистраль за пределами зоны боевых действий. Ехали медленно, пробираясь сквозь группы копошащихся на проезжей части сухейловцев и огибая по узким дорожным просветам танки и БМП. Сирийцы отупело озирались на сигнал клаксона, но реагировали медленно, передвигаясь так, словно на ногах у них висели кандалы.

Вскоре дорога, пролегавшая мимо полуразрушенных ангаров и складов, привела в небольшое поселение с единственной улицей домов по обе стороны дороги, в котором был организован сборный пункт беженцев. Специально присланные автобусы вывозили из районов боевых действий женщин, детей и стариков, высаживая их у огороженного забором административного здания, где они попадали под опеку представителей Красного Креста. Их здесь скопилось много, людей, потерявших свои дома, превращенные многочисленными ударами авиации и огнем артиллерии в руины. В основном это были одетые в длинные черные платья женщины, хаотично перемещавшиеся между многочисленными машинами скорой помощи вместе со своими детьми, ухватившимися за материнские подолы. Наверняка среди них находились родственники тех, с кем мы пережили ночное сражение, тех, кто шел убивать моих товарищей и меня самого. Однако осознание принадлежности беженцев к стану противника не вызывало враждебного отношения к ним. Война обездолила этих людей, лишив их жилища и всего имущества, накопленного годами упорного труда. Я вдруг поймал себя на мысли, что эти люди вызывали во мне сочувствие, я сопереживал их трагедии.

Наблюдая из кабины автомобиля за скоплением людей, выброшенных злой волей обстоятельств за пределы обыденной жизни, я вдруг нашел ответ на те вопросы, которыми мучил Ахеда, переводчика и самого себя. Мы помогаем истреблять наиболее способное меньшинство сирийского общества для сохранения власти алчной и циничной правящей верхушки. Мы на стороне подлых и безжалостных, которые зубами вцепились в свои привилегии, и воюем против смелых, умных и решительных парней, не побоявшихся с легким, зачастую самодельным оружием сражаться с регулярной армией, оснащенной самолетами, танками и артиллерией. Меня вдруг озарила догадка, что именно этих парней из мятежных районов и не хватало сирийской армии для того, чтобы справиться с джихадистами ИГИЛ без привлечения нашей помощи.

Сотрудники службы безопасности поджидали меня у выезда на магистраль. Погруженный в свои мысли, я вспомнил о назначенной встрече, только когда увидел припаркованный на обочине белый японский пикап. Чаба, старший отдела СБ в сирийской группировке ЧВК, предъявил мне скриншот страницы Фейсбука, где боец Охотников запечатлел себя на развалинах Гуты.

— Непорядок, запрещено размещать на страничках социальных сетей упоминания о боевой деятельности сотрудников ЧВК. — Ожидая чего-то серьезного, я был в какой-то мере даже разочарован.

— Это боец Охотников, ему нет необходимости скрывать участие в боевых действиях, — возразил я миролюбивым тоном, решив не придавать разговору чрезмерно конфликтный характер.

Поняв, что дело гроша ломаного не стоит, Чаба не стал наседать и перевел разговор на другую тему. Он перешел в службу безопасности из боевого подразделения ЧВК и часто проявлял лояльность и сочувствие к своим бывшим сослуживцам. Вот и теперь участливым тоном посоветовал мне не зависать больше на передке:

— Хватит тебе. Свое уже взял на войне, один раз едва выжил, другой раз попал в пиздоворот на Евфрате. Твое ли это дело самому с Охотниками на боевую задачу переть.

Разъехались, по-приятельски пожав друг другу руки.

Глава 9

Вознагражденное невмешательство

Войсковая операция по зачистке пригородов Дамаска от мятежников была завершена. Значительные силы сирийской армии перебрасывались в северные районы страны. Шла подготовка к наступлению в направлении Идлиба.

Жители Скальбии знали, чем грозят подобные крупные воинские операции правительственных войск мирному населению. За долгие годы гражданской войны САА время от времени переходила в наступление, отвоевывая у боевиков тот или иной район северной Сирии. Каждый такой успех сопровождался масштабным мародерством. Наученное горьким опытом население в надежде предотвратить неминуемые грабежи искало всевозможные способы договориться с кем-то, кто мог найти управу на сирийских военных.

Местная община обратилась ко мне с просьбой организовать им встречу с российским командованием на базе Хмеймим. Первый одобрил эту инициативу и заверил меня, что представителей общины примут и выслушают. Я был уверен, что слова моего шефа не пустые обещания и что он действительно сможет договориться с командующим группировки о встрече. Буквально на следующий день Первый перезвонил и сообщил мне обыденным тоном: «Житков, заместитель командующего, ждет. Передай нашим друзьям: пусть выкладывают все без стеснения, они должны высказать все, что хотят донести до сведения командования. Это единственное, что работает с военными. Потом расскажешь мне, как все прошло».

В состав делегации вошли православный священник Абуна-Бани и предприниматель Абу-Хафед. Переводчиком согласился выступить Хабиб, энергичный и сообразительный араб, один из соучредителей батальона Охотников. Разместившись в моем служебном пикапе, мы выехали в Хмеймим. Нам предстояло преодолеть горную гряду, отделяющую долину Аль-Габ от морского побережья. Всю дорогу облаченный в рясу Абуна-Бани пребывал в хорошем настроении, заводя легкие, непринужденные разговоры, его глаза источали лукавое озорство. В противовес ему Абу-Хафед своей угрюмой задумчивостью и медлительностью речи навевал лишь тоску и скуку.

Главная улица Хмеймима пестрела русскими слоганами на рекламных щитах и витражах многочисленных магазинов. Для местных торговцев военнослужащие российского контингента давно уже стали основными покупателями. Прилавки были заполонены разнообразными товарами: коробки со сладостями, оливковое масло, кофе с добавками, парфюмерия, наборы мыла — все это пользовалось у русских спросом, прекрасно подходя на роль подарков для родственников и друзей.

Пост охраны при въезде на авиабазу миновали быстро и без всяких проволочек: пропуска были заказаны заблаговременно. Генерал сразу же принял нас. Представители общины, немного волнуясь, стали перечислять все те горести, с которыми они осмелились прийти к военачальнику столь высокого ранга. Они рассказали о страхах и опасениях местного населения по поводу грабежей и мародерства сирийских военных на освобождаемых территориях. Священник обратился с просьбой позволить жителям вернуться в свои дома и не препятствовать им в желании заниматься крестьянским трудом на своих землях. Как оказалось, командиры правительственной армии используют своих солдат как дармовую рабочую силу на сельскохозяйственных работах, естественно присваивая всю прибыль от продажи произведенной продукции себе. Парламентеры не обошли вниманием и сирийские блокпосты на разделительной линии, назвав их перевалочными пунктами контрабандного оружия, боеприпасов и топлива.

Внимательно и терпеливо выслушав моих друзей, не прерывая даже пространные и нудные изъяснения Абу-Хафеда, русский генерал заверил их в своей готовности лично разобраться со всеми упомянутыми нарушениями и положить конец безобразиям со стороны сирийских коллег, и в подтверждении сказанного решительно рубанул:

— Если не перекроют проезд через блокпосты, прикажу нанести по ним бомбоштурмовой удар, — чем привел в полный восторг Абуна-Бани и Абу-Хафеда.

Услышав такое заявление генерала, я стал испытывать серьезные сомнения в целесообразности проходящей встречи. Как он сможет отдать приказ бомбить позиции союзников, кто же это ему позволит? Да никто бы и не стал такой приказ выполнять. Доброжелатели очень быстро донесли бы о чудачествах заместителя командующего его начальнику. Подобного рода заявление больше походит на неудачный самопиар, чем на искреннее стремление помочь просителям.

Когда по окончании встречи мы вышли во двор штаба, Абуна-Бани, заприметив возвышающийся крест на стоящей неподалеку церкви, выказал желание посетить ее и переговорить с русским батюшкой. Взяв священника с ходу в оборот, Абуна-Бани говорил не умолкая — так, что Хабиб еле успевал переводить. В конце беседы Абуна-Бани предложил своему новому знакомому посетить Скальбию, уверив его, что он будет встречен и принят как дорогой гость. Я добавил от себя:

— Отличная идея, я могу буквально завтра прислать машину вместе с сопровождением.

По растерянному взгляду и невнятному бормотанию армейского батюшки стало сразу понятно, что эта идея пришлась ему не по вкусу. Ну оно и понятно: гораздо комфортнее вести службы и общаться со своими «прихожанами» в пределах охраняемой зоны авиабазы.

Окрыленные разговором с русским генералом, делегаты решили выступить на намеченном на следующий день заседании совета по примирению в провинции Хама, где они собирались рассказать своим землякам о достигнутых договоренностях. На встрече должны были присутствовать и представители районов, занятых мятежниками, и обещания русского генерала стали бы для них, вне всякого сомнения, хорошим стимулом для сотрудничества с властями. Запланированное мероприятие показалось мне любопытным. Я решил посетить его и попросил Хабиба снова поработать переводчиком.

На следующий день заседание совета состоялось. Абуна-Бани, очевидно, за ночь поостыв и утратив первоначальный энтузиазм, сослался на плохое самочувствие и на собрание не явился. С самого начала ход заседания забрал в свои руки представитель правящей власти. Первым делом он обвинил посланников из оккупированных районов в пособничестве боевикам.

— Вы и вам подобные не выгоняете врагов из своих домов. Вы не вывешиваете флаги страны. Вы настоящие пособники террористов.

Каким образом безоружные мирные граждане смогли бы выпроводить из своих селений отряды боевиков, верный служитель режима уточнять не стал.

Зал настороженно молчал. Все присутствующие ясно уловили намек на неминуемое наказание за пособничество террористам. Оратор определенно дал понять,что власть, возвращая территории под свой контроль, не собирается идти на компромиссы, не будет делать никаких уступок, и не стоит питать пустых надежд по этому поводу. Абу-Хафед отважился рассказать о вчерашней встрече с российским генералом и о его обещаниях, но присланный чиновник лишь отмахнулся: российское командование для сирийских властей не указ.

Крестьян к своим хозяйствам так и не допустили. После начала операции по освобождению Идлиба город

Калъат-эль-Мудик, расположенный рядом со Скальбией, был разграблен правительственными войсками, как и все остальные населенные пункты этой зоны боевых действий. Надежды активистов Скальбии на возможности российских генералов изменить устоявшуюся традицию оказались тщетными. Да и вряд ли генерал собирался всерьез погружаться в решение местных проблем. Его задачей было отбить занятые мятежниками территории и вернуть их правящему режиму. Проблемы торговцев и крестьян ему были совершенно неинтересны.

Убывая в отпуск двумя месяцами позже, я стал свидетелем эпизода, имеющего прямое отношение к теме нежелания наших генералов вмешиваться в действия своих сирийских коллег. Штабные офицеры, копошась у досмотровой рамки, минут пятнадцать укладывали на транспортерную ленту сумки, коробки и холщовые мешки, выгруженные из пикапа, припаркованного у входа в аэропорт. Рейсом в Москву в салоне для высшего командного состава летел генерал – это был его багаж. Можно было не сомневаться, что все это являлось щедрым подношением правящей касты за готовность российского командования не слишком погружаться в творимое властью беззаконие.

Глава 10

Пропагандисты

Лето в Сирии не самое комфортное время года, а не оборудованная кондиционером комната на втором этаже отдельно стоящего здания не самое лучшее место для ночного отдыха. Вентилятор, гоняя по замкнутому пространству не успевший остыть после изнуряющей дневной жары воздух, особенным спасением не становился. Промаявшись всю ночь, я заснул только под утро. Тем сильнее было раздражение от вынужденного пробуждения.

Охранник, постучавший в дверь и тем самым прервавший мой сон, уже удалился обратно на свой пост. Чертыхаясь, я сбросил ноги с кровати, присел, затем медленно встал и, превозмогая желание снова лечь и уснуть, направился к двери. Выйдя на крыльцо малого больничного корпуса, в котором располагался мой батальон Охотников, я столкнулся с сирийским военным, который шел впереди вереницы людей в форме российского контингента. Не обращая внимания на низкорослого сирийца, я задал вопрос первому из идущих россиян.

– Чем обязан? По какому поводу?

Россиянин, опешив, уставился на возникшего перед ним человека в шортах, затем, совладав с удивлением, представился руководителем группы пропагандистского отдела группировки ВС России. Он вместе со своей командой искал удобное помещение для съемок небольшого сюжета с участием сирийских женщин и детей – массовку они привезли с собой в автобусе. Сириец, сообразив по моей реакции, что он здесь незваный гость, тотчас ретировался.

Среди приехавших россиян я разглядел знакомого полковника, старшего офицера группы советников Пятого корпуса. Попросив дежурного переводчика проводить пропагандистов в холл первого этажа здания, я поздоровался с полковником и пригласил его выпить со мной кофе на небольшой площадке на втором этаже корпуса.

В ходе беседы с полковником я обратил внимание на группу вооруженных людей, оставшихся возле крыльца. По виду они напоминали военнослужащих российской армии, но, несмотря на бронежилеты и каски и наличие у каждого автомата Калашникова, выглядели они совсем не воинственно. Полковник пояснил, что это сопровождающие руководителя отдела пропаганды. Пропагандисты, сбившись в кучку, нервно курили и настороженно оглядывались по сторонам, явно испытывая сильный дискомфорт. Территория, контролируемая мятежниками, находилась не более чем в трех километрах от Скальбии, и, по-видимому, этот факт на бойцов идеологического фронта действовал крайне угнетающе.

Съемка продлилась часа два. Спустившись вниз, мы в компании с одним из врачей больницы наблюдали за работой съемочной группы. Детей, довольно небрежно обмотав бинтами, уложили по кроватям. Женщин разделили на небольшие группы. Одним предложили стоять у изголовья кроватей со скорбными выражениями лица, другие, по задумке оператора, должны были семенить по коридору, взмахивая руками и причитая. Врач-сириец, покачав своей лобастой головой, произнес короткую, но точно характеризующую происходящее фразу:

— Как-то это все не по-настоящему. Кто в это поверит?

Я был полностью с ним согласен. От постановки за версту несло ненатуральностью и халтурой. Однако пропагандисты остались довольны отснятым материалом. Быстро собрав свои вещи и погрузив массовку в автобусы, они, заметно повеселев, расселись по машинам и не медля ни секунды покинули территорию больницы.

Через некоторое время к больнице на сверкающем белизной «Патриоте» подъехал Ахед. Поздоровавшись, он спросил:

— У вас, говорят, спозаранку гости наведывались?

— Да, приезжали служаки из пропагандистского отдела группировки, я и не знал, что такой существует. Сопровождал эту банду полковник знакомый, пришлось принять гостей как положено.

— А что им надо-то было? Зачем им больница понадобилась?

— Снимали сюжет о мучениях мирных граждан. Полные автобусы детей и женщин откуда-то привезли, заставляли их изображать пострадавших от бесчинств бандформирований.

— Да и ладно, – произнес Ахед. – Мы, можно сказать, свое дело сделали. Оказали помощь.

— Точно. Надо докладную в наш штаб направить. Мол, помогли и посодействовали. Давно уже пора и себя в выгодном свете показать. Не все же таскать каштаны из огня для других.

Глава 11

Футбол во время войны

Вечером в Скальбии намечалось очень важное для каждого ее жителя событие – просмотр матча между мадридским «Реалом» и «Барселоной». По этому случаю люди стягивались на главную улицу городка в предвкушении совместного просмотра очередного захватывающего противостояния двух знаменитых команд. В такие дни скальбийцы устраивали что-то вроде фестиваля: огромные экраны, ряды столов перед ними, угощения и выпивка. Скальбия во время подобных матчей разделялась на два непримиримых лагеря болельщиков, которые заполняли на скорую руку обустроенные фан-зоны. Собравшиеся вместе пили и ели, громко и часто с переходом на крик комментировали происходящее и спорили друг с другом. Ревели от восторга и отчаяния, ругались, опрокидывали стулья и в горячности сметали со стола бутылки и закуску.

Бухгалтер батальона пригласил нас к себе в кафе, пообещав выставить большой экран и накрыть стол. Мне этот обычай местной общественной жизни был до сих пор неведом, стало любопытно с ним познакомиться, и я с удовольствием принял предложение.

Главная улица городка, на которой устраивался такой необычный праздник, в обиходе называлась «улицей невест». В теплое время года вечерами вдоль неширокого проспекта прогуливались парами или небольшими стайками девушки Скальбии. Парни при этом сидели за столиками многочисленных кафе и украдкой посматривали в сторону потенциальных невест. У христиан Скальбии процедура сватовства продолжительная и связана с многочисленными ритуалами. Одним из первых этапов на этом пути становится визуальное знакомство друг с другом во время подобных прогулок.

Мы пришли на мероприятие вместе с Ахедом. Тот не принадлежал к числу заядлых болельщиков, и мы отлично провели время, подтрунивая и отпуская безобидные шутки, подхватывая лозунги и наслаждаясь общим настроением. Ахед едва не разругался с родным братом, но все обошлось. Любимая команда родственника моего друга выиграла матч, и тот, отбросив обиды, на прощание обнял нас.

На следующее утро по дороге в учебный центр, вспоминая события минувшего дня, я спросил у своего водителя:

– Джорж, ну как футбол?

Он рассмеялся и, оторвав на мгновение руки от руля, изобразил ими взрыв и шумно выдохнул: «Бух!», выражая тем самым вчерашние настроения жителей его родного городка.

Вот люди! Война продолжается, гибнут люди, а они из-за футбола переживают. Наверное, выработали уже у себя способность абстрагироваться от пугающей реальности, погружаясь в эмоции далекой мирной жизни.

Глава 12

Рутинные заботы

Расположенный неподалеку от Хомса учебный центр батальона Охотников – это казармы, столовая, душ с горячей водой и прочие удобства устроенного быта. Обитатели учебного центра всегда могут воспользоваться благами цивилизации: купить в близлежащем магазине нужную вещь, пополнить запасы продуктов и сигарет. Серую унылость военного городка разбавляют разбросанные по равнине многочисленные поселения, окруженные зеленью оливковых рощ.

Территория нефтяных месторождений – это пустынный ландшафт, который может порадовать красками только в период весеннего быстротечного цветения. Пост охранения – вывороченный бульдозером каменистый грунт на вершине холма, образующий замкнутый по кругу защитный вал, бронеколпаки из армированного бетона, железобетонные короба, врытые в землю, латаные-перелатанные палатки и столовая в виде конструкции из ветхих перегородок, накрытых дырявой крышей из профлиста.

Большую часть времени своего контракта Охотники находились в районе нефтяных месторождений в полевых условиях, которые кардинально отличались от казарменной обустроенности учебного центра. Здесь бойцы в первую очередь были озабочены потребностью согреться и поесть горячей пищи так, чтобы суп и солдатскую кашу не разбавляли капли дождя и кисть руки, удерживая ложку, не мерзла на ветру. Продрогшего и голодного солдата трудно заставить добросовестно нести свою службу.

Мы с Ахедом, моим самым верным и последовательным сподвижником, посоветовавшись, решили предложить бойцам собственными руками создать приемлемые условия проживания на позициях охранения. Строительный материал брали из брошенного жителями поселка у асфальтированной дороги, пролегающей через нефтяные поля. Большинство домов было разрушено снарядами, и их хозяева навсегда покинули эти места. Блоки свозили на позиции и сразу же пускали в дело: отстраивали столовую и домики для жилья. Из мастерских Хамы получили новые палатки, которые устанавливали, надежно обкладывая камнями. Вскоре у бойцов появились дополнительные жилые и бытовые помещения, надежно укрывавшие их от холода, дождя и ветра.

Помимо улучшения бытовых условий пришлось заняться и возведением фортификационных сооружений. Оценив состояние вверенных батальону позиций, я пришел к выводу, что к обороне они совершенно не готовы. Укрепления усовершенствовали, нарастили брустверы, сложили из камней защитные перегородки внутреннего периметра, углубили траншеи.

Один из форпостов охранения находился на столь удаленном расстоянии от остальных, что даже устойчивость радиосвязи с этим пунктом зависела от атмосферных условий. Не было никакого смысла содержать там маленький гарнизон: если даже произойдет бой, на таком расстоянии никто не услышит стрельбу, и нет никакой гарантии, что в этот момент связь с постом не пропадет. Я предложил Демону, на тот момент старшему группировки наемников, снять с удаленной точки охрану. Демон, отлично осознавая мою правоту, но не желая лишний раз тревожить начальство, в ответ посоветовал мне позвонить Первому самому и запросить разрешение внести изменения в схему охраны нефтяного поля. Я от такой наглой попытки переложить свои обязанности на чужие плечи опешил:

— Нет, звонить и просить не собираюсь. Каждый должен

носить свои яйца сам и не перекладывать ответственность на другого.

Вернувшись в учебный городок, я наконец сделал то, что давно намеревался, – уволил Назима. Никчемный и ленивый ставленник актива Скальбии утомил меня своей нерасторопностью, нераспорядительностью и нежеланием приспосабливаться к новым требованиям. Заместителем командира батальона я назначил Амжата, толкового парня, выпускника полицейской академии, и в дальнейшем ни разу не пожалел о своем решении.

Затаив обиду, Назим написал донос на меня и Ахеда в сирийскую службу безопасности, в котором меня обвинил в неуважительном отношении к армии Сирии, а Ахеда – в сотрудничестве с врагами. Пришлось выручать Ахеда, он мог серьезно пострадать – я для Мухабарата был трудной мишенью.

Мухабарат прислал меморандум на имя руководителя ЧВК с требованием удалить с территории страны сотрудника с позывным Мартин, который назвал сирийскую правительственную армию сборищем мародеров. Вагнер познакомил меня с содержанием обращения, поступившего от сирийской службы безопасности, и при мне выбросил эту бумаженцию в урну, посоветовав больше не высказываться подобным образом в присутствии сирийцев.

– На хрена ты с ними вообще эти темы обсуждаешь? Мы с тобой знаем, что это действительно так, и достаточно, – подытожил Вагнер.

Ахеда с помощью моих сирийских друзей удалось отбить. Посоветовал оперативнику секретной службы Сирии, который занимался делом Ахеда, не тратить силы на беспочвенные кляузы, а больше внимание обращать на злоупотребления армейских командиров, а также на явные признаки процветания в Сирии подпольного оружейного рынка.

Готовясь к встрече с представителем Мухабарата, мы с Ахедом предварительно побывали в Хмеймиме, где пообщались с сотрудниками нашей службы безопасности. Я не очень полагался на их помощь, но хотел продемонстрировать Ахеду свою готовность задействовать все доступные ресурсы ЧВК. В службе безопасности произошла ротация: моего знакомого Чабу заменили некто Кировец и Шмидт. Разговор с ними особых надежд не вселил. По всему было видно, что вступать в конфликт с Мухабаратом в их планы не входит. В результате так все и вышло. Наша служба безопасности заняла выжидательную позицию, наблюдая за развитием событий со стороны. Мне пришлось самому, воспользовавшись помощью известного на всю Сирию хирурга, добиться звонка от важного чина из центрального офиса Мухабарата в их местное отделение в Скальбии с требованием закрыть дело в отношении Ахеда.

Когда все было уже позади, я случайно встретил в штабе Кировца и, не вдаваясь в подробности, сообщил ему:

– Вроде бы все в норме. Насколько я знаю, позвонили из Дамаска и приказали Ахеда не тревожить.

Кировец, мгновенно сориентировавшись, изрек свойским, можно сказать приятельским тоном:

– Ну вот видишь, встретились, с кем надо, договорились. Понадобится еще помощь, обращайся.

Неистребима тяга к дешевым трюкам у такой породы людей, как Кировец. Он не задумываясь назначил себя тем спасителем, благодаря которому удалось отстоять Ахеда. Ему даже в голову не могло прийти, что у меня найдутся возможности и связи решить проблему самостоятельно.

– Ага, только не вы встречались и договаривались, – отреагировал я на слова Кировца, проговорив фразу намеренно отчетливо и громко. Затем, отвернувшись от сконфузившегося сотрудника службы безопасности, направился к выходу.

Вечером, вспоминая самодовольную физиономию Кировца, я написал рапорт на имя старшего группировки, в котором изложил свое мнение о действиях сотрудников службы безопасности ЧВК при разрешении ситуации, сложившейся с Ахедом, попутно назвав их бесполезными тунеядцами. Я не рассчитывал, что Демон примет какие-либо меры, но надеялся, что этот рапорт прочитает Вагнер и, может быть, сам Первый.

Разногласия с различными представителями управления ЧВК по тем или иным поводам имели под собой скорее всего более глубинную причину. Я на многое из происходящего уже смотрел другими глазами. Мне не нравилась та война, в которой приходилось принимать участие, мне не нравилось отношение к себе и моим товарищам как к расходному материалу, что для ЧВК «Вагнер» постепенно становилось нормой. Во мне накапливались раздражение и злость, которым требовался выход, и конфликты с сослуживцами были следствием этого душевного смятения.

Не моя профессия

По дороге в учебный центр Ахед предложил посетить одну из самых фееричных достопримечательностей Сирии – крепость Крак-де-Шевалье. Расположенная на вершине утеса, возвышающегося над остальным ландшафтом, древняя крепость поражала воображение. Каменные своды и стены, просторные галереи и разветвленная сеть помещений различного предназначения излучали энергетику прошлых времен, казалось, дух рыцарей-госпитальеров и мамлюков все еще присутствовал в пределах древнего замка. Крепость, выстояв в противоборстве с разрушительным воздействием времени, не только выглядела неприступным укреплением, но и, судя по выбоинам на фасаде, служила своему прямому предназначению: еще совсем недавно отряд мятежников укрывался за ее стенами и вел бой с правительственными войсками.

Поднявшись на верхнюю террасу главной башни, я, затаив дыхание, обозревал подернутое дымкой пространство перед собой: картина простирающихся внизу долин и гор завораживала и приводила в восторг.

– Послушай, Ахед, что с вами не так? Ваша страна заполнена историческим наследием цивилизации. Повсюду древние крепости, под Дейр-эз-Зором даже не античного, а более раннего периода, в Маалуле остатки еще арамейской культуры, а в школе этого городка до сих пор язык Христа изучают. Поразительно: язык, на котором уже не разговаривают две тысячи лет. Дамаск – музей под открытым небом, та же Пальмира… Вы на одном только этом историческом наследии жить можете.

— Могли бы, но почему-то не хотим. Воевать не умеем, но зачем-то всегда ввязываемся в войну. Все есть для хорошей жизни, но пользоваться этим так и не научились. Называем себя одним народом, но так и норовим друг друга обмануть. Властям наплевать на страну, им больше бы наворовать, а мы приспосабливаемся к этому и тоже учимся воровать.

— Ну да, мне это что-то напоминает. Ну ладно мы. У нас зима по полгода длится. Вы на одном туризме можете зарабатывать миллиарды, урожай два раза в году снимаете, да еще и нефть есть.

— В России не везде зима по полгода, культурного и исторического наследия своего хватает. Нефть у вас тоже есть, но и вы как-то не процветаете.

— Один-один. Пожалуй, учить вас жизни у нас права нет. Полезли со своей помощью, так в итоге больше постарались для тех, кто эту войну сотворил.

Вернулись в учебный центр под вечер, я должен был присутствовать на совещании командирского состава. Казармы военного городка с недавнего времени уже не пустовали, к Охотникам прибавились новобранцы сирийской армии и отряд русских наемников. Новобранцы с раннего утра и до позднего вечера маршировали по дорогам городка, оглашая окрестности громким скандированием речевок и песнями, больше напоминающими истошный вой.

Отпирая входную дверь своего жилища, я обратил внимание на присутствие в учебном центре сотрудников службы безопасности ЧВК: на парковочной площадке красовалась их белая «Тойота». Кировец вместе со своим напарником напросились ко мне — им было нужно помещение для проведения расследования. Служба безопасности по результатам очередного мониторинга социальных сетей проводила облаву на бойцов ЧВК, допрашивали тех, чьи страницы оказались активными в период их нахождения в командировке, что было строжайше запрещено. Расставив стулья в одной из пустующих комнат, службисты стали вызывать на допрос выявленных нарушителей.

Допрос проводил спутник Кировца, довольно упитанный субъект под два метра ростом. С фигурантами расследования он выбрал оскорбительно-пренебрежительную манеру разговора, каждому из них он бросал в лицо: «Че ты мне пиздишь, у тебя все на роже нарисовано». Провинившиеся, понурившись, едва слышно бормотали в ответ: «Не знаю, как такое могло случиться», всем своим видом демонстрируя нежелание ссориться со следователями. Люди, которые совсем недавно, рискуя жизнями, шли в бой под Акерабатом и Дейр-эз-Зором, сталкивались лоб в лоб с противником и не прятались от смерти, сейчас были явно растеряны и напуганы. Их покорность и робкие попытки оправдаться только еще сильнее раззадоривали службистов, которые уже откровенно не стеснялись в выборе выражений.

Особенный цинизм происходящего заключался в том, что допрос был простой формальностью и приговор был известен заранее – увольнение. За бойцов не побоялся вступиться начальник штаба отряда наемников Колдун, заявив о своем несогласии с принятыми решениями. Он использовал вполне резонный аргумент: люди могли дома оставить на компьютерах открытые страницы в соцсетях, и кто-нибудь из родственников прошелся по их публикациям. Свою аргументацию он дополнил еще одним доводом:

– Они хорошие бойцы, вы их уволите, а на их место пришлют необстрелянную молодежь.

Колдун оказался единственным представителем командного состава, который отважился перечить следователям. Меня его поведение не удивило: я знал его еще с шестнадцатого года, стержень в нем имелся. Он умел быть прямодушным, и для него не имело значения, кому он рубит правду-матку: рядовому бойцу или командиру. Колдуну это сходило с рук – он был прекрасным специалистом по зенитному вооружению. Когда ЧВК ввязалась в гражданскую войну в Ливии, Колдуна отправили туда бороться против турецких беспилотников, и, как рассказывали, он справлялся с ними вполне успешно. Его напор даже несколько смутил службистов, но приговор был окончательным и обжалованию не подлежал.

Под предлогом обязательного присутствия на вечернем совещании я засобирался, прозрачно намекая не слишком приятным для меня гостям, что пора бы им в путь-дорогу.

Совещание командирского состава проходило в помещении, где располагался узел связи. Обычно каких-либо важных вопросов на таких встречах не возникало, в учебном центре каждый был занят своим делом и привык обходиться своими силами. Разговор быстро переходил в непринужденный обмен накопленными за день впечатлениями. В какой-то момент я поделился своими эмоциями от посещения замка Крак-де-Шевалье:

– Вот страна. Жизни нормальной нет, вечно им что-то мешает. Здесь достопримечательностей и древностей столько, что на одних туристах миллиарды бы зарабатывали. И свою жизнь устроили бы, и всем остальным польза.

– Нам-то какая от этого польза? – отозвался командир отряда.

– Всем польза. Страна живет хорошо, войны нет, люди не гибнут. Можно спокойно приезжать сюда, отдыхать и наслаждаться красотами.

– На этот отдых еще заработать надо. Для нас работа – война. Пока она здесь идет, мы при деньгах. Закончится – платить перестанут. Мне эти красоты до фонаря. Я на заработанные деньги и в Крыму себя нормально чувствую.

– В Крыму ты этого не найдешь. Цивилизация здесь начиналась. Думаю, воевать стоит для того, чтобы в конце концов мир наступил. Всегда видел в этом свое предназначение. – Мне не доставляла особого удовольствия беседа с человеком с таким куцым кругозором.

– Да ты, братан, похоже, не ту работу выбрал. Война для нас – источник заработка. Тебе профессию менять надо.

Я пожал плечами, продолжать разговор не было никакого смысла. Его понимание военной профессии ярко проявилось в бою под Дейр-эз-Зором. Вместо того чтобы управлять действиями своего отряда, он, забыв о своем командирском предназначении, ринулся на зачистку населенного пункта и получил пулю в живот. Справа от него двигался отряд Ратника, который вынужден был останавливаться и выпроваживать стоявший на его пути заблудившийся взвод соседа. Командир берется за оружие только тогда, когда ему лично угрожает опасность, в остальных случаях его задача – управлять, а не бегать с автоматом наперевес. Это я четко уяснил для себя после собственного легкомыслия на перевале под Пальмирой.

Командир отряда погиб в Украине в двадцать втором году, но не в бою – его убили свои, после того как он неразумными и безграмотными распоряжениями подставил отряд штурмовиков, понесший значительные потери. Разъяренные наемники расстреляли его. Его могли бы не назначать командиром, и тогда он не погубил бы своих товарищей. Чтобы понять его несостоятельность, достаточно было эксперимента под Дейр-эз-Зором. Но, по-видимому, эта его готовность не задумываясь воевать и убивать импонировала его вышестоящим начальникам.

Ахед поджидал меня в штабе батальона в компании с группой управления военной части батальона.

– Представляешь, Ахед, мне сказали, что я неправильно выбрал профессию. И этот вердикт вынес человек, который даже понятия не имеет, как управлять отрядом в бою и что такое командирская работа.

– А что, мне и самому иногда так начинает казаться. Вот Турист до тебя. Никогда ни во что не вникал, работал, как будто развлекался, и я уверен, ему таких слов никто не говорил. Ему было безразлично, почему война, его все устраивало, занятий с бойцами он не проводил, только указания раздавал. Мне, честно говоря, тоже было спокойно, если бы ты меня не заставил, я до сих пор не знал бы, какое оружие у нас есть и где оно хранится. Занимался бы бухгалтерскими отчетами и ведомостью оплаты и проблем не знал. — Ахед шутливым тоном поведал о трудностях жизни, появившихся вместе со мной. Указав на начальника службы вооружения батальона, добавил все с той же интонацией: — Вон и Аля так и не узнал бы, как документация заполняется, просто открывал бы и закрывал контейнер с оружием, как раньше, а теперь вон на него инструкторы сегодня обиделись, отказался без твоего разрешения выдать им большой гранатомет, они аж опешили от такой наглости.

— Правда? — спросил я, и Ахед продублировал для Али на арабском сказанное им и мой вопрос. Аля утвердительно кивнул и слегка смутился. — Правильно, молодец, так и работай дальше. Распоряжаются, как у себя дома. Никто из них за это оружие ответственности не несет. Случись что, спрашивать будут с меня и Ахеда. Ладно, спать пойду, завтра все по плану.

Я долго не мог уснуть в тот вечер. Бойцы, безропотно сносящие грубый тон сотрудника безопасности… Колдун, специалист, имеющий принципы, но не перспективу когда-нибудь стать командиром отряда… Командир отряда, не обладающий даже половиной достоинств своего заместителя, но берущийся поучать окружающих… Инструкторы, в обязанности которых входит научение подопечных четкому выполнению правил, но которые сами же их и нарушают… И над всем этим возвышается Первый, легко распоряжающийся чужими жизнями. Во всех смыслах картина складывалась безрадостная.

Глава 14

Пионер

На тот момент, когда я решил отпроситься в отпуск на родину, командиром всей группировки наемников в Сирии был назначен Пионер. Последний раз я пересекался с этой персоной во время операции по освобождению Гуты, где он возглавлял формирования вагнеровцев, а если называть вещи своими именами, то был излишним промежуточным звеном между командующим общевойсковой группировки и отрядом Якута. Тогда, в Гуте, тяжелый ночной бой вытянул на себе заместитель командира отряда Клен. Якут, который должен был находиться со своими людьми в зоне боевых действий, в тот момент отсиживался вместе с Пионером на авиабазе под Дамаском.

Узрев Пионера в кресле командующего всей группировки наемников в Сирии, я, честно говоря, сильно удивился. В свою очередь мое обращение по поводу отпуска Пионер воспринял как неслыханную наглость. Он всем своим видом демонстрировал, что знать ничего не знает про приказ Вагнера, опубликованный еще в начале года, в котором были прописаны правила отбытия домой на отдых — сотруднику достаточно для этого отработать в командировке три месяца.

Беседа наша длилась недолго: я не испытывал почтения к Пионеру — он был преисполнен неприязни ко мне. Он штабист, просочившийся в командирский корпус, — я советник батальона Охотники за ИГИЛ, поднявшийся от рядового бойца до командира боевого подразделения. Между нами дружбы быть не могло.

В процессе разговора выяснилась полная некомпетентность нового руководителя в отношении оперативной обстановки в Сирии. Он не знал, где находится Скальбия, на каком расстоянии от нее расположены силы Свободной сирийской армии. Сюрпризом для него стало и мое пояснение, что командир Охотников за ИГИЛ свободно говорит по-русски.

— Мне нужно подыскать тебе замену на время отпуска. Найдем сменщика, тогда и вернемся к твоему рапорту. — На этом он поставил точку в нашей встрече.

Через два дня Пионер позвонил и строгим тоном хозяина, подловившего нерадивого работника на нарушении, сообщил:

— Я сегодня побывал на позициях охраны нефтяных полей и выяснил, что бойцам, оказывается, недоплачивают надбавку за пребывание в районе выполнения боевой задачи. Что у вас происходит? Где деньги, которые вы получаете на выплату надбавок?

— Надбавку прекратили выплачивать еще два месяца назад по указанию из головного офиса, — ответил я спокойно.

— А почему люди об этом не знают и претензии высказывают? — снизил напор Пионер.

— Все всё знают. Просто это такие люди. Увидели большого начальника, вот и решили попытать счастье, а вдруг я их обманываю. Если есть сомнения, позвони в центральный офис, спроси. — Я сознательно уколол самолюбие Пионера, намекая на его неполноценное начальственное положение.

— Позвоню, — на этом Пионер отключился.

Звонить куда-либо он, естественно, не собирался. В центральном офисе лишних расспросов не любят, могут послать куда подальше, не разобравшись, кто такой Пионер и какое место он занимает в иерархии бригады.

Смена прибыла примерно через три недели после разговора с Пионером. Мой новый напарник с позывным Веселый оказался вполне коммуникабельным, хотя и несколько угрюмым на вид парнем. В его назначении смущало то, что он никогда не состоял на командирских должностях и не контактировал с руководящим составом бригады. Что поделать, такая система подбора кадров.

— У меня спросили: «Ты с сирийцами имел дело»? Я ответил, что как-то стояли на опорнике вместе с местными. Мне и говорят: «Поедешь советником в батальон Охотники за ИГИЛ», — поведал мне Веселый историю своего назначения.

Последним пунктом недельного процесса передачи дел значилась база Хмеймим. Веселый должен был познакомиться там лично с представителем ЧВК Маузером. Тот встретил нас у КПП базы и сразу же огорошил сообщением:

— Пионер приказал ни при каких обстоятельствах не выпускать тебя из страны и места на борт не бронировать.

— Я что, в Сирии должен остаться навсегда? — Я был шокирован.

— Да нет. Я позвонил, доложил, что ты прибыл. Пионер как заверещит: «Не вздумай его на борт посадить, он не имеет права улетать, пока дела не передаст сменщику и не оформит рапорт».

— Блядь, дебил недоразвитый, — выругался в сердцах я, не стесняясь присутствия Маузера. — Позвони этому придурку и успокой. Я приехал тебя со сменщиком познакомить.

Пионер, похоже, и о правилах трансфера сотрудников ЧВК имел весьма смутное представление. Маузер мог включить меня в полетные списки только по указанию штаба, в остальных случаях мой отъезд считался бы самовольной отлучкой, что предполагало лишение заработка и увольнение.

На следующий день я торжественно вручил Пионеру рапорт на отпуск. При этом я не мог скрыть глумливой улыбки и едва сдерживал себя от желания съязвить по поводу его суетливых и глупых указаний.

Еще через день я уже стоял в очереди на таможенный досмотр. Российские военные полицейские и сотрудник пограничной охраны Сирии, впившись глазами в картинку на мониторе, изучали внутренности сумок и чемоданов в надежде обнаружить гаджеты, фотоаппараты и монеты ИГИЛ – все то, что было под запретом. Никакого смысла в подобных ограничениях не просматривалось: интернет в Сирии работает исправно и без всякого регулирования, при желании любые видео- и фотоматериалы легко вывести за пределы страны через каналы сетевой связи. Та же история с монетами не существующего уже государства ИГИЛ, которые были внесены в черный список, при том что никакой идеологической опасности не представляли, на них лишь содержались высказывания из Корана. Монеты пользовались популярностью среди российских военнослужащих и часто применялись в качестве подношения начальникам. Эти денежные знаки никем не были признаны и не требовали каких-либо разрешительных документов. Но, по-видимому, все, что исходило от Исламского государства, априори объявлялось вне закона.

На книгу с арабской вязью, лежащую в моей сумке, никто внимания не обратил. Забавно: монет боятся, а книг нет. Книги для них из разряда чего-то непонятного, какое-то нелепое баловство.

За пределами досмотровой зоны меня поджидал постоянный представитель ЧВК на базе Хмеймим. Смартфон из его рук снова перекочевал в мой карман – непродуманные правила существуют только для того, чтобы их нарушали.

Я поднялся в самолет. Еще один эпизод моей сирийской эпопеи подошел к концу.

Глава 15

Прозрение

Два на первый взгляд ничем не примечательных эпизода отпускной поры запустили во мне процесс переосмысления многих, казалось бы, твердо устоявшихся представлений.

Первый произошел во время собрания жильцов жилого комплекса в Красногорске, в котором мы с женой приобрели квартиру. Избранный жильцами актив развернул деятельность по замене обслуживающей дом компании, которая работала из рук вон плохо да к тому же завышала тарифы на свои услуги. Однако жильцы столкнулись с упорным нежеланием администрации города признать право людей выбирать самим подрядчика.

Актив организовал собрание жителей комплекса, на которое даже сумел пригласить съемочную группу телевидения. Двор заполнился людьми, под ногами хрустел перемолотый в мелкую крошку слой обледеневшего снега. Оператор фиксировал на камеру общий план митинга и разговор корреспондента с присутствующими на мероприятиями гражданами. Изначально я пришел сюда для массовости и стоял, безучастно наблюдая со стороны за происходящим. Неожиданно мое внимание привлекло выступление одного из активистов, владельца станции техобслуживания. Уверенным голосом он высказал претензии к качеству работы управляющей компании и в деталях описал длящуюся почти год тяжбу с администрацией города, продемонстрировав на камеру официальные ответы на составленные им запросы и письма.

Внезапно я почувствовал интерес: как же он все успевает – и бизнесом управлять, и общие проблемы решать? Я уже не был равнодушным наблюдателем и слушал внимательно, внимая каждому слову.

Казалось бы, рядовое событие – противостояние жильцов и городской бюрократии, но оно подтолкнуло меня к непростым вопросам к самому себе. Вот люди, мои соседи, трудятся, зарабатывают себе на жизнь, еще и общие проблемы, в том числе мои личные, успевают решать. А что полезного для окружающих сделал я? Участвовал в победе над ИГИЛ, за которую многие мои товарищи отдали жизни. Поля нефтяные вместе со своими собратьями помогал освобождать. Кто воспользовался результатами наших усилий и жертв? Уж точно не россияне и не простые сирийцы.

Оказываясь в компании соседей по дому, я не раз замечал, что мои рассказы о сирийской войне воспринимаются с напускным интересом, слушают меня только из вежливости. Я понял, что люди видят во мне лишь наемника, пытающегося выдать корыстный интерес за служение долгу и отечеству. Неудачник, сумевший найти способ зарабатывать деньги, рискуя собой за что-то такое, что не имеет никакого отношения к реальной жизни граждан России, – вот кем я представлялся этим людям.

Два года назад, сделав подобное открытие, я бы оскорбился, обвинив окружающих в неспособности понять всю серьезность угроз, исходящих от внешнего мира. Теперь я смотрел на происходящее другими глазами, я перерос того Мартина, наивного романтика, который решил посвятить свою жизнь военному служению Родине. Я уже понимал, что я только наемник и не более того, моя жизнь ничего не стоит, ей распоряжаются как собственностью люди, которым до интересов России и общественного процветания нет никакого дела.

Вторым эпизодом стала случайная встреча моего родственника с Валуевым где-то в районе Охотного ряда. Родственник с гордостью продемонстрировал мне фото, где он запечатлел себя рядом с бывшим боксером, а ныне депутатом Государственной Думы. Вглядываясь в экран смартфона, я неожиданно пришел к безрадостной констатации. Бесполезный человек, пустышка, он и боксером-то никогда настоящим не был, все его достижения – результат грамотно организованного промоушена. Депутат этот, не принося никакой пользы, получает в месяц примерно в два раза больше наемника, воюющего на переднем крае. Раньше я воспринимал оплату своей работы в ЧВК, сравнивая ее с заработком работяги из провинции, как достойную, но пример высокооплачиваемого бездельника Валуева разуверил меня в этом. И даже свои выстраданные, заработанные с риском для жизни деньги у меня все равно украдут недобросовестные управляющие компании и жирующие на них администрации. Можно еще много раз поехать в Сирию, но, вернувшись, снова окунуться в пучину неразрешенных проблем здесь. Если взглянуть правде в глаза, проблемы эти создаются людьми, проживающими в моей стране, а не далекими и чаще всего придуманными врагами. Этим людям даже выгодно, чтобы мы там соплями кровавыми утирались.

Глава 16

Расставание с ЧВК

Последняя моя командировка в Сирию как наемника началась с ситуации, красноречиво характеризующей абсурд, к которому постепенно скатывается российская армия.

Поначалу я не обратил внимания на окружившее самолет оцепление – был занят извлечением из грузового люка своего баула. Но стоило мне направиться к зданию аэропорта, я был остановлен военным полицейским:

– Подождите, сейчас все получат багаж, и вы проследуете в зал.

Я глазам своим не поверил: прибывшие военнослужащие российского контингента передвигались по взлетному полю под конвоем военной полиции со служебными собаками. Совсем уже с катушек съехали, твою мать, даже на сирийской земле лагерный этап организовать умудрились.

Перед отъездом в командировку меня вызвали в головной офис в Санкт-Петербурге. Первый по каким-то особым, только ему известным причинам замыслил снять документальный фильм о деятельности своих наемников в Сирии. Сам фильм, по его задумке, должен был представлять собой репортерское расследование, в котором вагнеровцы скрывались под личиной неких русских добровольцев, по убеждениям отправившихся защищать законную власть Башара Асада. Концепцию фильма обсуждали в совещательной комнате, правда, назвать происходящее обсуждением можно было с большой натяжкой: Первый отдавал указания, остальные согласно кивали головами и что-то записывали в свои блокноты.

Руководить творческим процессом назначен был Киря, сотрудник медиа-агентства Пригожина. Мне отводилась роль администратора съемок: оповестить, договориться, доставить в нужное место и обеспечить безопасность. Основной материал фильма отсняли за полторы недели путешествия от Скальбии до Дейр-эз-Зора. В результате вместо репортерского расследования получилось своего рода игрового кино с элементами некоего таинственного подтекста. Одним из персонажей фильма стал священник Абуна-Бани, ему я доставил подарок от Первого – большую икону в дорогой оправе.

Хлопоты со съемками фильма отвлекли меня от своих прямых обязанностей – управления батальоном, но благо на хозяйстве оставался мой напарник Веселый. Не успел я закончить с одним распоряжением, как поступило новое – добыть полную информацию о трафике нефти из районов Восточного берега Евфрата. В этом деле мне помог один сирийский знакомый, не раз консультировавший меня по вопросам местной экономики, отличавшейся тотальной коррумпированностью. Он собрал нужную информацию, расписав подробную схему движения нефти от мест добычи до потребителей. Руководство осталось довольно.

Вернувшись в учебный центр, я испытывал странное состояние, окунаться в рутину служебных обязанностей не было никакого желания. Но намечалась операция по зачистке Идлиба, и одно из подразделений Охотников приказали отправить в район Скальбии в помощь отрядам русских наемников. Утром я выехал в Скальбию, чтобы на месте определиться с размещением своих бойцов. Веселый остался в учебном центре проследить за общими приготовлениями к операции – работать с ним в паре было одно удовольствие. Когда, завершив свои дела, я возвращался в учебный центр, неожиданно мне позвонил Кировец.

– Веселый, судя по всему, использует телефон неизвестного происхождения. Мы сейчас здесь у вас разбираемся с ним, тебе лучше приехать побыстрее, иначе мы за тобой сами примчим… – Кировец, как обычно, был бесцеремонен и груб.

– Как управлюсь с делами, приеду, – оборвал я его на полуслове и выключил телефон.

Войдя в наше жилое помещение, я застал там Веселого, сидящего с отрешенным видом на кровати, и двух «подружек», как я окрестил Кировца и Шмидта. На сетках пустых кроватей были разбросаны выпотрошенные из походного баула вещи Веселого, и там же, что меня особенно поразило, – содержимое моей сумки.

– Я что-то не понял, кто посмел копаться в моей сумке? Вы не охуели, ребята, рыться в чужих вещах в отсутствие хозяина? – Я уже не выбирал выражения.

Переглянувшись, Шмидт и Кировец пробормотали в замешательстве:

– Ну, здесь Веселый был. Мы при нем твои вещи осматривали.

– Это не Веселого вещи, это мои вещи. Осматривать вы их имели право только в моем присутствии.

Дальнейшие разговоры не имели ни малейшего смысла: сотрудники СБ нисколько не сожалели о своих действиях, а я, в свою очередь, заявил, что на их вопросы отвечать не буду и никаких объяснительных писать не собираюсь.

Рапорт об увольнении по собственному желанию я отправил в штаб бригады, не дожидаясь отъезда «следственной группы» из учебного центра. Мой демарш вызвал переполох. Старший группировки потребовал завершить ткущие вопросы по размещению Охотников, но меня уже понесло.

Я отключился от дел, накрыл у себя стол и, пригласив знакомых, не скрываясь пил водку. Вслед за тем, чтобы усилить эффект саботажа распоряжений начальников,покинул пределы учебного центра и уехал в Дамаск. Поездка в Дамаск, конечно, стала перебором, но я уже не задумывался о последствиях, вернее, решил для себя, что чем хуже, тем лучше.

На следующий день, возвратившись обратно в учебный центр, передал Ахеду ключи от машины и сдал свое оружие на склад батальона. Меня ожидало объяснение с Вагнером. Я был уверен, что столь наглая выходка с моей стороны вынудит его уволить меня. Вскоре подъехали Кировец и Шмидт: оказывается, «подружки» освоили еще одну функцию – сопровождение проштрафившегося сотрудника на беседу со старшим начальником.

По дороге на завод Хаян в голову закралась мысль: «А вдруг обнулить захотят?» Насторожился, незаметно для сопровождающих извлек из кармана нож, прикрыл ладонью, держал наготове. Шмидт расположился на заднем сиденье, облокотившись на дверь, я сделал вид, что страдаю от похмелья, при этом продолжал внимательно наблюдать за поведением обоих в готовности в случае чего нанести им встречный удар. Потом расслабился, дошло, что живой я им нужен больше, чем мертвый. Во-первых, мои контакты в Сирии слишком ценные, чтобы отсекать источники информации от возможности их последующего использования. Никто из управления бригады и службы безопасности не смог бы выйти на этих людей без моего участия. Во-вторых, сутки я находился за пределами границ учебного центра в полном контакте с внешним миром. Они не могли не понимать, что я мог подготовить почву для безопасного выхода из игры.

Разговор с Вагнером не задался. После моего упоминания о деталях обыска он ясно дал мне понять, что не видит ничего дурного в действиях сотрудников службы безопасности. Когда человек, которым я в свое время восторгался, допускает столь неуважительное отношение к боевому товарищу, то начинаешь понимать, что и в ЧВК «Вагнер» никакого братства наемников в реальности не появилось, а, так же как и в остальной российской армии, установлены отношения бесправия нижестоящих чинов перед вышестоящими.

Подписывая подсунутые Кировцем обязательства о неразглашении, очередной раз убедился в беспросветной тупости своих коллег. Кому эти расписки нужны? Они ничего не стоят. Наказание за нарушение подписки – увольнение. Так я и не собираюсь проситься обратно, я уже уволен. Или попытаются привлечь по статье об измене родине? Родина уже давно объявила, что «их там нет», привлечь – значит признать обратное.

Новым советником Охотников за ИГИЛ назначили человека со стороны, Веселого объявили неблагонадежным, назначили меру наказания и к командованию батальона больше не допускали.

Веселому показалось, что я слишком эмоционально отреагировал на заурядный эпизод повседневной жизни легиона, пришлось объясниться. Может, для какого-то и не имеет значения смысл его деятельности, но только не для меня. Если вся работа наемников только ради денег, то лучше научиться зарабатывать на жизнь по-другому. Мы ведь даже, по-честному, не солдаты удачи, а какие-то батраки, холопы. А где священное боевое братство наемников? И еще: что мы из себя представляем как военная сила, как нас используют? Нам все дается большой кровью, мы погибаем и калечимся, а за какой хрен? Вчера ИГИЛ, оппозиция в Гуте, сегодня Идлиб, а завтра что – против своих пойдем, если скажут и заплатят? Или, как в четырнадцатом, на Украину попрем, кровь проливать свою и чужую ради пресловутых интересов страны, смысл которых нам никто толком-то не объяснил? Мне все это не по нутру.

– На гражданке сложно устроиться. Я пробовал в армию вернуться, но там копейки и долбоебизм. – Задумчивый тон Веселого был вызван его мыслями о собственном будущем, он понимал, что его тоже могут исключить из списков действующего состава.

– Для начала книгу закончу и издам. Дальше видно будет.

Постскриптум

Прошло три года. Россия, ведомая алчными властолюбцами, напала на Украину. Я до двадцать четвертого февраля был преисполнен уверенности, что этого не произойдет, слишком неразумным, бессмысленным и трагичным мне представлялся подобный сценарий развития событий. Моя страна в очередной раз изолируется от мирового сообщества, уверяя себя в свойственной только ей праведности, в возложенной на нее миссии по сохранению истинной духовности, в особом пути развития и прочей ерунде.

Германия, руководствуясь нацистской теорией о превосходстве арийской расы, развязала Вторую мировую войну, уничтожила миллионы людей и подвела сама себя к катастрофе. Советский Союз, одержимо доказывая и навязывая правоту коммунистической идеи, истощил ресурс дееспособности государства и прекратил свое существование. Российской политической верхушке эти примеры ни о чем не говорят. Она уверена, что все предусмотрела и просчитала. Но армия России оказалась не готова к войне, а запоздалая, хаотичная и непродуманная мобилизация никак не повлияла на повышение ее боеспособности.

Наемники ЧВК «Вагнер», мои бывшие коллеги, тоже оказались на этой войне. Во-первых, Пригожину нужны компании Донбасса, а во-вторых, остаться в стороне от событий ему не позволила бы та самая сила, которая и породила его легион – российское государство. Сегодня Евгению Пригожину разрешено открыто заявлять о существовании его ЧВК. Когда наемники воевали против Исламского государства в Сирии, уничтожая общего для всех цивилизованных стран врага, упоминать о вагнеровцах в СМИ было категорически запрещено. Теперь же, когда они, по сути, стали соучастниками крупномасштабного преступления против Украины, пропагандисты героизируют их и восхищаются ими.

ЧВК «Вагнер», как и армия, несет огромные потери. Пригожин и Уткин не горят желанием истощать ресурс опытных ветеранов, но, несмотря на развернутую по всей России рекламу, привлеченных добровольцев недостаточно, чтобы восполнить поредевшие ряды наемников. Пригожин нашел хитроумный выход из положения – добился разрешения на рекрутирование заключенных, отбывающих сроки наказания, и государство, вопреки действующим законам РФ, пошло ему навстречу.

Рядовой гражданин России не знает, что представляет из себя ЧВК «Вагнер», какими законами и правилами живет эта организация. Ему даже в голову не может прийти, какие средневековые методы наказания, пытки и внесудебные казни в ней практикуются. Наемники, оказавшиеся в ЧВК, сражаются из-за необходимости выполнить условия контракта, который низвел их до положения рабов. Я знаю, о чем говорю. Я побывал внутри ЧВК и сумел выйти из нее.

Последний разговор с Пригожиным состоялся в июне девятнадцатого года, меня разыскал сотрудник СБ и, протянув телефонную трубку, сказал: «Первый хочет поговорить с тобой». Первый был уверен, что после моего увольнения пройдет некоторое время, я приползу к нему на коленях и запрошусь обратно под хозяйское крыло, окончательно определив себя в качестве послушного холопа. Я обманул его ожидания и через Блондина передал, что просить прощения не намерен и становиться вновь сотрудником ЧВК «Вагнер» в мои планы не входит. Думаю, это подтолкнуло Первого самого выйти на разговор со мной. Наше общение быстро перешло в формат препирательства на повышенных тонах. Обмен взаимными претензиями увенчался фразой, четко обозначившей наши дальнейшие взаимоотношения: он назвал меня личным врагом. Ну что же, не такой уж и унизительный для моего достоинства статус.

Враг так враг.

Содержание

Мой позывной «Мартин»

В одну реку дважды

Советник

Марат Габидуллин. Мой позывной «Мартин». Работа в ЧВК «Вагнер».
Е. Пригожин, Д. Уткин и другие.
В одну реку дважды. Советник.